珍藏本
纪念版

汉译世界学术名著丛书

哲学研究

〔奥〕维特根斯坦 著

李步楼 译

陈维杭 校

2017年·北京

PHILOSOPHICAL INVESTIGATIONS

by

LUDWIG WITTGENSTEIN

Translated by

G. E. M. ANSCOMBE

根据 Basil Blackwell 出版社 1967 年第三版译出

汉译世界学术名著丛书
（120年纪念版·珍藏本）
出 版 说 明

2017年2月11日，商务印书馆迎来120岁的生日。120年前，商务印书馆前贤怀揣文化救国的理想，抱持“昌明教育，开启民智”的使命，立足本土，放眼寰宇，以出版为津梁，沟通中西，为中国、为世界提供最富智慧的思想文化成果。无论世事白云苍狗，潮流左右激荡，甚至战火硝烟弥漫，始终践行学术报国之志，无改初心。

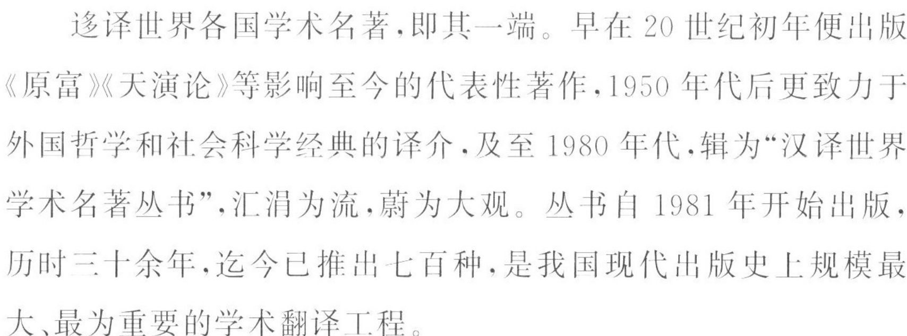

逐译世界各国学术名著，即其一端。早在20世纪初年便出版《原富》《天演论》等影响至今的代表性著作，1950年代后更致力于外国哲学和社会科学经典的译介，及至1980年代，辑为“汉译世界学术名著丛书”，汇涓为流，蔚为大观。丛书自1981年开始出版，历时三十余年，迄今已推出七百种，是我国现代出版史上规模最大、最为重要的学术翻译工程。

丛书所选之书，立场观点不囿于一派，学科领域不限于一门，皆为文明开启以来，各时代、各国家、各民族的思想与文化精粹，代表着人类已经到达过的精神境界。丛书系统译介世界学术经典，引领时代思想，为本土原创学术的发展提供丰富的文化滋养，为推动中国现代学术和现代化进程做出了突出的贡献。

为纪念商务印书馆成立120周年，我们整体推出“汉译世界学术名著丛书”120年纪念版的珍藏本，寄望既利于文化积累，又便于研读查考，同时向长期支持丛书出版的译者、编者和读者致以敬意。

两甲子后的今天，商务印书馆又站在了一个新的历史时间节点上。我们不仅要铭记先辈的身影和足迹，更须让我们的步伐充满新的时代精神。这是商务人代代相传的事业，更是与国家和民族的命运始终紧密相连的事业。我们责无旁贷，必须做好我们这代人的传承与创造，让我们的努力和成果不仅凝聚成民族文化的记忆，还能成为后来人可以接续的事业。唯此，才能不负前贤，无愧来者。

商务印书馆编辑部

2017年10月

目　录

编 者 的 话

本书第一部分完成于 1945 年。第二部分写于 1946 年至 1949 年间。如果维特根斯坦亲自出版他的著作,他会对第一部分最后大约三十页的内容进行很大压缩,并且把现在的第二部分,加上进一步的材料,加工后放到第一部分的这最后大约三十页的位置上。

在手稿中的各个地方我们都不得不就字词和用语的诸多异文之间进行抉择。但我们的选择绝不会影响原意。

有些页在脚注线以下仍印有文字。那是维特根斯坦从其他著述中剪下来的纸条上的文字。他将这些纸条插入这些页,但没有进一步指明它们应当放在什么地方。

在双括号里面的话是维特根斯坦对于本书中或其他论著(我们希望不久将会出版)中的论述的参照注。

第二部分的最后的一段是由我们把它放在现在这个位置上的。

G. E. M. 安斯康姆

R. 里斯

前　　言

我在本书发表的思想是我过去十六年来进行哲学研究的结晶。它们涉及许多论题:意义、理解、命题、逻辑等概念,数学基础、意识状态以及其他论题。我把所有这些思想写成一些论述[①],即一些短的段落。它们有时成为关于同一论题的拉得很长的一根链条;但有时我又突然改变,从一个主题跳到另一个主题。——起初我打算把所有这些东西汇集成一本书,我在不同时候把这本书的形式想象成不同的样子。但重要的问题是这些思想必须以自然而然的顺序从一个论题进到另一个论题,中间没有断裂脱节之处。

我曾几次企图将自己的成果联结为一个整体,然而都没有成功。此后我认识到我永远也不会成功。我所能写的最好的东西充其量不过是一些哲学论述。如果我迫使自己的思想违背其自然的倾向而企图强使其进入同一个方向,那么它们立即就会变得淡而无味了。——而这当然是同我的研究的本性相联系的。因为它迫

① 论述(Bemerkung,Remark):维特根斯坦用这个词来指他记录自己思想的条文。维特根斯坦的大部分著作都是用论述的形式写成。每个论述可以是一个短句子,也可以由几个段落所组成。长的论述每条可以长达一页以上。每个论述看来似乎是独立的,但前后的论述之间往往有着某种联系。因此论述的次序安排是维特根斯坦十分重视的一件事。请参见安斯康姆"维特根斯坦著作的形式"一文,载 R. Klibansky 编:Contemporary Philosophy. A Survey,卷Ⅲ,pp. 373—378,Florence,1969.——校注

使我们从各种不同的方向上研究广阔的思想领域。——在本书中的哲学论述，仿佛就是在这些漫长而曲折的旅途中所作的风景速写。

对相同的或近乎相同的风景点常常从各种不同的方向上重新接近，从而作出新的速写。这些速写大多画得不好，或者缺乏特色，因而带有一个蹩脚的绘图者的各种缺点。当我把那些有缺陷的速写排除后，留下的是一些还算过得去的东西。我现在又将它们重新进行编排，有时还作些删节。这样，它们便能为参观者提供一幅风景画了。因而这本书实际上只是一本速写集。

直到前不久，我才真正放弃了在有生之年出版自己著作的念头。这种念头的确又曾不时地复萌，而且这主要是由于我被迫认识到，我的成果（我在讲课、打字稿和讨论中交流过的成果）在流传中遭到各种各样的误解、或多或少地被冲淡甚或歪曲了。这使我的虚荣心受到伤害而颇难自制。

四年前①我偶尔重读了我的第一本著作（《逻辑哲学论》），并给别人说明其中的思想。我突然感到应当把这些新、旧思想一并发表：因为新的思想只有同我的旧的思想方式加以对照，并且以旧的思想方式为背景，才能得到正确的理解。*

因为自从我于十六年前重新开始研究哲学以来，我不得不认识到在我写的第一本著作中有严重错误。帮助我认识这些错误的——这种帮助究竟有多大我自己几乎都很难估计——是弗兰

① 但根据 G. H. 冯·赖特发表在《哲学评论》1969 年第 78 期上的“维特根斯坦文献”来看，这里似应说“两年前”。——译注

* 原曾打算在本书的德文版中来实现这一计划。（带 * 号为原注，下同。）

克·兰姆赛对我的观点所作的批评。在他逝世前的两年间，我同他进行了无数次的交谈，讨论了这些观点。除了这种总是确凿而有力的批评之外，我甚至更要感谢本校[①]的一位教师P.斯拉法先生多年来一直不断地对我的思想进行的批评。本书中那些最具成果的观点乃是得益于**这种**刺激。

由于不止**一**种原因，我在这里发表的东西将会同其他人目前正在写作的东西有相合之处。——如果我的见解没有打上专属于我的印记，——我不打算再提出任何进一步的要求，说它们是我的财产。

我把这些东西发表出来是心存疑虑的。尽管本书是如此贫乏，这个时代又是如此黑暗，给这个或那个人的头脑中带来光明也未尝就不可能是本书的命运——但当然，多半是没有可能的。

我并不愿意我的著述会使别人免除思考的困苦。但是，如果可能，我希望它会激发某个人自己的思想。

我本想写出一本好书来。这一愿望未能实现。然而，我能够改进本书的时间已经过去了。

一九四五年一月　剑桥

① 指英国剑桥大学。——译注

第 一 部 分

1. “当他们(我的长辈)称呼某个对象时,他们同时转向它。我 2e
注意到这点并且领会到这个对象就是用他们想要指向它时所发出的声音来称呼的。这可从他们的动作看出来,而这些动作可以说构成了一切民族的自然的语言:它通过面部的表情和眼神儿,以及身体其他部位的动作和声调等显示出我们的心灵在有所欲求、有所执著,或有所拒绝、有所躲避时所具有的诸多感受。这样,我便逐渐学习理解了我一再听到的那些出现于诸多不同句子中的特定位置上的语词究竟是指称什么事物的;当我的嘴习惯于说出些符号时,我就用它们来表达我自己的愿望。”(奥古斯丁:《忏悔录》I,8)

在我看来,上面这些话给我们提供了关于人类语言的本质的一幅特殊的图画。那就是:语言中的单词是对对象的命名——语句就是这些名称的组合。——在语言的这一图画中,我们找到了下面这种观念的根源:每个词都有一个意义。这一意义与该词相关联。词所代表的乃是对象。

奥古斯丁没有谈到词的种类的区别。我相信,如果你以上述这种方式来描述语言的学习,那么你首先想到的是像“桌子”、“椅子”、“面包”以及人名这样的名词,其次才想到某种动作或性质的名称;而把其余各类词当作是某种自己会照管自己的东西。

现在,请想一想下面这种语言的使用:我派某人去买东西。我

3e 给他一张写着“五个红苹果”的纸条。他把纸条交给店主，这位店主打开标着“苹果”的抽屉，再在一张表上寻找“红”这个词，找到与之相对的颜色样本；然后他念出基数数列——我假定他能背出这些数——直到“五”这个词，每念一个数就从抽屉里拿出一个与色样颜色相同的苹果。——人们正是用这样的和与此类似的方式来运用词的。——“但是，他怎么知道在何处用何种办法去查‘红’这个词呢？他怎么知道对于‘五’这个词他该做些什么呢？”——好吧，我假定他会像我在上面所描述的那样去*行动*。说明总要在某个地方终止。——但是，“五”这个词的意义是什么呢？——这里根本谈不上有意义这么一回事，有的只是“五”这个词究竟是如何被使用的。

2. 关于意义的上述哲学概念存在于对语言如何发挥作用的一种原始观念中。但人们也可以说，那种观念是对于某种比我们的语言更为原始的语言的观念。

让我们来设想一种符合奥古斯丁描述的语言。这种语言是用来在建筑工 A 和他的助手 B 之间进行交流的语言。A 用各种建筑石料盖房子：有石块、石柱、石板、石梁。B 必须按照 A 的需要依次将石料递过去。为此，他们使用一种由“石块”、“石柱”、“石板”、“石梁”这些词组成的语言。A 叫出这些词，——B 则把他已经学会的在如此这般的叫唤下应该递送的石料递上——请把这设想为是一种完全的原始语言。

3. 我们可以说，奥古斯丁的确描述了一个交流系统；不过，并非所有被我们称之为语言的东西都属这一系统。在很多场合下人们都必须这样说，只要在这些场合中产生了如下的问题："这是不是一个恰当的描述？"回答是："是的，这是恰当的，但只是对于这个狭窄地限定了的范围而言，不是对于你声称你所描述的全部东西而言。"

这就好像如果有人说："游戏就是在一个平面上按照某些规则移动一些对象……"——我们就回答：看来你所想到的是棋类游戏，但还有其他的游戏。你可以明确地把你的定义限定于棋类游戏，从而使你的定义变得正确。

4. 请想象一种文字，其中字母被用来代表声音，也有的作为着重和句读的记号。（文字可以被设想为是一种描述声音形式的语言。）再想象一个人把这种文字解释为似乎只有字母和声音之间的对应，好像这些字母再没有别的完全不同的功能。奥古斯丁的语 4e
言观就很像这样一种过分简单的文字观念。

5. 看看§1中的例子，人们也许多少可以认识到，这样一种关于词的意义的一般观念，给语言起作用的方式笼罩上了一层多么浓重的烟雾，它使清晰的视线成为不可能。——如果我们通过语言应用的原始类型来研究语言现象，迷雾就会廓清，人们就能看清楚词的目标和功能。

儿童在学着说话时用的就是这种原始形式的语言。在这里，语言的教学不是作出说明，而是进行训练。

6. 我们可以这样想象：§2中的语言是A和B之间的**全部**语

言，甚至是一个部落的全部语言。人们教儿童从事这些活动，在这样做时使用这些词，对他人的词也以这种方式作出反应。

这种训练过程的一个重要部分就在于：教师指着对象，把孩子的注意力引向这些对象，同时说出一个词来。例如，当他指着那种形状时说出“石板”这个词。（我不想把这叫做“实指说明或定义”，因为儿童还不可能就名称是什么发问。我将把这称之为“实指教词”[ostensive teaching of words]。——我之所以说它是构成训练的一个重要部分，是因为它对于人类来说确是如此，而不是因为不可能对它作出另外的设想。）这种实指教词可被说成是在词和东西之间建立起一种联系。但是，这到底意味着什么呢？是的，它可能意味着各种不同的东西。但是，人们多半首先会想到的是，儿童一听到这个词头脑里便有了这个东西的图画。但是，如果真的是这种情况——它是这个词的目的吗？——是的，它可能是目的——我可以想象词的（声音系列的）这样一种运用。（说出一个词就如同在想象的钢琴上击一个键。）但是，在§2的语言中，词的目的并不是唤起意象。（当然，人们可能会发现，唤起意象会有助于达到本来的目的。）

但是，如果实指教词具有这种效果，——我是不是该说它导致了对词的理解呢？如果你在听到“石板！”这一叫唤时便如此这般地行动，那么难道你还没有理解它吗？——实指教词无疑会有助于实现这一点，但这只有在和一种特定的训练一起进行时才有可
5e 能。如果进行不同的训练，那么对这些词的同样的实指施教就会导致完全不同的理解。

“我把拉杆和杠杆连接起来就把刹车安装好了。”——是的，假

定所有其他的机械装置是给定的。只是和这整个机械装置一起，它才是一个刹车杠杆，而如果同它的支持物分开，它甚至连杠杆也不是。它可以什么都是或者什么都不是。

7. 在使用语言(2)[①]的实践中，一方喊出这些词，另一方则根据这些词而行动。在教导这种语言时将发生下面这一过程：学习者给出对象的名字，也就是说，当教师指着这块石料时他便说出这个词。——还有下面这种更简单的练习：学生跟着教师重复这些词——这两种过程都类似于语言的过程。

我们也可以把(2)中使用词的整个过程看作是儿童学习他们的母语的种种游戏中的一种。我将把这些游戏称之为“语言游戏”并且有时将把原始语言说成是语言游戏。

给石料命名和跟着某人重复词的过程也可以叫做语言游戏。想一想在转圈圈游戏中词的大部分用处。[②]

我也将把由语言和行动(指与语言交织在一起的那些行动)所组成的整体叫做“语言游戏”。

8. 现在让我们来看一种扩展了的语言(2)。除了“石块”、“石柱”等四个词之外，让它还包含一连串词，对这些词就像(1)中店主

① 此处及下文的(2)及前一小节中的§2均指本书前面的第2小节。不同的标记法是维特根斯坦的原文。类之，(1)与§1同。——校注

② “转圈圈游戏”(Reigenspiel)又名“转圈摘玫瑰”，是在欧洲各国普遍流行的一种儿童游戏。一群孩子手拉手围成一圈，绕着大圈边跳边转，齐声唱着某种简单的歌词，例如“转呀转圈摘玫瑰，……”歌词唱完，大家一齐蹲下或卧倒，动作慢的被罚出圈外。——校注

使用数词那样来使用(这可以是一串字母);进而,假定还包括两个词,它们也很可以是“那儿”和“这个”(因为这大体上表明了它们的目的),而它们是同指示性的手势结合起来使用的;最后,还有一些颜色样本。A下一个命令,如“d—石板—那儿”。同时他给助手看一种色样。而当他说“那儿”时,他指着建筑工地的某个地方。于是B,按字母表中的字母顺序,在说出直到“d”为止的每个字母时,都从石板堆中取出一块和色样颜色相同的石板,并把这些石板送到A所指出的地方。——另一次,A给出的指令是“这个—那儿”。他在说“这个”时指着一块建筑石料。如此等等。

9. 儿童学习这种语言时,得要背出“数词”系列a、b、c、…他还
6e 得学会数字的使用。——这种训练是不是包括实指教词呢?——
例如,人们会指着一些石板并且数着:“a、b、c石板”。——同对“石块”、“石柱”等词的实指施教相类似的对数词的实指施教,所教的数词不是用来点数的数词,而是用来指一眼便能看清的对象组的数词。儿童们就是以这种方式学会最初的五六个基数词的使用的。

“那儿”和“这个”也是用实指的方式施教的吗?——请想象人们多半会怎么样来教这两个词的使用。人们会指着一些地方和一些东西——在这种情况下,指点也发生在词的*使用*之中,而不是仅仅发生在对使用的学习之中。——

10. 那么,这一语言中的词到底*表示*什么呢?——除了它们的使用所属的类别以外,还有什么能够表明它们所表示的东西呢?

而我们对它们的使用已经作了描述。所以,我们现在是在要求把“这个词表示这”作为描述的一部分。换句话说,描述应当采取这样一种形式:“词……表示……”

当然,人们可以把对“石板”一词的使用的描述减省为说这个词表示这个对象。举例来说,当我们要消除下面这种错误看法——即认为“石板”一词指的是实际上被叫做“石块”的那种建筑材料的形状时,我们就可以这样做。——但是这种“指称”的种类和方式,也就是说,这些词在其他方面的使用,需是已知的。

同样,人们可以说“a”、“b”等记号表示数字——如果是为了消除那种,譬如说,以为“a”、“b”、“c”等记号在语言中起着实际上“石块”、“石板”、“石柱”等所起的作用的错误观念。人们也可以说,“c”意味着这个数而不是那个数;例如,当这样说可以用来说明字母是以 a、b、c、d 等的次序来使用,而不是以 a、b、d、c 的次序来使用时,那么这样说是可以的。

但是,以这样一种方式使对词的使用的描述相互类同,并不能使词的使用本身彼此有更多的相同之处!因为,正如我们所看到的,词的用法是绝对不同的。

11. 想一想工具箱中的工具:有锤子、钳子、锯子、起子、尺子、熬胶的锅、胶、钉子和螺钉。——词的功能就像这些东西的功能一样,是多种多样的。(而两者又都有相似性。)

当然,使我们造成混乱的是,在我们听到词被说出来,或者看到它们被书写出来或印出来的时候,它们有着统一的外貌。因为,词的应用并没有清楚地在我们面前呈现,特别是在我们搞哲学的时候!

7e 12. 这就好像我们在往机车的驾驶室里张望，看起来所有的把手差不多都是一样的。(自然，因为所有的把手都是用来进行操作的。)但其中的一个是曲柄把手，可以连续地动作(它是用来调节阀门的启闭的)，另一个是转换把手，只有两个有效位置，或开或关；第三个是制动把手，推得越猛，刹车刹得越紧；第四个是唧筒把手，它只是在往复运动时才有效。

13. 当我们说：“语言中每个词都表示某种东西”时，我们还*没有*说出*任何东西*；除非我们已经确切地说明了我们希望作出的是*什么*区别。(当然，也可能是我们想要把语言(8)的词同诸如出现在刘易斯·卡罗尔[①]的诗句中的那些“没有意义”的词或者像歌曲中的“勒里布里罗”[②]那样的词区别开来。)

14. 试设想有人说：“*所有*的工具都是用来改变事物的。锤子是用来改变钉子的位置的，锯子是用来改变木板的形状的，如此等等。”——那么，尺子改变了什么呢？熬胶锅、钉子又改变了什么呢？——“改变了我们对事物长度的知识，改变了胶的温度，改变了箱子的坚固程度。”——对表述的这种类同化能赢得些什么呢？

15. “表示”这个词的最直接的使用方式也许就是把被表示的

---

① 刘易斯·卡罗尔是英国19世纪数学家道奇森的笔名，儿童读物《艾丽丝漫游奇境记》的作者。——译注

② 勒里布里罗(Lillibulero)：1688年英国政变时流行的一首讽刺爱尔兰天主教的歌曲中的部分选句。——译注

对象用该指号标出。假定 A 在用于建筑的工具上标上某种标记，当 A 向助手出示一个这样的标记时，助手就把标有那种标记的工具拿给他。

一个名称正是以这样的或多少与之类似的方式意味着一样东西，或被给予了一样东西。——下面这种做法在哲学上将经常会被证明是有用的：对我们自己说，给一样东西命名就好像给一样东西贴上一个标签。

16. 那么，A 向 B 出示的颜色样本又是怎么回事呢？它们是不是**语言**的一部分呢？那就随你的便了。它们不算词；然而，当你对某个人说“请读出‘这’这个词”时，你就会把“这”算做这个语句的一部分。但是，它在这里所起的作用正好就和语言游戏(8)中的颜色样本所起的作用一样；也就是说，它是别人想要说的东西的一个样本。

把这种样本算作是语言的工具是最自然不过的事了，而且也最不易引起混乱。

（关于反身代词“**这个**语句”的论述。）

17. 可以这样说：在语言(8)中，我们有不同**种类的词**。因为 8e
“石板”同“石块”这两个词要比“石块”和“d”在功能上更为相似。但是，我们如何将词归类要取决于分类的目标，——并且取决于我们自己的倾向。

想一想，人们在对工具或棋子进行分类时可能会有的不同的出发点。

18. 不要因为语言(2)和语言(8)仅仅由命令所构成而感到不安。如果你想说,这表明这两种语言是不完全的,那么请你问问自己我们的语言是否完全;——在化学符号系统和无穷小演算符号进入我们的语言之前,这种语言是否完全;因为这些符号可以说是我们语言的边缘。(在一座城市成为城市之前,它得拥有多少房屋和街道呢?)可以把我们的语言看作是古代的城市:它是由错综复杂的狭小街道和广场;新新旧旧的房屋,在不同时期作了添补的房屋组成的迷宫;包围着这一切的是街道笔直严整,房屋整齐划一的许多新市区。

19. 人们很容易想象一种仅仅由战斗中的命令和报告组成的语言。——或者想象一种仅仅由问题和是或否的答复表述所组成的语言。以及无数其他的语言。——想象一种语言就意味着想象一种生活形式。

但是,下面这种情况是怎么回事呢:在例(2)中"石板!"这一叫唤到底是一个语句还是一个词?——如果是一个词,它肯定没有我们日常语言中那个声音与之类似的词的那种意义;因为在§2中,它是一个叫唤。如果它是一个语句,它又肯定不是属于我们的语言中的"石板!"这样一个省略句。——就第一个问题来说,你可以把"石板!"称之为词,也可以称之为句子;也许可以恰当地称之为"退化句"(如同人们说到退化双曲线那样);事实上,它是我们的"省略"句。——但它确实只是"给我拿一块石板来!"这个语句的缩简形式,而在例(2)中并没有这样的语句。——但是,为什么我不能反过来把"给我拿一块石板来"这个语句说成是"石板!"这个

语句的**加长**呢?——因为,如果你喊“石板!”你实际上**意味着**:“给
我拿一块石板来。”——但是,你是怎么做到这点的呢?在你**说**“石
板!”时,你是怎样**意味着那一套**的呢?你是不是在心里对自己说 9e
着没有缩简的语句呢?而我又为什么要把“石板!”这个叫唤翻译
成另一个不同的表述,其目的却只是说出别人用这个叫唤来意味
的东西呢?如果它们意味着同样的东西——为什么我不能说“当
他说‘石板!’时,他的意思就是‘石板!’呢”?再则,如果你能够意
味出“给我拿一块石板来!”为什么就不能意味出“石板!”呢?——
但是,当我叫唤“石板!”时我所想要的是,**他应当给我拿块石板
来**!——当然是这样,但是难道“想要这个”乃是在想某种与你所
说出来的语句形式不同的语句吗?——

20. 但是,这样看来,似乎在一个人说“给我拿一块石板来”时,他能够使这个表达意味着与“石板!”这一单个的词相对应的**一个**长语词——那么,能不能有时让它作为一个词,有时又让它作为四个词[①]呢?人们通常是如何意指它的呢?——我想我们将会倾向于说:当我们在同其他诸如“给我**取**一块石板来!”“给**他**拿一块石板去”“拿**两块**石板来”这样的语句相对照着使用它时,也就是说,在同那些在不同的结合中包含着我们的命令中的单个词的语句相对照着使用它时,我们就把这个语句当作是**四个**词的语句。——但是,同别的语句相对照着使用一个语句是怎么一回事

① “给我拿块石板来!”在德语中为“Bring mir eine Platte”,在英语中为“Bring me a Slab”,均为四个词。——译注

呢？这是不是意味着这些语句萦绕于我的脑际呢？所有别的语句都那样吗？是在我说出这一个语句的同时呢，还是在此之前或在此之后呢？——不。尽管这种说明对我们很有一些诱惑力，但我们只要稍稍想一想实际发生的情况，就知道在这里我们走上了歧途。我们说，相对照于其他语句我们使用这个命令。因为我们的语言包含着其他那些语句的可能性。一个不懂我们的语言的外国人，如果经常听到有人发出这样的命令："给我拿块石板来！"他就可能会相信整个这一串声音就是一个词，也许相当于他的语言中表示"建筑石料"的那个词。这样的话，如果他本人发出这个指令，他也许会以不同的发音来给出，而我们则会说：他发出这个命令的声音非常古怪，那是因为他把它当成一个单个的词了。——但是，这样的话，在他念出这个声音时，他的心中是不是进行着某种不同的东西，某种同他把该语句设想为一个单个的词这一事实相应的东西呢？——要么他心里进行着相同的东西，要么进行着不同的东西。当你发出这个命令时，你心里进行着的是什么呢？在你说出这个命令的同时，你是不是意识到它是由四个词组成的呢？当然，你掌握了这一语言——它也包括那些其他的语句——但是，"掌握了"是不是在你说出这个语句的时候发生的某种东西呢？——而我已承认，外国人如果把一个语句设想成另一个样子，就很可能把它念成另一种声音；但是，我们所说的他的错误观念不一定就得和他说出命令时发生的任何东西有关。

10e 语句之为"省略的"，并不是由于它省略了我们在说出它来的时候我们所想着的什么东西，而是由于它是缩短了的——同我们的语法的某个特定范型相比而言。——当然，人们对此会反驳说：

“你承认缩短了的和没有缩短的语句具有相同的意思。——那么，这个意思是什么？这个意思是没有语词的表述?”——但是，语句之具有相同的意思这一事实，难道不就在于这些语句具有相同的用处吗？（在俄语中，人们不说“石头是红的”而说“石头红”[①]；他们会感到意思中少掉了系词或者会在**思想**中把系词加上去吗?）

21. 请想象一种语言游戏：A 发问，B 报告一堆石板或石块的数目，或者报告堆放在如此这般的一个地方的建筑石料的颜色和形状。报告可以是这样的：“五块石板。”那么，“五块石板”这个报告或陈述与“五块石板!”这个命令之间有什么区别呢？这就是这些词之“说出”在语言游戏中所起的作用了。毫无疑问，说出它们时的语调和表情，以及许多别的东西，都是不同的。但是，我们也可以想象语调是相同的——因为命令和报告都可以用**各种各样**的语调和各种各样的面部表情说出来——区别仅仅在于应用的场合。（当然我们可以用“陈述”、“命令”这些词来表示语句和语调的语法形式；事实上，我们的确把“今天的天气不是很好吗?”称为问题，可是它是作为一个陈述来使用的。）我们可以想象一种语言，其中**所有**的陈述都具有强意疑问句的形式和语调，或者所有的命令都有“你是否愿意……”这样的问话形式。也许人们会说：“他所说的虽然具有问话形式，但实际上是一道命令”，——也就是说，它在语言实践中具有命令的功能。（同样，当人们说“你将要这样做”的

① 在俄语中，主谓结构的句子通常不用系词“是”，如石头是红的，就是 камень красный。——译注

时候，他不是把这句话当作一个预言，而是当作一个命令。那么，是什么东西使它成为预言或成为命令的呢？）

22. 弗雷格认为，每一个断言都包含着一种假定作为被断定的东西。这种看法实际上依据的是我们的语言中存在的如下的可能性，即每一个陈述都可能写成“经断定有情况，是如此这般的”（Es wird behauptet, daß das und das der Fall ist.）这样的形式。——但是“有情况是如此这般的”（daß das und das der Fall ist）并**不是**我们语言中的一个语句——因为它还不是这种语言游戏中的一个**步骤**。如果我不是把它写成“经断定有……”，（Es wird behauptet, daß...）而是写成“经断定：情况是如此这般的”（Es wird behauptet: daß das und das der Fall ist），那么，“经断

11e 定”（Es wird behauptet）这三个词就完全成了多余的了。

我们也完全可以把每个陈述写成问题后面跟着一个“是的”这样一种形式，例如：“天在下雨吗？是的！”这是不是表明每个陈述都包含一个问题呢？

当然，我们有理由使用一种断言记号以与例如问号相区别，或者，如果我们想要把一断言同一种虚构或假定相区别。如果人们认为断言是由斟酌和断定这两个行为（赋予真值或类似的行为）构成的，并认为我们差不多就像按照乐谱唱歌那样按照命题记号来实行这些行为，那就错了。诚然，大声地朗读或轻声地吟读书面语句是可以同按乐谱唱歌相比的，但意指（思考）被朗读的语句就不能与之相比了。

弗雷格的断定记号强调了**语句的开始**。因此，它的作用就像

句号一样。它把整个圆周句同圆周句中的一个子句区别开来了。如果我听到某人说“天在下雨”而不知道我是否已听到了该圆周句的开始和结束，那么对我来说这个语句根本还不是交流手段。

23. 那么，一共有多少种语句呢？比如说，断言、问题和命令？——有无数种：我们称之为“符号”、“词”、“语句”的东西有无数种不同的用途。而这种多样性并不是什么固定的、一劳永逸地给定了的东西；可以说新的类型的语言，新的语言游戏，产生了，而另外一些则逐渐变得过时并被遗忘。（我们可以从数学的演变得到有关这一事实的一幅粗略的图画。）

在这里，“语言游戏”一词的用意在于突出下列这个事实，即语言的述说乃是一种活动，或是一种生活形式的一个部分。

让我们通过下列的以及其他的例子来看看语言游戏的多样性。

下命令，服从命令——

请想象一幅画画着一个拳击手摆着一种特定的拳击姿势。那么这张画可以用来告诉某个人应当怎样站立，应当采取怎样的姿势，或者他不应当采取怎样的姿势，或者是告诉他某个特定的人曾经站在某个地方，等等。人们也可能（用化学语言）把这张画称为命题基（proposition-radical）。这多半就是弗雷格对“假定”的想法。①

① 横线下面的这一段即为编者在前言中所说的“纸条”。它既不是某个问题的脚注，也没有固定的位置。英文版编者用横线将其与正文隔开。我们也照着办。下面凡是横线下的文字都是“纸条”上的文字，不一一说明。——译注

描述一个对象的外观，或给出对它的度量——

从一种描述(一张绘画)构造一个对象——

报告一个事件——

12e 就一个事件进行推测——

形成并且检验一个假说——

用图表来表示某个实验的结果——

编故事，讲故事——

演戏——

唱一段歌——

猜谜——

编笑话，讲笑话——

解应用算术题——

把一种语言翻译成另一种语言——

提问、致谢、诅咒、问候、祈祷。

——把语言中的工具以及这些工具的使用方式的多样性，把词和句的种类的多样性，同逻辑学家们(包括《逻辑哲学论》的作者)所谈论的有关语言结构的东西进行比较，那是很有趣的。

24. 如果你不是时刻记住语言游戏的多样性，那么你也许会要提出这样的问题："什么是问题?"——它是不是一个"我不知道如此这般"的陈述呢？或者是一个"我希望别人会告诉我……"的陈述呢？或者，它是不是对我对某事没有把握时所处的精神状态的描述呢？——"救命!"这一声喊叫是不是这样一种描述呢？

想想看，有多少不同种类的东西被叫做"描述"：通过物体的坐标对它的位置的描述；对一种脸部表情的描述；对一种触觉的描述；对一种情绪的描述。

你当然可以用陈述或者描述的形式来代替问句通常所采取的形式:“我想知道，是否……”或者“我怀疑是否……”——但是，这丝毫没有使不同的语言游戏更接近一些。

这种变换形式的可能性，例如将所有的陈述句改变成以“我想”或“我相信”开头的语句（这样就似乎成了对*我的*内在生活的描述）的可能性，所具有的意义在另一个地方会变得更加清楚。（唯我主义。）

25. 人们有时说，动物之所以不说话是由于它们缺乏那种精神能力。而这意味着:“它们之所以不说话是因为它们不思考。”但是——它们只是不说话而已。更恰当地说，它们不使用语言——如果我们把最原始的语言形式排除在外。——命令、提问、叙述、聊天如同走路、吃、喝、游玩一样，是我们的自然史的一部分。

26. 有人认为，学习语言就是给对象命名。也就是，给人、给形状、颜色、痛觉、情绪、数等等以名称。再说 遍 命名就如同 13e
给一样东西贴上标签。人们可以说，这是为使用词作准备。但是，*什么*是为之作准备的东西呢？

27. “我们先给事物命名，然后才能谈论它们：才能在谈话时提到它们。”——似乎只要有命名活动，就给定了我们下一步要做的事情。似乎只存在一件事，叫做“谈论一个事物”。然而事实上我们用语句做大量的各种各样的事情。请想一想，光是惊呼就有完全不同的功能。

水！

走开！

哎唷！

救命！

好极了！

不！

难道你们仍然想把这些词叫做“对象的名称”吗？

在语言(2)和(8)中，并没有问及事物的名称这样的事。我们可以说，询问名称，以及与之相关的实指定义，本身就是一种语言游戏。那实际上就是说：我们从小就被训练来问：“那叫什么？”——作为对此的回答，随之而来的便是名称。还有一种为某个东西发明一个名称的语言游戏，就是说，“这是……”然后就使用这种新的名称。(例如，儿童就是以这样的方式给他们的布娃娃起名字，然后谈论它们并且同它们谈话的。想想看，在这种情况下，用人的名字来称呼被命名者是多么独特！)

28. 人们可以用实指的方法来定义一个人名，定义一种颜色的名称、一种材料的名称、一个数目的名称或者一方位的名称等等。指着两颗核桃说，“那就叫做‘2’”——这种对2这个数的定义是完全确切的。——但是，“2”怎么能用这种方式来定义呢？被告知这种定义的人并不知道人们要称之为“2”的是什么；他会认为“2”就是给予这一组核桃的名称！——他可能这样想，但也许不这样想。反过来，当我打算给这一组核桃起一个名字的时候，他也可能将它错误地理解为一个数目字。同样，当我对一个人的名字给出一个实指定义时，他也可能把这个名字当作一种颜色的名称，一种种族的名称，甚至把它当作一方位的名称。这就是说，在**每一个** 14e
场合中，对实指定义都可能作各种各样的解释。

29. 也许你会说：对2只能以下面**这种**方式下实指定义：“这个**数**叫做‘2’。”因为，在这里“数”这个词就表明了我们把词“2”归在语言中和语法中的什么地方。但是这意味着，在实指定义能被理解之前“数”这个词先得被说明。——在上面的定义中，“数”这个词的确表明了这种位置；表明了我们把这个词摆在何种岗位上。我们为了避免误解，可以这样说：“这种**颜色**叫做某某”，“这个**长度**叫做某某”等等。这也就是说，有时误解是以这种方式来防止的。但是，对“颜色”或“长度”等词难道只能做这样的理解吗？——现

一个人能不能通过指着一个**不红的**东西来定义“红”这个词呢？那就如同一个人要对另一个德语不怎么行的人说明“谦虚”这个词时，指着一个狂妄自大的人说，“那个人是**不**谦虚的”。若说这种定义方法含糊不清，那并不能作为反对这种方法的论据。任何定义都可能被误解。

但是，完全可以提出这样的问题：我们还要把这叫做“定义”吗？——因为当然，即使它具有相同的实用结果，对学习者产生相同的**效果**，但它和通常被我们叫做“红”这个词的实指定义的东西在演算中所起的作用是不一样的。

在我们必须对它们做出说明。——因而，用别的词来说明它们！在这一说明之链中，最后的说明是什么呢？（不要说："没有一条'最后的'说明。"那就好像你宁可说："这条路上没有一座最后的房子；人们总能再造上一座新加的房子。"）

在对 2 的实指定义中词"数"是否必须取决于没有它别人是不是会把这个定义理解得同我所希望的不一样。而这当然又取决于给出定义时所处的环境，也取决于我对之给出定义的那个人。

至于他如何"理解"这个定义，则可以从他对被说明的词的使用方式中看出。

30. 这样人们会说：当一个词在语言中起的全部作用都很清楚时，实指定义便说明了它的用法——即意义。因此，如果我知道某人想要对我说明一个颜色词，那么，"那就叫做'乌贼墨'"这个实
15e 指定义就会帮助我理解这个词。——你可以这样说，只要你不忘掉，"知道"或"清楚"这些词有着各种各样的问题。

一个人若要能问及一个东西的名称，他必须已经知道（或者能够做）某种事情。但是，他必须知道的是什么呢？

31. 如果一个人把国际象棋中的王指给另一个人看并且说："这就是王"，这并没有告诉他这颗棋子的使用——除非他已经知道这种游戏的规则而仅仅不知道最后这一点：王的形状。你可以想象他已经学会游戏的规则但从来没有见过实际的棋子。在这里棋子的形状同一个词的声音或形状相对应。

也可以想象某个人学会了游戏而从来没有学过或构写过规

则。他最初可能是通过观看学过非常简单的棋类游戏，然后逐步学会越来越复杂的棋类游戏。也可能有人给他说明过“这就是王”，——比如当某人给他看具有他所不熟悉的形状的棋子时。但即使这一说明告诉了他这一棋子的用法，我们可以说那也只是因为它的位置已经准备好了，或者：只有在它的位置已准备好了的情况下我们才说这个说明告诉了他棋子的用法。在这个例子中，情况之所以如此，并不是因为我们给他说明的那个人已经知道了规则，而是因为在另一种意义上他已经掌握了一种游戏。

让我们进一步来研究下面的例子：我在向某个人说明国际象棋。开始，我指着一个棋子说：“这是王，它可以像这样走，……”在这个例子中，仅当学习的人已经“知道游戏中的一个棋子是什么”时，我才会说：“这是王”（或者“这叫做‘王’”）这些词是一个定义。也就是说，如果他已经玩过别的游戏，或者看过别人玩“而看懂了”——以及类似的事情。进一步，也只有在这些条件之下，他才能够在学习这种游戏的过程中恰当地问道：“你把这叫做什么？”——也就是，把游戏中的这颗棋子叫什么。

我们可以说，只有知道怎样用一个名称做某种事情的人才能有意义地问起这个名称。

我们可以想象一个被问的人回答说：“请你自己确定这个名称”——这样，提问的人就必须自己来对付一切了。

32. 一个人来到一个陌生的国家，有时他会从当地居民给他的实指定义中学习他们的语言；而他将常常必须猜测这些定义的意义，有时就猜对了，有时就猜错了。

16e 因此，我想，我们可以说：奥古斯丁描述的学习人类语言的过程就好像儿童来到一个陌生的国家，而且不懂该国的语言；也就是说，就好像他已经有了一种语言，只不过不是这个国家的语言。或者也可以说，似乎这个孩子已经会*思考*，只不过还不会说话。这里的“思考”就意味着某种“自言自语”。

33. 但是，假定有人要反对说：“要理解一个实指定义必须先已掌握一种语言游戏，这种看法是不对的：你所需要的一切——当然！——就是要知道（或猜出）那个作说明的人指着的是什么。比如说，他指着的是这个对象的形状，还是它的颜色，还是它的数量，等等。”——那么，怎样才算是“指着它的形状”或者“指着它的颜色”呢？请指着一张纸——现在指着它的形状——现在指着它的颜色——现在指着它的数量（这听起来很怪）。——你怎么做诸如这样的事呢？——你会说，每一次你指的时候，你所“*意指*”的是不同的东西。如果我问，那怎么才能做到呢？你就会说，你把注意力集中在颜色上，集中在形状上，等等。但是，我还要问，*那*怎么才能做到？

假定某个人指着一只花瓶说，“看看那美妙的蓝色——好处倒不是它的形状。”——或者说：“看看这美妙的形状——它的颜色倒没什么。”无疑当你受到这两种吸引而行动的时候，你将会做某种*不同*的事情。但是，当你把注意力指向颜色时，你是否总是做*同样*的事呢？想象各种不同的情况！兹略举数例：

“这种蓝色同那边的蓝色是一样的吗？你看出什么差别来没有？”——

你在调和颜料时说，“很难调出这块天空的蓝色。”

“天变得晴朗了，你已经可以又看到蓝天了。”

“请看看这两种蓝色有什么不同的效果。”

“你看到放在那儿的蓝皮书吗？把它拿到这儿来。”

“这种蓝色光信号意味着……”

“这种蓝色叫什么？——是不是叫‘靛青’？”

你有时为了注意色彩而用手遮住物体的轮廓，或者不去看物体的轮廓，或者有时凝视着对象并且试图回想以前你在哪儿见到过那种颜色。

你为了注意形状，有时描绘它，有时眯起眼使色彩看不很清楚，还有许多别的方法。我要说的是：这就是当一个人“把注意力指向这或指向那”时所发生的那类事情。但光是这些事情本身还 17e
不足以使我们说某个人在注意形状、颜色等等。正如象棋中的一着棋不单纯是在棋盘上以如此这般的方式移动一个棋子——也不是在于移动棋子时动作者的思想和感觉，而是在于我们称为“下一盘象棋”或“解一个棋局问题”等的那种情境。

34. 假定某个人说：“当我注意形状时，我总做同样的事情：我的眼睛随着物体的轮廓移动并且我感觉到……”假定此人为了给另一个人以实指说明：“那就叫做‘圆’”，就指着一个圆的对象并且具有了所有这些经验，这时难道那个听的人就不会仍旧把这个说明和另一种不同的理解吗？即使他看到了对方的眼睛随着物体的轮廓移动，而且还感到了对方所感到的东西？这也就是说：这种“解释”可能也在于他现在如何使用这个词；例如，当人家对他说：“指出一个圆”时，他指的是什么。——因为，无论是“以如此这般的方式来意指该说明”这个表述还是“以如此这般的方式来解释该说明”这个表述，都不代表那伴随着给出和听到这个说明时所发生的过程。

35. 当然，存在着可以被称为例如，“指向形状”的“示性经验”的东西。例如，在指点的同时用手指或眼睛追随物体的轮廓。——但是这并不发生在我“意指形状”的一切场合，也没有任何另一种示性过程在所有这些场合中都发生。——此外，即使有某种这类过程真的在所有场合发生，是否我们应当说“他指着形状而不是指着颜色”，那也仍然要取决于环境——也就是取决于在指之前或指之后发生的情况。

因为，“指着形状”、“意指形状”等等说法与下面这些话的用法是不同的：“指着这本书（而不是那本书）”，“指着这把椅子，而不是这张桌子”等等。——只要想一想，我们学习“指这件东西”，“指那件东西”这些词的使用同学习“指颜色而不是指形状”，“意指颜色”等词的使用是多么不同。[①]

再说一遍：在某些情况下，特别是在我们指向“形状”或指向“数”时，的确有各种指的方式和示性经验。之所以说它们是“示性的”是由于在形状和数被“意指”时这些经验常常（并不总是）重行发生。但是，你是不是也知道下面这种示性经验呢：把一颗棋子作为一颗棋子来指点？人们当然可以说：“我的意思是，这颗棋子叫
18e 做‘王’，而不是我正指着的这个特别的小木块叫做‘王’。”（辨认、希望、回忆等等）

---

① 在本段译文中“指”，“指着”，“指向”均表示用手做出的“指点”动作。“意指”表示说话者意之所指，与动作的“指”有别。——校注

36. 我们在这里的做法也就是在许许多多类似的情况下的做法:因为我们不能规定哪一种身体动作是我们称之为指着形状(而不是指着譬如颜色)的活动,所以,我们便说,与这些词相对应的是一种精神的[心理的、理智的]活动。

在我们的语言暗示有一个身体而却并没有身体的地方,我们就会说,那儿有一个精神。

37. 在名称和被命名的东西之间是一种什么关系呢?——这种关系到底是什么呢?请你看一看语言游戏(2)或另一种语言游戏:在其中,你能看到这一关系赖以实现的那类东西。特别是,这一关系很可能就存在于下面这些事实中:我们在听到该名称时便在心中唤起被命名的东西的图像;把名称书写在被命名的东西上;或者是在指着那个东西时发出那个名称的读音来。

38. 但是,比如说,在语言游戏(8)中,词“这”是什么东西的名称呢?在“那就叫做……”的实指定义中词“那”又是什么东西的名称呢?如果你不想制造混乱,那么你最好还是根本不要把这两个词叫做名称。——可是,说来也怪,词“这”曾被叫做唯一的真正名称;而其他所有被我们称为名称的东西只是在一种不确切的、近似的意义上的才是名称。

这种奇怪的看法源起于一种可以说使我们的语言的逻辑崇高化的倾向。对这个问题的恰当的回答是:我们把一些十分不同的东西都叫做“名称”;“名称”一词被用来表征一个词的许多不同种

19e 类的使用，它们以许多不同方式彼此关联；——而词“这”所具有的那类使用却不在其内。

的确，例如在给出实指定义时，我们常常指着一个被命名的对象并说出该名称。同样，例如在给出实指定义时，我们说“这”这个词并指着一个东西。而且，词“这”常常在一个语句关联中占有和名称相同的位置。但是，名称的特征恰恰就是：名称是用实指表达式“那是 N”（或“那就叫做‘N’”）来定义的。但是，我们是不是也给出下面这样的定义：“那就叫做‘这’”，或“这就叫做‘这’”呢？

与这种情况相联系的是把命名看作一种多少可以说是神秘的过程。命名似乎是一个词同一个对象之间的一种**奇特**的联

“**那**是蓝的”这几个词有时被**意指**为是对某个人正指着的对象的一个陈述，有时又被**意指**为对“蓝的”这个词所作的一种说明，这究竟是怎么回事呢？在第二种情况下人们实际上意指的是：“那就叫做‘蓝的’。”——那么我们能不能在一个时候把“是”这个词意指为“叫做”，把“蓝的”这个词意指为“蓝的”，而在另一个时候把“是”真正意指为“是”呢？

也很可能有人会从原来被当作一条消息的东西中得出了对词的说明。[**边注**：在这里潜藏着一种意义重大的迷信。]

我是不是能够说着“布布布”而意指“如果天不下雨我就要去散步”呢？——只有在一种语言中我才能用某种东西来意指某种东西。这就清楚地表明，“意指”这个词的语法不同于“想象”以及诸如此类的表达式的语法。

结。——而且当哲学家盯着他面前的对象并且多次地重复一个名

称或者甚至只重复“这”这个词，企图以此来揭示名称和事物之间的这种关系时，你真的就得到了这种奇妙的联结。因为，当语言休假时，[①]哲学问题就产生了。在这里，我们可能真的会幻想命名是心灵的某种奇异的活动，好像是对一个对象施行的洗礼。而且我们好像还能够对这个对象说“这个”一词，用它去称呼它——对这个词的这样一种奇怪的使用，无疑地只有在搞哲学的时候才会发生。

39. 可是，既然这个词明显地不是名称，为什么人们偏要把它变成一个名称呢？——那恰好就是理由。因为人们有意要反对通常被叫做名称的东西。他们的反对意见可表述如下：名称应当真正地表示单原。[②] 对此，他们也许会摆出如下的理由：比如说，“锘统”[③]这个词就是一个通常意义上的专名。宝剑锘统是由各个小部分以一种特定的方式联结而成的。如果这些小部分以另一种方式联结，锘统就不存在了。但是，很明显，不管锘统是完好的还是被砸碎了，“锘统有锐利的剑锋”这个语句总是有意思的。但是，如果锘统是一个对象的名称，那么，如果锘统被砸成了碎片，这个对象就不再存在了。而且由于没有对象与这个名称对应，这名称就没有意义了。但是，那样一来，“锘统有锐利的剑锋”这个语句就含有了一个无意义的词，因而这个语句也就是无意思的了。然而，这

① “休假”即停止工作，无所事事。指语言不起语言的作用时的情况。——校注

② 单原(Einfaches; simple)，逻辑原子主义的术语。是逻辑上不能再进一步分析的最单纯的东西。——校注

③ “锘统”(Nothung)是德意志民间传说尼伯龙的故事中的一支神剑。在故事中它曾被折断，被锉成铁屑，然后又重新被锻制成一把和原来一模一样的宝剑。——校注

个语句确实是有意思的；因此，一定有某种东西与组成这个语句的那些词相对应。所以，如果对这个语句的意思进行分析，那么“锘统”这个词就必须消失，而它的位置就得由那些命名单原的词来占
20e 据。把这些命名单原的词称为真正的名称就是很有道理的了。

40. 让我们首先来讨论一下上述论证的**这一**论点：一个词如果没有东西与它对应，它就没有意义。——重要的是要注意，如果把“意义”这个词用来表示与这个词相对应的东西，那就是把它用错了。就是把名称的意义同名称的**承担者**混为一谈了。如果N. N. 先生死了，人们说这个名称的承担者死了，而不说这个名称的意义死了。那样说将是没有意义的，因为，如果该名称已不再具有意义，那么说“N. N. 先生死了”就不会有任何意思了。

41. 在§15 中，我们把专名引入语言(8)。现在，假定带有名称“N”的工具坏了。A 不知道这一情况，他仍向 B 作出记号“N”。这个记号现在还有没有意义呢？——当 B 接到这个记号时，他该怎么做呢？——对此我们还没有达到任何协定。人们可以问：他**会**做什么呢？他也许会站在那里不知所措，或者会把碎片给 A 看。人们还**可以**说：“N”已经变得没有意义了，这种说法意味着记号“N”在我们的语言游戏中已不再有用处了(除非我们给它一种新的用处)。“N”之变为无意义也可以是因为该工具不管出于何种原因被给予了另外一个名称，而记号“N”在这个语言游戏中不再使用。——但是，我们也可以设想一种约定：如果 A 给 B 的记号是属于已破碎的工具的，那么 B 就必须摇摇头以作为回

答。——这样，即使在该工具不复存在时，命令“N”在这个语言游戏中也可以说仍被给予了一个位置，记号“N”甚至在它的承担者不再存在时仍有意义。

42. 但是，比如说，一个名称从来没有被用于一件工具，它在那个语言游戏中是否也得到一种意义呢？——假定“X”就是这样的一个记号，而且 A 向 B 作出这个记号——是呀，甚至对这样的记号也可以在语言游戏中给它一个位置，B 可以，比如说，仍然必须用摇头来回答它。（人们可以把这种情况设想为 A 和 B 之间开的一种玩笑。）

43. 在我们使用“意义”这个词的各种情况中有数量**极大**的一类——虽然不是**全部**——，对之我们可以这样来说明它：一个词的意义就是它在语言中的使用。

而一个名称的**意义**有时是通过指向它的**承担者**来说明的。

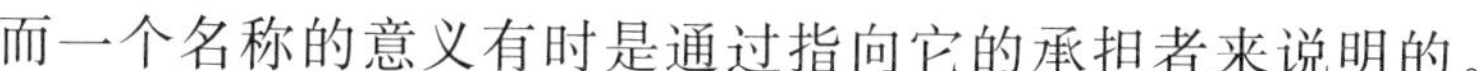

21e

44. 我们说，语句“锘统有锐利的剑锋”即使在这把剑被砸成碎片时，还是有意思的。之所以如此，是因为在这个语言游戏中一个名称即使失去了它的承担者但仍被使用。但是，我们可以设想一种语言游戏，其中的名称（也就是说，其中的记号——我们肯定会把这些记号包括在名称之中）只有在承担者在场时才被使用，因而**总是**可以用一个指示代词和与之相应的指点的手势来代替。

45. 指示词“这个”绝不能没有承担者。有人可能会说：“只要有这个,词'这个'也就有意义,不论这个是简单的还是复合的。"——但那样并不就使词"这个"成为一个名称。恰好相反:因为名称并不是和指点手势一起使用的;名称只是通过指点手势而得到说明。

46. 认为名称真正说来是表示单原的这种想法究竟是怎么回事呢?——

苏格拉底在泰阿泰德篇中说:"如果我没有弄错的话,我曾听到有人说过:对我们以及其他一切事物均借以构成的原始要素——姑且这样称呼它们——是没有说明的;因为对自在自为存在的事物我们只能加以命名,而不可能对其做出任何别的规定:既不能说它是……也不能说它不是……但是对自在自为存在的东西人们必须在没有任何其他规定的情况下加以命名。[1] 因此,对任何一个原始要素都不可能作出说明;对于它来说,除了单单一个名称以外,什么也不可能有;它的名称就是它所具有的一切。但是正如同由这些原始要素所构成的东西本身是复合的,所以这些要素的名称结合在一起就成了说明性的言语。因为言语的本质就是名称的结合。"[2]

无论是罗素的"个体"还是我的"对象"(《逻辑哲学论》)都是这样的原始要素。

47. 然而,组合成为实在的那些简单的组成部分是什么东西

---

① 上文两处所用"自在自为"一语,原文为"an und für sich"英译文为"in its own right"。又见下文§58。——校注

② 此段引文是按维特根斯坦所摘引的德语译文翻译的。——校注

呢？——椅子的简单组成部分是什么呢？是小块的做椅子的木料，还是分子或原子？——“简单的”意味着不是组合的。这里的关键是：在何种意义上是“组合的”？绝对地说“椅子的简单部分”是根本没有意思的。

又如：我的关于这棵树或这把椅子的视象是由部分所组成的吗？它的简单组成部分是什么呢？多色性是一种复合性；另一种 22e
复合性是，比如说，由许多直的线段组成的折线轮廓。一条曲线可以说是由一个递增的分支和一个递降的分支所组成。

如果我不作任何进一步的说明就告诉某人：“现在我所看到的面前的东西是组合的”，那么，他就完全有理由问：“你用‘组合的’意指什么呢？因为它可以意指各种各样的东西！”如果已经确定了所说的是哪一种组合性——即“组合的”这个词的哪一种特殊使用——那么，“你所看到的东西是组合的吗？”这个问题就是完全有意思的了。如果我们已定下来，只要某人不仅看到单个的树干，而且还看到多个树枝，就可以把他对树的视象叫做“组合的”，那么这时问题“这棵树的视象是简单的还是组合的？”以及“它的简单的组成部分是什么？”就将有一个清楚的意义——一种清楚的使用。当然，对第二个问题的答案不是“树枝”（那就成了对“在这里称为‘简单组成部分’的是什么？”这个语法问题的回答），而是对个别树枝的描述。

但是，比如说，一个象棋棋盘难道不是明显地、绝对地是组合的吗？——或许你想到，它是由 32 个白的方块和 32 个黑的方块所组成。可是，我们难道不也可以说它是由黑色、白色以及方块图式所组成的吗？而且，如果存在着完全不同的看待它的方法，那么你是否还要说棋盘绝对地是组合的呢？——离开特定的语言游戏去问“这个对象是不是组合的?”那就像一个孩子的下面这种做法:他本应回答在某些句子中的动词是主动态还是被动态,他却绞尽脑汁,苦苦思索“睡觉”这个动词究竟意味着某种主动的东西还是某种被动的东西。

我们以极大数量的各不相同并又不同地联系着的方式来使用“组合的”(并从而“简单的”)这个词。(棋盘上的方框的颜色是简单的还是由纯白和纯黄所组成的?白色是简单的还是由彩虹中的各种颜色所组成的?这段两厘米的长度是简单的还是由各一厘米的两个部分所组成的?但是,为什么就不是由三厘米长的一段和从相反方向量过来的一厘米长的一段所组成的呢?)

对于下面这两个**哲学**问题:“这棵树的视象是不是组合的?它
23e 的组成部分是什么?”正确的回答是:“那要取决于你把‘组合的’理
解作什么。”(这当然不是一种答案而是对问题的拒斥。)

48. 让我们把§2的方法应用于《泰阿泰德》篇所阐述的情况。让我们考虑一种使该阐述确为有效的语言游戏。这种语言是用来描述在一个平面上的有色方块的组合的。这些方块形成一种如同棋盘那样的组合物。这些方块有红色的、绿色的、白色的和黑色的。该语言中的词(对应地是)“R”,“G”,“W”,“B”而一个语句就是这些词的一个序列。这些词以如下的次序描述方块的排列:

1	2	3
4	5	6
7	8	9

这样,举例来说,“R R B G G G R W W”这个语句就描述了

下面这样的一种排列：

红	红	黑
绿	绿	绿
红	白	白

在这里，该语句是名称的一种组合，与之相应的是要素的一种组合。原始要素是这些有色方块。“但这些方块是简单的吗？”——我不知道在这个语言游戏中还有什么别的东西能更自然地被叫做“单原”。但是，在别的场合下，我会把一个单色的方块称为“组合的”：也许由两个矩形组成，也许由颜色和形状这两种要素组成。但是组合性这个概念还可以进一步加以扩展，从而可以把一块较小的面积说成是由一块较大的面积同另一块从中减去的面积“组成”的。请比较一下力的“合成”；由线段外一点对这线段进行的“分割”；这些说法都表明，我们有时甚至倾向于设想较小的部 24e
分是由较大的部分合成的结果，而较大的部分却是把较小部分分割开的结果。

但是，对于那些用我们语句描述的图形，我不知道该说是由四种要素所组成，还是由九种要素所组成！是呀，这个语句到底是由四个字母还是由九个字母组成？——*它的*要素到底是什么，是字母的类型，还是那些字母？如果我们在一切具体场合下都能避免误解，那么，我们怎么说又有什么关系呢？

49. 但是，说我们不可能说明（描述）这些要素，只能对它们进行命名，这种说法是什么意思呢？这可能意味着，比如说，在某个极限的事例中当一个组合物只由一个方块组成时，对这个方块的描述直接就是这个有色方块的名称。

这里，我们可以说——虽然这样说很容易导致各种哲学的迷信——记号“R”，或“B”等等，有时可能是一个词，有时则可能是一个命题。但它到底“是一个词还是一个命题”，要取决于将它说出来或写出来时的情况。例如，如果A需要向B描述有色方块的组合物而他只单独地使用了“R”这一个词，那么我们就可以说这个词是一种描述——一个命题。但是，如果他在回想这些词和它们的意义，或者，如果他在教别人这些词的用法并且在实指教学时念出这些词，那么，我们就不说它们是命题。在这种情况下，比如“R”这个词，就不是一种描述；人们只是用它来命名一个要素。——但是，如果以此为理由说要素只能被命名，那就太奇怪了！因为命名和描述并非处于同一水平；命名是描述的准备。至此，命名还不是语言游戏中的一步——正如把一枚棋子放在棋盘的棋位上还不是一着棋一样。在一个东西已被命名之后，我们可以说，至此还什么也没有做。如果不是在语言游戏中，那么它甚至连一个名称也还没有得到。这也就是弗雷格的意思。他说，一个词只有作为语句的一部分才有意义。

50. 说我们既不能把存在(Sein)，也不能把非存在(Nicht-sein)归属给要素，这是什么意思？——人们可能会说：如果我们称为“存在”和“非存在”的一切都在于要素之间联结的存在和不存在，那么，说一个要素的存在(非存在)就没有意思；正如如果我们

称之为“毁灭”的一切都在于把要素的分离，那么说一个要素的毁灭就是无意义的了一样。

然而，人们会说：不可能将存在归属于要素，因为，如果要素不**存**
在，那么，人们甚至就不可能命名它，因而，关于它就什么也不能说 25e
了。——但是，让我们来考虑一个可类比的例子。有**一件**东西，人们既不能说它是一米长，也不能说它不是一米长，那就是巴黎的标准米尺。——但当然，这并不是赋予它任何特殊的属性，而只是标志出了它在“用米尺进行测量”这一种语言游戏中的特殊作用。——让我们来设想一种颜色样本像标准米尺一样的保存在巴黎。我们定义：“乌贼墨色”意指密封保存在卢浮宫中的标准乌贼墨的颜色。这样，无论说这种色样是这种颜色或不是这种颜色，都是没有意思的。

我们也可以这样说：这种色样只是某种语言的工具，这种语言是我们作颜色断言用的。在这种语言游戏中，它不是被表述的东西，而是表述的手段。——在语言游戏(48)中，当我们通过念出“R”这个词来给一个要素命名时，对于这个要素来说，情况也正是这样：这就给了这个对象一个在我们的语言游戏中的角色；现在，它成了表述的**手段**。说“如果它不**存在**，它就不可能有名称”，不多不少就等于说：如果这个东西不存在，那么，我们就不可能在我们的语言游戏中使用它。——看起来似乎**一定得**存在的东西，就是语言的一部分。它是我们的语言游戏中的一个范型(paradigm)，是某种用来进行比较的东西。而这可能是一种重要的看法；但尽管如此，这个看法仍然是有关语言游戏——有关我们的表述方式的看法。

51. 在描述语言游戏(48)时我说过，“R”、“B”等词对应于这

些方块的颜色。但是，这种对应是怎么回事呢？在何种意义上人们才能说某些颜色的方块同这些记号相对应呢？因为在§48中的说明只是在那些记号同我们的语言的某些词（颜色的名称）之间建立了一种联系。——在这里我们预设了语言游戏中记号的用法是以不同的方式，而且是以指出范例的方式来传授的。那很好；但是，说在**这种语言实践**中某些要素对应于这些记号是什么意思呢？这是不是说描述这些有色方块的组合物的人总是在看到一个红色方块时便说“R”，看到一个黑色方块时便说“B”，如此等等？但是，万一他在描述时搞错了，在看到黑色方块时错说了“R”，那又怎样呢？——判定这是一种**错误**的标准在哪里？——或者，是不是说“R”代表一个红色方块就在于，用这种语言的人在使用记号“R”
26e 时，总有一个红色方块在他心中呈现呢？

为了清楚起见，这里也同无数类似情况一样，我们必须把注意力集中到所进行的事情的细节上，必须**从近处**来**观察**它们。

52. 如果我想要假定，老鼠是通过自然发生的方式从灰色的破布和尘土中产生的，我就会十分接近地考察那些破布，看一看那里面是不是可能隐藏着老鼠，老鼠是不是会钻到那儿去的，等等。但是，如果我确信，老鼠不可能从这些东西中产生，那么，这种研究也许就是多余的。

但是，我们首先必须懂得在哲学中到底是什么东西妨碍了这种对细节的考察。

53. 我们的语言游戏（48）有**各种各样**的可能性，在很多情况下我们应当说该游戏中的一个记号是如此这般一个颜色方块的名称。例如，如果我们知道：使用这种语言的人是以如此这般的方式被教会如何使用这个记号的，那么我们就应当这样说。或者，如果以书面语的形式写下，例如用列表的形式写下这个要素同这个记号相对应，而该表格又被用于该语言的教学，或者该表格是在某种有争议的场合中须引以为据的，那么，我们也应当这样说。

我们也可以设想，这样一个表格是这种语言的使用中的一个工具。此时，对一个组合的描述就是像这样来进行的：描述这个组合的人带着一张表格，他在表上查出该组合的每一个要素，并且由此找到相应的记号(接受这一描述的人也可以使用一张表把它翻译成有色方块的一张图)。这一表格可以说在这里起了在别的场合下由记忆和联想所起的作用。(通常我们在执行“给我拿一支红色的花来”的命令时，并不先在颜色表上查找红色，然后再去取一支颜色与表上查到的颜色相同的花来；但是，如果问题是要选出或是要调配出一种特殊色调的红色来，那么我们的确有时使用色样或色表。)

如果我们把这种表格叫做对语言游戏的一个规则的表达，那么，人们就可以说，我们称之为语言游戏规则的东西在这个游戏中很可能具有非常不同的作用。

54. 让我们来回想一下在何种情况下我们说一种游戏是按照一定规则进行的。

这规则可能是在教这种游戏时的一种辅助物。人们把这规则告诉学习这种游戏的人，并且让他练习着使用它。——或者，它就 27e
是游戏本身的工具。——或者，一条规则既不用于教游戏，也不用于游戏本身，它也不是被填写在一张规则表中。人们通过观察别人如何做游戏而学会了游戏。但是，我们却说这游戏是按照如此这般的规则进行的，因为观察者能够从游戏的实践中看出这些规则——就像是一条支配游戏之进行的自然律——但是，在这种情况下，观察者如何才能对玩游戏的人玩得正确和错误作出区别呢？——对于这种情况在游戏者的行为中有着一些独特的标记。想一想在纠正口误时所特有的行为。甚至在不懂得某个人的语言的情况下也能够认出他的这种行为。

55. “在语言中名称所表示的东西必须是不可毁灭的，因为人们必须能描述这样一种情形：其中一切可毁灭的东西都已被毁灭了。这一描述将包含着词，而与这些词相对应的东西是不能被毁灭的，因为不然的话这些词就没有意义了。”我可不能把我正坐着的树枝锯掉。

当然，人们可能立即反驳说，这一描述必须把它本身排除在这一毁灭之外。——但是，与描述中的一个个单独的词相对应的因而是不可毁灭的东西（如果该描述为真），就是给予这些词以意义的东西。——没有这种东西这些词就没有意义。——然而，在某种意思上，这个人的确就是与他的名字相对应的东西。可是他是可毁灭的，而他的名字并不因为其承担者之被毁灭而失去其意义。——与名称相对应，没有它名称便没有意义的东西乃是在语言游戏中与名称联在一连使用的范型。

56. 但是，假如并没有这样的样本作为语言的一部分，我们只是在**心中记住**一个词所代表的（比如说）颜色，那又怎样呢？——“如果我们在心中记住它，那么，在我们说出这个词时，它便会呈现在我们的心中。所以，如果假定我们总是可能想起它来，它本身就一定是不可毁灭的。”——但是我们把它回忆得正确与否的判别标准是什么呢？——当我们通过一种样本而不是记忆来工作时，也有这样一些场合，其时我们说样本的颜色变化了，而我们是根据记忆来判断这一点的。但是，难道我们就不会有时要说到我们的记忆形象（比如说）变暗了吗？难道我们不是和受样本的摆布一样也要受记忆的摆布吗？（因为有人可能想要说：“如果我们没有记忆，我们就得受样本的摆布。”）——或者，也许就像受某种化学反应的摆布一样。试设想你想要涂出一种特殊的颜色“C”，这是化学物质 X 和 Y 化合时出现的那种颜色——假定你在某一天感到这颜 28e
色比前一天见到它时更鲜艳些；你是不是有可能说“我一定搞错了，这颜色当然同昨天的完全一样”？这就表明，我们并不总是依靠记忆所告诉我们的东西并把它当作最高上诉法庭的裁决。

57. “红的东西可以毁灭，但是红却不可能毁灭，这就是‘红’这个词的意义之所以独立于红的东西之存在的道理。”——说红色（是颜色，不是颜料）被撕破或捣烂，当然是没有意义的。但是，我们不是也说“这红色在消失”吗？不要总是抱着这样的想法，以为即使再也没有任何红的东西时我们总还是能够在心中令红色呈现的。这就好比你硬要说：如果那样的话，永远还存在着一种产生红色火焰的化学反应。——可是假定你再也记不起这种颜色了，情况又会怎样呢？——如果我们忘记了这是哪一种颜色的名称，那么，这名称对我们来说就失去了意义；也就是说，我们不再能够用这个词来玩某种特定的语言游戏了。这种情况可与下述情况相比，即我们失去了作为我们语言工具的一个范型。

58.“我将只把那些不会在‘X 存在’这样的联结之中出现的东西称为‘*名称*’。——这样，人们就不能说‘红存在’，因为，如果没有红，那么就根本不可能谈论它。”——更好的说法是：如果“X 存在”仅仅意味着说“X”有一种意义，——那么，它就不是一个谈论 X 的命题，而是一个有关我们的语言的使用即有关“X”这个词的使用的命题。

当我们说“红色存在”这些词并没有产生出一种意思时，我们好像觉得自己在谈论有关红的性质的某种东西。也就是说，红色“自在自为地”存在。同样的想法——即这是一个关于红的形而上学的陈述——再次在我们如下的说法中表现了出来：红是非时间性的；也许还更强地表现在“不可毁灭的”这个词之中。

但是，我们真正*想要*的只是要把“红色存在”理解为下面这个陈述：“红色”这个词有意义。或者更好些是说：把“红色不存在”理解为“‘红色’没有意义”。只是我们并不想说那个表达式*说出*了这一点；我们想说的是：*如果*那个表达式意指着什么，那么*这一点*就是它一定要说的东西。但是，在试图把它说出来的时候它就陷入
29e 了自相矛盾——这恰恰因为红色“是自在自为地”存在的。然而矛盾仅仅在于这样一种情况：这个命题看起来似乎是谈论颜色的，可它本应谈论有关“红色”这个词的使用。——但是，实际上我们的确常常说到某种特定颜色的存在；而那就等于说某种具有该颜色

的东西存在着。前一种表达同后一种表达都一样准确；特别是当“具有这种颜色的东西”不是物理对象时。

59．“一个名称只表示实在的一个要素，那不可毁灭的东西，那在一切变化中保持同一的东西。”——可是，那到底是什么呢？——当我们说出这个语句的时候，它就已浮现在我们的眼前了！这正是对一种十分特殊的意向的表达：对我们想要使用的一种特殊的图像的表达。因为，经验当然没有向我们显示出这些要素。我们能看到某种组合物（例如一把椅子）的组成部分。我们说，椅背是椅子的一部分，但是椅背本身又是由几片木材所组成；而椅腿则是一个简单的组成部分。我们也看到，一个整体在发生变化（被毁灭），而它的组成部分却保持不变。这些就是我们用来构成实在之图画的材料。

60．当我说：“我的扫帚在墙角那里”，——这真的是一个关于扫帚柄和扫帚头的陈述吗？是呀，不管怎么说，它都可以用一个给出了扫帚柄的位置和扫帚头的位置的陈述来代替。而这后一个陈述当然是第一个陈述经过进一步分析的形式。——但是，我为什么把它叫做“经过进一步分析”呢？——那是因为，如果扫帚在那儿，这当然就意指扫帚柄和扫帚头必定也在那儿，而且它们彼此之间处于一种特定的关系之中；而这一点似乎隐藏在第一个语句的意思之中，而在经过分析的语句中便明显地表达了出来。这样说来，当某个人说扫帚在墙角那里，他的意思是不是真的是：扫帚柄在墙角里，扫帚头在墙角里，并且扫帚柄是装在扫帚头上？——如果我们去问随便什么人他是不是这个意思，这个人也许会说，他根本就没有特别地想到过扫帚柄或扫帚头。而这将是一个*正确的*回答，因为他根本没有想特别地去说到扫帚头或扫帚柄。假定你不说“给我把扫帚拿来”，而说“给我把扫帚柄和装在柄上的扫帚头拿来！”人家岂不是要回答：“你是不是要扫帚？干什么说得这么古怪？”——他会对经过进一步分析的语句理解得更好些吗？——人们会说，这个语句同普通的语句达到了相同的效果，只是多绕了个圈了。——试设想这样一个语言游戏，在其中命令某人把一些由若干部分组成的对象取来，或加
30e 以移动，或做诸如此类的事。有两种方式来玩这游戏：一种方式(a)是，组合对象(如扫帚、椅子、桌子等)有名称，如(15)中的例子；另一种方式(b)是，只有组成部分被赋予了名称，而整体是通过这些部分来描述的。——在何种意义上第二个游戏中的一个命令是第一个游戏中的命令的分析了的形式呢？是不是前者隐藏在后者之中，而现在通过分析把它揭示了出来？——诚然，如果把扫帚柄和扫帚头分开，扫帚就被拆散了；但是，能不能由此得出叫人家“拿扫帚来”的命令也是由相应的部分组成的？

61. 不过，尽管如此，你仍然不会否认，(a)中的一个特定的命令同(b)中的一个特定的命令意指着同样的东西；如果你不把第二个叫做第一个的分析形式，那么你把它叫做什么呢？——当然，我也会说，(a)中的一个命令同(b)中的一个命令有相同的意义；或者像我在前面表达的那样，它们达到相同的效果。而这就意指，如果有人对我指出(a)中的一个命令，并且问：“(b)中的哪个命令同这个命令意指相同的东西？”或者再问：“(b)中的哪个命令同

这个命令相抵触?”我就会作出如此这般的回答。但这并不是说,我们对于“有相同的意义”或者“达到相同的效果”这样的表达式的使用取得了*普遍的*一致意见。因为人们可以问,在何种情况下我们将说:“这些只是同一个语言游戏的两种形式。”

62. 比如说,假定一个接受了(a)中的命令和(b)中的命令的人,他在拿要他拿的东西之前,必须查看一张把名称与图画对应起来的表。他在执行(a)中的一个命令和执行与之对应的(b)中的一个命令时所做的是*同样的*事情吗?——也是,也不是。你可能会说:“这两个命令的*要点*是相同的。”我也会这样说。——但是,应当把什么称之为一个命令的“要点”,这并不是在任何场合都很清楚的。(类似地,人们可以说某些对象具有这种或那种目的。重要的在于这是一盏*灯*,它的用处是照明——至于它是房间里的一件装饰品,填补了空荡荡的空间等等,就不是重要的了。但在重要的东西和不重要的东西之间并非总有截然的区别。)

63. 然而,如果说(b)中的语句是(a)中语句的“经过分析的”形式,那样就很容易诱使我们想到前者是更基本的形式;只有它才表明了另一个语句意指着什么,如此等等。例如,我们会想:如果你只掌握了未经分析的形式,那么,你就缺少了分析;但是,如果你知道了经过分析的形式,那么你也就拥有了一切;——但是难道我就不能说,在*后一种情况*下和在前一种情况下一样,你都没有注意 31e
到事情的某一个方面吗?

64. 让我们设想,把语言游戏(48)加以改变,名称不是表示单色的方块,而是表示由两个这样的方块所组成的矩形。假定一个半红半绿的矩形叫做"U";半绿半白的矩形叫做"V",如此等等。难道我们不能设想有这样的人,我们只有这类颜色组合的名称而没有单个颜色的名称?试想一想我们说下面这句话时的情况:"这种颜色的排列(如法国的三色旗)具有非常特别的性质。"

在什么意义上这一语言游戏的符号需要分析呢?在何种程度上这一语言游戏有可能用(48)来代替呢?——它只是另一个语言游戏,尽管它与(48)有关联。

65. 在这里,我们碰上了藏在所有这些考虑背后的一个大问题。——因为,有人可以来反对我说:"你避开了难题!你谈到各种各样可能的语言游戏,但你没有一处谈到了语言游戏的本质是什么,从而也没有谈到语言的本质是什么:没有谈到所有这些活动中共同的东西,是什么东西使它们成为语言或语言的一部分的。所以,你恰恰放弃了研究中曾经使你最感头疼的那一部分,也就是关于命题的一般形式和语言的一般形式的那一部分。"

的确如此。——我没有提出某种对于所有我们称之为语言的东西为共同的东西,我说的是,这些现象中没有一种共同的东西能够使我把同一个词用于全体,——但这些现象以许多不同的方式彼此关联。而正是由于这种或这些关系,我们才把它们全称之为"语言"。我将试着来说明这一点。

66. 例如,试考虑下面这些我们称之为"游戏"的事情吧。我指的是棋类游戏、纸牌游戏、球类游戏、奥林匹克游戏，等等。[1] 对所有这一切，什么是共同的呢？——请不要说：“*一定*有某种共同的东西，否则它们就不会都被叫做‘游戏’”——请你*仔细看看*是不是有什么全体所共同的东西。——因为，如果你观察它们，你将看不到什么*全体*所共同的东西，而只看到相似之处，看到亲缘关系，甚至一整套相似之处和亲缘关系。再说一遍，不要去想，而是要去看！——例如，看一看棋类游戏以及它们的五花八门的亲缘关系。再看一看纸牌游戏；你会发现，这里与第一组游戏有许多对应之处，但有许多共同的特征丢失了，也有一些其他的特征却出现了。32e
当我们接着看球类游戏时，许多共同的东西保留下来了，但也有许多消失了。——它们都是“娱乐性的”吗？请你把象棋同井字棋比较一下。[2] 或者它们总是有输赢，或者在游戏者之间有竞争吗？想一想单人纸牌游戏吧。球类游戏是有输赢的；但是如果一个孩子把球抛在墙上然后接住，那这个特点就消失了。看一看技巧和运气所起的作用，再看看下棋的技巧和打网球的技巧的差别。现在再想一想转圈圈游戏那类的游戏。[3] 这里有娱乐性这一要素，但是有多少别的特征却消失了！我们可以用同样的方法继续考察

① 奥林匹克“游戏”在汉语中已习惯地被称为“竞赛”、“比赛”或“运动”，而不习惯于用“游戏”一词。但在德语与英语中这里所举的所有活动均被称为“游戏”(spiele，games)。该词在汉语中并没有一个完全相当的译名。事实上，spiele 一词所指范围也比英语 games 一词为广。但这种差别并不影响到这里讨论的问题。——校注

② “井字棋”(Mühlfahren)亦称三子棋，或连珠棋。棋盘是呈井字形的九个方格。下棋双方各用一种棋子(或用画○与×代替棋子)轮流填入空格。以一方三子连成一线为胜。——校注

③ “转圈圈游戏”(Reigenspiel)，见§7。

许许多多其他种类的游戏;可以从中看到许多相似之处出现而又消失了的情况。

这种考察的结果就是:我们看到一种错综复杂的互相重叠、交叉的相似关系的网络:有时是总体上的相似,有时是细节上的相似。

67. 我想不出比"家族相似性"更好的表达式来刻画这种相似关系:因为一个家族的成员之间的各种各样的相似之处:体形、相貌、眼睛的颜色、步姿、性情等等,也以同样方式互相重叠和交叉。——所以我要说:"游戏"形成一个家族。

例如,各种数也以同样的方式形成一个家族。为什么我们把某样东西叫做一个"数"?也许是由于它同某些一向被叫做数的东西具有一种——直接的——关系。而这可以说就使它同那些被我们以同样方式称呼的东西具有一种间接的关系。我们把数的概念加以扩展就如同在纺绳时把一些纤维绕在另一些纤维上一样。绳的强度并非在于有一根贯穿绳的全长的纤维,而是在于许多纤维互相重叠。

但是,如果有人要说:"在所有这些构造中还是有某种共同的东西——也就是它们的所有共同属性的析取"——我就要回答:你在这里只是玩弄字眼。有人也完全可以说:"有某种东西贯穿绳的全长——那就是那些纤维的连续不断的重叠。"

68. "那么好吧:你可以把数的概念定义为这些单个的相互关联的概念(基数、有理数、实数等等)的逻辑和;以同样的方式,游戏的概念可以定义为一套相应的子概念的逻辑和。”——并不需要如此。因为，我**可以**这样来对“数”这个概念作出严格的限定，也就是 33e
把“数”这个词用作一个严格限定的概念，但是，我也可以这样来使用这个词，使这个概念的外延并不被一个边界所封闭。而这正是我们使用“游戏”一词的方式。因为游戏的概念该怎样来约束呢？什么仍可算作游戏，什么又不再能算了呢？你能给出一个边界来吗？不能。你可以**划**一个边界；因为至今还没有划过。（但这一点在你过去使用“游戏”一词时从没有使你为难过。）

“但是，那样一来，该词的使用就没有规矩了，我们用词来玩的‘游戏’就没有规矩了。”——并不是在任何地方都要由规则来作出约束的，正如在网球赛中也没有什么规则规定球可以抛多高，或者球可以抛多重，但尽管如此网球仍然是一种游戏而且也有规则。

69. 我们应当怎样向别人说明什么是游戏呢？我相信，我们应当向他描述一些**游戏**并且可以补充说：“这些**和与此类**似的事情就叫做‘游戏’。”对于游戏，我们自己难道知道得比这更多些吗？难道只是对别人我们才不能确切地说出什么是游戏吗？——但这并不是无知。我们不知道边界是由于没有划出过边界。再说一遍，我们可以——为了特定的目的——划一条边界。是不是只有这样做了才使概念变得可以使用？根本不是。（除非是对于那个特定的目的。）正如并不需要先有了定义：1 步＝75 厘米，才能使“一步”作为可以使用的长度的量度一样。如果你要说，“可是在那样定义之前，它到底不是一个确切的量度”，那么，我的回答是：那好，它是一个不确切的量度——虽然你还欠我一个确切性的定义。

70. “但是，如果‘游戏’这个概念像那样不加约束，那么你就不会真的知道你用‘游戏’意指什么。”——如果我给出这一描述：“这片土地上长满了植物”——你是不是要说，如果我不能给出植物的定义，我就不知道我在谈论的是什么？

我的意思可以通过(比如说)一幅画以及下面这句话来说明：“这片土地看起来大体上就像这样。”也许我甚至说“这片土地看起来**恰好**就像这样。”——那么，是不是那儿的这片青草和这些树叶恰好就摆布得像这个样子呢？不，并不是这个意思。而且我也不应承认有任何图画可以在这个意义上是确切的。

71. 人们也许会说“游戏”这个概念是一个有着模糊的边缘的
34e 概念。——“可是，一个模糊概念也算是**概念**吗？”——一张不清晰的照片能算是一个人的像吗？用清晰的照片来代替不清晰的照片是不是总是有利的呢？难道不清晰的那张不经常就是我们所需要的吗？

弗雷格把概念同一块区域相比；他说，边界含混的区域根本不能称之为区域。这句话的意思大概是说我们不可能用它来做任何事情。——但是，如果我们说：“请你大致上站在这儿”，这种说法难道也是没有意思的吗？假定我和某个人站在市中心广场上并且

有人对我说：“给孩子们做个游戏看看。”我就教他们做掷骰子游戏，可是这人说，“我不是指那种游戏。”那么，在他给我下那个命令时，他心里就一定得先已产生了排除掷骰子游戏的想法吗？

说了这句话。在我说这句话时，我并没有要划出任何边界，而只是用手指了指——就好像指着一个特定的地点。而这正好就是当人们要向别人说明什么是游戏时他们怎么做的。他们给出一些例子，并且希望别人以一种特别的方式来看它们。——然而，我这么说并不是要他从这些例子中看出那种我——由于某种原因——所没有能表达出来的共同的东西；而只是要他现在以一种特别的方式来运用这些例子。在这里，举例子并不是一种间接的说明手段——由于没有更好的手段而采用。因为任何一般性的定义也都是可能被误解的。我们正好就是这样来玩游戏的。（我指的是使用“游戏”一词的语言游戏。）

72. 看到共同的东西是什么。假定我给某人看各种各样彩色的图画，然后说，“你在所有这些图画中都见到的颜色叫赭石色”。——这就是一个说明。别人通过寻找看到了这些图画中共同的东西，就可以了解这个说明。于是他就能够去看，能够去指出这共同的东西。

请把这种情况同下面的情况比较一下：我给他看一些形状不同但涂着相同颜色的图形，然后说：“这些东西中共同的东西叫做‘赭石色’。”

再比较一下下面这种情况：我给他看一些色调不同的蓝色样品，说：“所有这些样色中共同的颜色就是我叫做‘蓝色’的东西。”

73. 如果有人对我指着一些样色来说明颜色的名称，说：“这种颜色叫‘蓝色’，这种叫‘绿色’……”这种情况在许多方面可与下

述情况相比：我手里拿着一张表，表上在各种样色下面写着那些
词。——尽管这种比较可能在很多方面都是引人误解的。——人
们还要把这种比较加以推广：理解一个说明就意味着在心中具有
被说明事物的观念，也就是一个样本或一幅图画。所以，如果给我
看各种不同的树叶并且告诉我“这就叫做一片‘树叶’”，于是我就
35e 有了一片树叶的形状的观念，在我心中有了一片树叶的一幅图
画。——但是，如果这图画向我们显示的不是任何特定的形状，而
是“各种树叶形状所共有的东西”，那么，这时的一片树叶的图画该
是什么样子呢？绿颜色“在我心中的样色”——各种绿色色调所共
有的东西的样品——又是什么色调呢？

“但是，难道就没有这种‘一般的’样品，例如一张树叶示意图或者一个**纯**绿的样品？”——当然可能会有。但对于这样一张示意图被当作一张**示意图**而不是当作一片特定树叶的形状，一小片纯绿被当作所有绿色的东西的样品，而不是当作纯绿的样品——这仍然取决于使用样品的方式。

问问你自己：绿这种颜色的样品一定得是什么**形状**呢？它应当是矩形的吗？那样一来，它不是成为绿色矩形的样品了吗？——所以，它应当具有“不规则”的形状吗？那样的话，又是什么东西妨碍我们仅仅把它当作——也就是说，把它用作——一个不规则形状的样品呢？

74. 这同样也是属于这样一种想法：你如果把这片树叶看作“一般的树叶形状”的样品，那么你的**看法**就跟那个把它当作这一特定形状的样品的人的**看法**大不相同。事情完全可能是如此——

尽管并非如此——因为这只不过是说，作为一种经验，如果你以一种特定的方式来**看**这片树叶，那么，你就以如此这般的方式或者按照如此这般的规则来使用它。当然，是有一个以**这种**或**那种**方式来看的问题。也存在下面这样的情况，那就是无论是谁，只要像**这样**来看一个样品，一般就会以**这样**的方式来使用它；以另一种方式来看它，就会以另一种方式来使用它。比如说，如果你把一个立方体的示意图看作是由一个正方形和两个菱形组成的平面图，那么，当你执行“给我拿一个这样的东西来”的命令时，就会同那个把图形看成三维立体图的人大不一样。

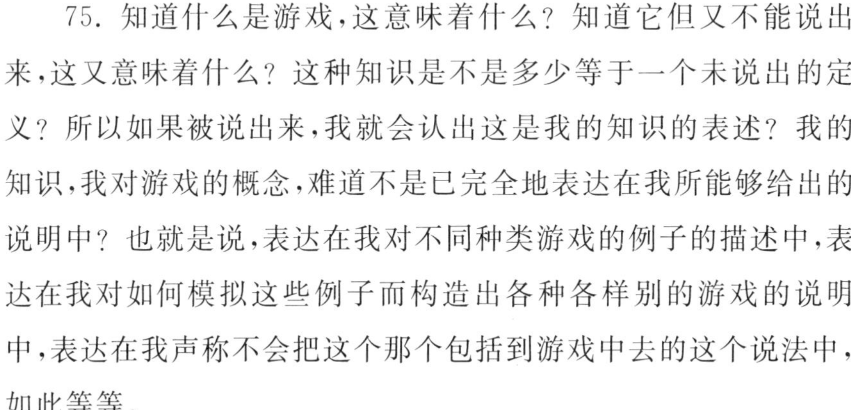

75. 知道什么是游戏，这意味着什么？知道它但又不能说出来，这又意味着什么？这种知识是不是多少等于一个未说出的定义？所以如果被说出来，我就会认出这是我的知识的表述？我的知识，我对游戏的概念，难道不是已完全地表达在我所能够给出的说明中？也就是说，表达在我对不同种类游戏的例子的描述中，表达在我对如何模拟这些例子而构造出各种各样别的游戏的说明中，表达在我声称不会把这个那个包括到游戏中去的这个说法中，如此等等。

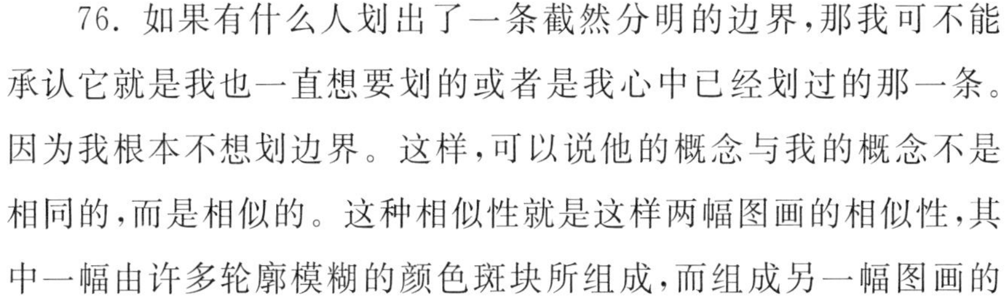

76. 如果有什么人划出了一条截然分明的边界，那我可不能
承认它就是我也一直想要划的或者是我心中已经划过的那一条。36e
因为我根本不想划边界。这样，可以说他的概念与我的概念不是相同的，而是相似的。这种相似性就是这样两幅图画的相似性，其中一幅由许多轮廓模糊的颜色斑块所组成，而组成另一幅图画的

颜色斑块在外形上和分布上都和第一幅相似，但具有清晰的轮廓。二者的相似性和二者的差别性都是不可否认的。

77. 如果我们把这种比较推进一步，那么显然，清晰的图画与模糊的图画能够相似到何种程度取决于后者模糊的程度。试设想你需要画出一幅“对应”于模糊图画的清晰图画。在模糊图画中，有一个模糊的红色矩形：与之相应，你画了一个清晰的矩形。当然——可以画出好几个这种清晰的矩形与那个不清晰的矩形相对应。——但是，如果在原来的图画中各种颜色相互融合而没有任何轮廓的痕迹，那么，要画出一幅与模糊的图画相对应的清晰的图画岂不是一件毫无希望的工作吗？这时你岂不是只能说：“在这里，我既能画一个矩形，也完全可以画一个圆形或心形，因为所有的颜色都融合了。随便什么——因而没有什么——是正确的。”这就是在美学和伦理学中寻求与我们的概念相符合的定义的人所处的境地。

在碰到这种困难时请你一定问问自己：我们是怎样学会这个词（例如“善”）的意义的？通过什么样的例子？在什么语言游戏中？那样，你就会较容易地看出，这个词一定有一个意义的家族。

78. 请比较一下知道和说出：

勃朗峰多少米高——

“游戏”一词如何使用——

单簧管如何发声。

如果你对人们能够知道某种事情但却不能说出来这一点感到

惊奇，那么，你所想到的例子大概正类似于上述第一例。肯定不会像第三例。

79. 请你考虑下面这个例子。如果有人说："摩西并不存在"，那么这可能意指各种不同的事。它可能意味着：以色列人在迁出埃及时并不是有*一个*领袖；——或者：他们的领袖不叫摩西；——或者：不可能有过一个完成了圣经归于摩西的一切业绩的人——或者：如此等等。——我们可能会追随罗素说："摩西"这个名称可以通过各种各样的摹状词来定义。例如，"那个带领以色列人穿越旷野的人"，"那个生活在该时该地并在那时被叫做'摩西'的人"，37e
"那个在孩提时由法老的女儿从尼罗河中抱起的人"，等等。按照我们采用这个或那个定义，"摩西不存在"这个命题就获得不同的意思；有关摩西的其他每个命题也是如此。——如果有人告诉我们"N 不存在"，我们便要问："你的意思是什么？你是不是想要说……或者……"

但是，当我作出一个关于摩西的陈述时，——我是否总是用这些摹状词中的某*一个*来代替"摩西"？我也许会说：我所理解的摩西就是那个做了圣经中归于摩西的那些事的人，或至少是做了其中很大一部分事的人。但是，到底做了多少？我是否已经确定，必须证明有多少为假，我才能把我的命题当作假命题而放弃？"摩西"这个名称对我来说是否在一切可能的场合都有一种确定的单义的用法？难道事情不是这样吗：我随时都准备着（姑且说）整整一系列的支柱，一旦这根被抽掉就撑住那根，那根被抽掉就撑住这根？——试考虑另一种情况。当我说"N 死了"，那么，类似于下面的这样一些说法可以说是适用于“N”的意义的：我相信曾经活着这样一个人，(1)我曾经在这样一些地方看见过他，(2)他看上去就像这个样子(一些照片)，(3)他曾做过这样一些事情，(4)他在社会生活中用“N”这个名字。——如果要问我把“N”理解作什么，我就得把所有这几点或其中的一些开列出来，不同的场合列出不同的说法。所以，我对“N”的定义也许就是“所有这些说法对之均为真的那个人”。——但是，如果其中某一点现在被表明为假——是不是我就得准备宣称“N 死了”这一命题为假？——甚至那被发现为假的在我看来只是无关紧要的东西？但是，紧要与否的边界在哪里呢？在这种情况下如果我对这个名词给出过一个说明，那么，我现在就随时准备加以改变。

而这可以表达如下：我使用“N”这个名称并没有**固定的**意义。(这样一点也不会损害它的使用，正如一张桌子站在四条腿上而不是站在三条腿上并因此而有时要摇摇晃晃一点也不会损害桌子的用途一样。)

能不能说我是在使用一个我不知道其意义的词，因而在说无意思的话呢？——只要不妨碍你看到事实，你说什么都随你的便。(而当你看到这些事实时，有许多东西你就不会说了。)

(科学定义的摇摆性：今天被当作现象 A 的某种经验上的伴
38e 生现象，明天就会被用来定义“A”。)

80. 我说：“那儿有一张椅子。”假定我向它径直走去，想把它拿来，但它却从我的眼前突然消失了，那会怎么样？——“那它就不是一把椅子，而是某种幻觉。”——但是，过了一会儿我们又看见它，并且还能摸到它，等等——"所以，椅子终究还是在那儿，而它的消失则是某种幻觉。"——但是，假定过了一段时间，它又消失了——或者看起来像消失了。那么这时我们该说什么呢？对于这些情况，你有现成的规则吗？——那些能够告诉我们是否可以用"椅子"一词来称呼这类东西的规则？但是，在使用"椅子"这个词时，我们并没有这样的规则，我们是否应当说，由于我们不具备关于这个词的每一种可能的应用的规则，我们实际上并没有给这个词赋以任何意义？

81. 弗兰克·兰姆赛有一次在和我交谈时强调指出，逻辑是一门"规范性科学"。我不完全知道他那时想的是什么，但他的想法无疑与我后来逐渐开始明白的想法紧密相关，那就是：在哲学中，我们经常把词的使用同具有固定规则的游戏或演算相**比较**，但是，我们不能说一个使用语言的人**必须**玩这样一种游戏。——然而，如果你说，我们的语言表达只是**近似**于这样一种演算，那你就恰恰已经站到了误解这一深渊的边缘上了。因为那样一来，就好像我们在逻辑中所谈论的是一种**理想**语言。似乎我们的逻辑是一种适用于真空的逻辑。——然而逻辑当然不是在自然科学处理自然现象这个意义上处理语言——或思想的，——我们最多只能说我们**构造**理想的语言。但在这里"理想"这个词很易于引起误解，因为这听来就好像这些语言比我们日常语言更好、更完满；就好像为了最终向人们指明一个正当的语句看来是什么样子而非需要逻辑学家不可一样。

但是，所有这些，只有当人们把理解、意指和思维这些概念更

进一步澄清后才能看得清楚。因为只有那样，才能弄清究竟是什么东西能够错误地引导我们(并且的确曾经错误地引导了我)产生下面这个想法：如果有谁说出一个语句并且**意指**它或者**理解**它，那么他就是在按一定的规则进行一个演算。

82. 我称之为“他据以进行的规则”是什么？——是这样一个假设，该假设令人满意地描述了他对词的使用，这种使用我们是观察到的？或者是这样一个规则，这个规则是他在使用记号时所查
39e 找的？或者是当我们问他他的规则是什么时他给我们的回答？——但是，如果观察不能使我们看到任何清楚的规则而提问也没有给任何事情带来光明，那又该怎样呢？——因为当我问他他把“N”理解作什么时，他的确给了我一个定义，但他又随时准备收回或改变这个定义。——所以，我该怎样来确定他据以进行游戏的规则呢？他自己都不知道这规则。——或者，更好些：“他据以进行的规则”这个表达在这里还能说些什么？

83. 难道语言和游戏之间的类比没有使事情变得更明白了一些吗？我们很容易设想有一些人在一块场地上玩球取乐，他们想要开始各种通行的游戏，但许多游戏都没有玩完，而在其间他们无目的地将球抛向空中，拿着球互相追逐，抛掷取乐，如此等等。这时有人说：在整个时间里他们在玩一种球类游戏而且在每一次抛球时都遵循着确定的规则。

难道不是也存在着这种情况吗？其时“我们一边玩，一边制定规则”？甚至还有这种情况，我们一边玩一边改变规则。

84. 我说过，词的应用并非处处都受规则的约束。但是，一种处处都受规则约束的游戏看起来是什么样子的？有谁的规则能够永远不让怀疑入侵，能够塞住一切可能产生的裂缝呢？——难道我们就不能设想出一条确定某一规则之应用的规则，设想出一条**该规则**可以排除的怀疑吗？——如此等等。

但这并不是说，我们产生怀疑是由于我们有可能**设想**一种怀疑。我可以很容易设想有一个人总是怀疑在他打开大门之前，是否在门后有一个张着大嘴的深坑；他在穿过这道门之前总是要把这一点弄弄清楚（他可能在某一次被表明是完全正确的）——但是这并不能使我在同样场合下产生怀疑。

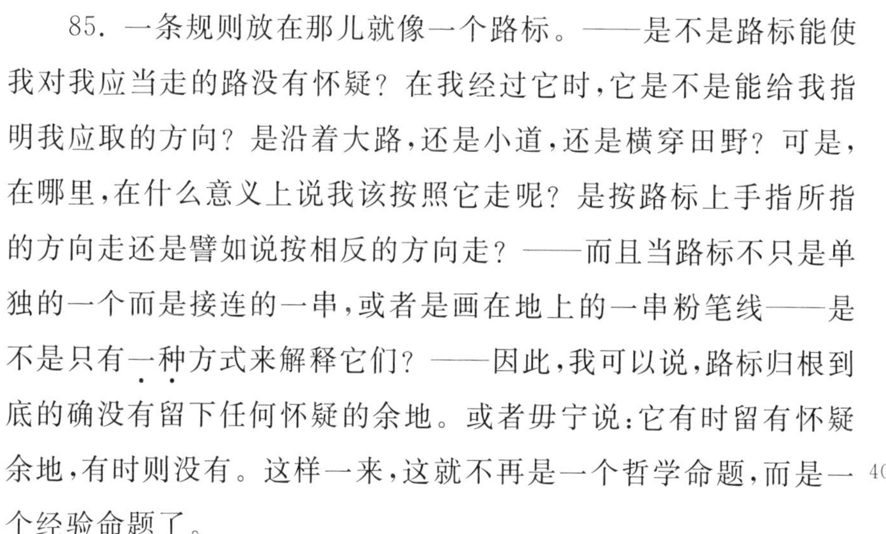

85. 一条规则放在那儿就像一个路标。——是不是路标能使我对我应当走的路没有怀疑？在我经过它时，它是不是能给我指明我应取的方向？是沿着大路，还是小道，还是横穿田野？可是，在哪里，在什么意义上说我该按照它走呢？是按路标上手指所指的方向走还是譬如说按相反的方向走？——而且当路标不只是单独的一个而是接连的一串，或者是画在地上的一串粉笔线——是不是只有**一种**方式来解释它们？——因此，我可以说，路标归根到底的确没有留下任何怀疑的余地。或者毋宁说：它有时留有怀疑余地，有时则没有。这样一来，这就不再是一个哲学命题，而是一 40e
个经验命题了。

86. 试设想一个像（2）那样的语言游戏被借助于一张图表来

玩。现在 A 给 B 的记号是书写记号。B 有一张表;第一栏是游戏中使用的记号,第二栏是建筑石料的图画。A 给 B 看这样一个书写记号,B 便在表上查出这个记号,再看与之相对应的图画,如此等等。因此,这张表就是他在执行命令时所遵循的规则。——人们通过接受训练学会了在这张表上查找图画,而这种训练有一部分内容可能就是让学生学习用手指水平地从左到右移动,从而也可以说学习在表上画出一组平行线。

假定现在我们引进一些不同的读表方法;一次是如上所述,按照如下的图式:

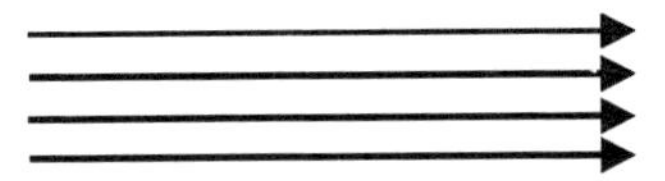

另一次是像这样:

或者还有别的方法。这样一个图式是作为表的使用规则而随表提供的。

现在难道我们不能再设想更进一步的规则来说明**这个**规则?而另一方面,如果没有这种带箭头的图式,第一张表是不是就不完全了?别的表如果没有它们的图式是不是也不完全了呢?

87. 假定我给出这样的说明:“我用‘摩西’意指这样一个人:如果确有此人的话,他带领过以色列人离开埃及。我不管他那时叫什么名字,也不论他可不可能做过其他事情。”——但是,对于这一说明中的那些词也可能产生同对于“摩西”这一名称相类似的怀疑(你把什么叫做“埃及”?把谁叫做“以色列人”?等等)。即使我们一直追问到“红”、“暗”、“甜”之类的词,这些问题也没有问到底。——“可是,如果一种说明归根到底并不是最终的说明,那么它怎么来帮助我理解呢?在这种情况下,说明永远不会完成;从而 41e
我仍然不理解他意指的是什么,而且永远也不会理解!”——就好像一个说明如果没有另一个的支持就会像悬在半空中一样。尽管一个说明在实际上有可能依靠另一个已经给出的说明,可是没有一个说明需要别的说明——除非*我们*要用它来避免误解。人们可以说:一个说明可用于消除或防止误解——也即这样的误解:如果少了这个说明它就不可避免地出现;但并不是我所能设想的每一个误解。

人们可能很容易觉得似乎每一种怀疑都只是*揭示出*基础中存在着的漏洞;所以只有首先怀疑*能够*怀疑的每一样东西,然后消除掉所有这些怀疑,那才可能有可靠的理解。

路标没有问题——只要它在正常情况下能完成它的任务。

88. 如果我对某人说“请你大致上站在这儿”——这个说明难道不可能完美地起作用吗?而其他每一个说明就都不可能失败吗?

“但是,这个说明不是很不确切吗?”——是的;为什么我们不能称它是“不确切”的呢?只要我们理解“不确切”意指什么。因为它不是意指“不合用”。再让我们来看看，与这个说明相比之下被我们称之为“确切的”说明。也许就是像围着一个面积画粉笔线之类的东西？这里我们立刻会想到这种线是有宽度的。所以一条着色的边缘将会更确切些。但是，在这里，这种确切性还在发挥作用吗？难道它不是在“空转”吗？而且我们还没有规定什么才算作超出了这一确切的边界；怎么样，用什么工具，才能确定它；如此等等。

我们懂得，把怀表拨到准确的时间，或者把它调准，那是什么意思。[①] 但是，假如有人问：这是不是理想的确切性，或者它在多大程度上接近理想的确切性？——当然，我们可以说有一种其确切性与用怀表测量时间不同的，而且我们应当说是准确性更高的时间测量；在这种测量中，“把钟调到准确的时间”这些词具有一种虽然有关但却不同的意义；“报告时间”是一种不同的过程；等等。——现在，如果我对某人说：“你应当更准时地赴宴，你知道，宴会在一点钟准时开始”，——难道在这里真的没有涉及**准确性**吗？因为人们也可能说：“请想一想在实验室或在天文台里是怎样
42e 确定时间的；**在那里**你会看到准确性意味着什么。”[②]

① 在汉语中“确切”与“准确”两词往往适用于不同的场合。“准确”多用于指度量上的同一性，而“确切”则不仅可指未定义量度的量的同一性，并可指非量的同一性。当然，这一区别也不是绝对的。我们一般地用“确切的”译德语 exakt，英语 exact；用“确切性”译德语 Exaktheit，英语 exactness；但在汉语行文不自然的地方（如此处）就改用“准确的”。把二者当作同义词，作为原文中同一个词的两种等价的译法。——校注

② 这一段文字中论述时间测定的“准确性”时，德语用 Genauigkeit，而英译仍用 exactness。维特根斯坦用词的变换是由于他要遵从语言的自然使用习惯，而英译则是遵从英语的自然用法。汉译效此。——校注

“不准确”实际上是一种责备，而“准确”则是一种赞扬。而这也就是说，不准确的东西达到其目标的程度要比较准确的东西差一些。这样，这里的问题就在于我们把什么称作“目标”。如果我所给出的太阳离我们的距离没有准确到1米，或者我给细木工的桌子宽度没有准确到1毫米，那么，这是不是不准确呢？

从没有定下过一个准确性的理想。对此我们不知道应该怎么来设想——除非你自己来定下这么称呼的东西该是什么。但是，你会发现，要想找到一种约定是很难的，至少很难有使你感到满意的。

89. 这些考虑给我们带来这样一个问题：在什么意义上逻辑是某种崇高的东西？

因为逻辑似乎具有一种特殊的深度——一种普遍的意义。逻辑看来似乎处于一切科学的底部——因为逻辑的研究探索一切事物的本性。它力图穷究事物的底蕴而从不去关心实际发生的究竟是这件事还是那件事。——它并非起源于对自然界的事实的兴趣，也不是来自把握因果联系的需要：它源自这样一种追求，即要理解一切经验事物的基础或本质。但是，为了这个目的我们似乎并不就得去寻找新的事实；相反，我们进行逻辑研究的本质就在于我们并不寻求通过这一研究而获知任何新的东西。我们需要理解某种原已一直在我们眼前的东西。因为，这正是我们在某种意义上似乎还不理解的东西。

奥古斯丁(《忏悔录》XI/14)：“时间究竟是什么？谁能轻易概

括地说明它？谁对此有明确的概念，能用言语表达出来？”[①]——显然，对一个自然科学问题（例如，有关氢气的比重是什么的问题）我们是不能这样说的。这一种无人问及时我们知道，而当我们该要给它一种说明时就再也不知道的东西，正是我们需要来*提醒*自己想起的东西。（而且显然是由于某种原因很难使我们想起来的东西。）

90. 我们觉得似乎必须*透视*现象：然而，我们的研究不是指向*现象*，而是，就像人们会说的那样，是指向现象的“*可能性*”的。也就是说，我们提醒自己注意我们关于现象所作出的*陈述的种类*。因此，奥古斯丁就回想人们关于事件的延续，及其过去、现在或将来所作的各种各样陈述。（这些当然不是关于时间，关于过去、现在与将来的*哲学*陈述。）

43e 所以，我们的研究是一种语法研究。这种研究是通过消除误解来澄清我们的问题。与词的使用有关的误解，除了别的原因以外，还来自于对语言的不同领域中的表达形式所作的某些类比。——其中有些误解可以通过用一种表达形式替换另一种表达形式而消除；这可以称之为对表达形式的一种“分析”，因为这一过程有时就类似于把一个事物分拆开来的过程。

91. 但是，这样一来就可能使人感到对我们的语言形式似乎有着某种最终的分析，因而每一个表达就都有*一个*完全确定的形

① 据周士良译文，见商务印书馆 1981 年 4 月“汉译世界学术名著丛书”，《忏悔录》，第 242 页。——校注

式。也就是说，我们通常的表达形式似乎基本上是未经分析的；似乎在它们中有着某种隐藏着的东西需要阐明。如果这样做了，这个表达就完全得到澄清，我们的问题也就解决了。

也可以这样说：我们使表达式更加确切从而消除误解；这时，看上去我们似乎在努力达到一种特殊的状态，一种完全确切性的状态；似乎这就是我们的研究的真正目标。

92. 在有关语言、命题、思想的本质的问题中就表达了上述的想法。——因为，如果在这些研究中我们也企图理解语言的本质，——它的功能、结构，——那么这却不是那种问题所要问的东西。因为那种问题把本质看作某种并不是已经摆在眼前的、经过重新安排就会变得一目了然的东西，而是看作某种处于表面之下的东西。某种在内部的，要透过去看才能看到的，将被分析所挖掘出来的东西。

“本质对我们是隐藏着的。”这就是我们的问题现在所采取的形式。我们问：“什么是语言？”“什么是命题？”这些问题的答案应该是一劳永逸地给出的；是不依赖于任何未来的经验的。

93. 有人可能会说，“命题是世界上最普通的东西”，而另一个人则说：“命题——那是一种很不一般的东西！”后面这个人不能简单地看一看命题在实际上是怎样工作的。因为，在涉及命题和思想时，我们的表达方法所使用的形式挡住了他。

为什么我们会说命题是某种很不一般的东西呢？一方面是由于命题被赋予了极大的重要性（而这是正确的）。另一方面，这一

44e 点，再加上对语言逻辑的误解，诱使我们认为，命题一定作出了某种不平常的、无与伦比的事情。**误解**使我们感到命题看起来似乎做了某种奇特的事情。

94. “命题是一种很不一般的东西！”这里已经表现出了力图使我们的全部描述变得崇高起来的倾向，也就是这样一种倾向：认为在命题**记号**与事实之间有着一种纯粹的中介物。或者甚至企图把命题记号本身纯化和崇高化。——因为我们的表达的形式使我们去追求虚构的东西，从而以各种各样的方式阻碍我们，使我们不能看到除了普普通通的东西之外这里并没有涉及任何别的东西。

95. “思想一定是某种无与伦比的东西。”当我们说并且**意指**：情况乃是如此这般，我们以及我们意指的东西不会在事实面前止步不前。但是，我们意指的是：**这**——**是**——**如此**。这个悖论（它具有自明之理的形式）还可以这样来表达：人们能够**思想**并非是事实的东西。

96. 其他幻象也会从各个方面加到这里所说的这个特定的幻象上。思想、语言现在对我们来说显得是这个世界的一种独特的关联物，一幅图画。下面这些概念：命题、语言、思想、世界——似乎是一个排在另一个后面而且彼此等值。（但是，这些词现在用来做什么呢？我们还缺少应用这些词的语言游戏。）

97. 思想为一个光轮所环绕。——思想的本质，即逻辑，呈现出一种秩序，而且是世界的先天秩序：也就是**可能性**的秩序，它对于世界和思想一定是相同的。但是，这种秩序看来一定是**极其简单**的。它**先**于一切经验，又必定贯穿于一切经验之中；不允许任何经验的模糊性和不确定性有影响它的可能——它一定得像最纯净的晶体一般。但是，这一晶体并不呈现为一种抽象；相反，它呈现为某种具体的东西，而且是最最具体的东西，简直可以说是**最坚硬**的东西(《逻辑哲学论》5.5563)。

我们有一种幻觉，即以为在我们的研究中，那些独特的、深邃的、本质的东西就在于企图通过这种研究把握语言的无可比拟的本质。也就是存在于命题、词、推论、真理、经验等等概念之中的秩序。这种秩序乃是存在于所谓**超**一概念之间的**超**一秩序。可是当然，只要“语言”、“经验”、“世界”这些词有一个用法，那么它们的用法一定和“桌子”、“灯”、“门”这样一些词的用法一样的平凡。

98. 一方面，我们语言中每个**语句**显然“就其现状而言就是井然有序的”。也就是说，我们并没有**追求**什么理想，好像我们日常的含糊的语句还没有具有无懈可击的意思而一种完善的语言还等着我们去构造似的。——另一方面，看来也很清楚，凡是存在意思的地方，也就一定有完美的秩序。——因此，即使最含糊的语句也一定有完美的秩序。 45e

99. 人们会说，一个语句的意思当然可以保留这样那样的悬而未决之处，但尽管如此，该语句仍必须具有**一种**确定的意思。一个不确定的意思就**根本**不是一个意思。——这就如同：一个不确定的边界根本就不是一个边界。在这里，人们也许是这样想：如果我说“我把这个人锁在房间里——只有一个门还开着”——那么，我根本就没有锁住他，他的被锁住只是个骗局。在这里人们将会说：“借此你还没有做出任何事情。”有洞的围墙如同*没有围墙*一样——但是是那样吗？

100. “但是，如果*在*游戏的*规则*中有一些含糊的地方，那么这就不是游戏了。”——但是，这种情况*真的*会妨碍它成为游戏吗？——“也许你会把它叫做游戏，可是不管怎么说，它肯定不是一个完美的游戏。”也就是说：它被加进杂物了，变得不纯净了，而我现在感兴趣的是掺杂前的东西。——可是我要说：我们误解了理想物在我们表达方式中所起的作用。这也就是说：我们也应当把它叫做游戏，我们只是被理想物所眩惑，因而不能清楚地看出“游戏”一词的实际使用。

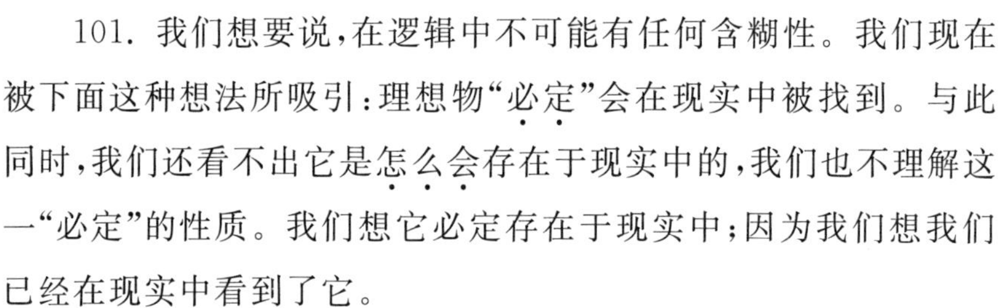

101. 我们想要说，在逻辑中不可能有任何含糊性。我们现在被下面这种想法所吸引：理想物“*必定*”会在现实中被找到。与此同时，我们还看不出它是*怎么会*存在于现实中的，我们也不理解这一“必定”的性质。我们想它必定存在于现实中；因为我们想我们已经在现实中看到了它。

102. 关于命题的逻辑结构的严格而清晰的规则对我们来说显得是某种属于背景的东西——隐藏在理解的媒介之中。我已经看到了它们（尽管是通过一种媒介）：因为我理解命题记号，我用它来意指某种东西。

103. 理想物在我们的设想中是不可动摇的。你永远不可能超出它之外:你总是必须转回来。根本没有外部,在外部你就无从呼吸。——这种看法从何而来?它就像戴在我们鼻梁上的一副眼镜,只有通过它我们才看到我们所看的任何东西。我们从来没有想到过要把它脱掉。

104. 我们将本属于描述方式的东西断言给了事物。我们将 46e
给我们留下了深刻印象的比较的可能性当成了是对一种具有最高概括性的事态的知觉。

105. 当我们相信我们必须在我们实际的语言中找到那种秩序,那种理想物时,我们便对通常称为“命题”、“词”、“记号”的东西变得不满意了。

逻辑所处理的命题和词被认为是纯粹而又明确的东西。于是我们就为*真正*记号的本性而绞尽脑汁地进行思考。——它也许是记号的*观念*?或者是当前此刻的观念。

106. 在这里要使我们的头脑保持清醒是不容易的,——我们不容易看到:我们必须只考虑日常思维的对象而不走上歧路,幻想我们应当去描述极端微妙的东西——这种东西根本是不可能通过我们所掌握的手段来描述的。我们感到似乎我们必须用手指去修补一个撕破了的蜘蛛网。

107. 我们越是仔细地去考察实际的语言,它和我们的要求之间的冲突就越尖锐。(因为逻辑的晶体般的纯粹性当然不是研究出来的:它是一种要求。)这种冲突渐渐变得不可容忍;我们的要求现在已有变成空洞之物的危险。——我们是在没有摩擦力的光滑的冰面上,从而在某种意义上说这条件是理想的,但是,正因为如此,我们也就不能行走了。我们想要行走:所以我们需要摩擦力。回到粗糙的地面上来吧!

108. 我们看到,被我们称之为"语句"、"语言"的东西并没有我所想象的那种形式上的统一性,而是一个由多少相互关联的结构所组成的家族。——但是,这样一来,逻辑成了什么呢?它的严格性似乎由此而垮台了。——可是,在这种情况下,逻辑是不是整个儿消失了呢?——因为逻辑怎么能丧失它的严格性呢?当然不是通过压低它的严格性的价格的方式而使它丧失严格性的。——只有反转一下我们的整个考察问题的方式,才能使那种关于晶体般纯粹性的成见得以消除。(人们可以说:我们的考察必须反转,但是要转绕我们的实际需要这个枢轴来反转。)

47e 逻辑哲学绝不是以与我们在日常生活中谈论语句和词的方式(如像当我们说:"这是一个中文语句",或者说,"不,那只是看上去像文字,实际上它只是一种装饰花纹"这一类话时)不同的方式谈论它们的。*

我们所谈论的是处于空间时间中的语言现象,而不是某种非空间、非时间的幻象。〔边注:只不过人们有可能以不同的方式对

* 法拉第《蜡烛的化学史》:"水是一种单一的东西——它永远不变。"

现象感兴趣。〕但是，我们谈论语言时就像我们在陈述象棋游戏的规则时谈论棋子那样，并不描述棋子的物理属性。

“词到底是什么东西?”这个问题就类似于“象棋中的棋子是什么东西?”

109. 要说我们的考察不可能是科学的考察，那倒是对的。我们根本没有任何兴趣从经验上去发现“有可能相反于我们的先入之见而如此这般地思想”——无论这么想意指什么。(把思想看成是气态般媒质的观念。)我们不会提出任何一种理论。在我们的考察中必须没有任何假设性的东西。我们必须抛弃一切*说明*，而仅仅代之以描述。这种描述是从哲学问题中得到光明，也就是说，得到它的目的。这些问题当然不是经验上的问题；它们是通过察看我们语言的工作情况得到解决的，而且还是以这样的方式：我们是*顶着*误解它的冲动而认识到它的。这些问题不是通过提供新的经验，而是通过对我们一向知道的东西的整理安排而得到解决的。哲学是一场战斗，它反对的是用我们的语言作为手段来使我们的理智入魔。

110. “语言(或思想)是某种无与伦比的东西”——这已表明是一种迷信(不是错误!)。它产生于语法的幻象。

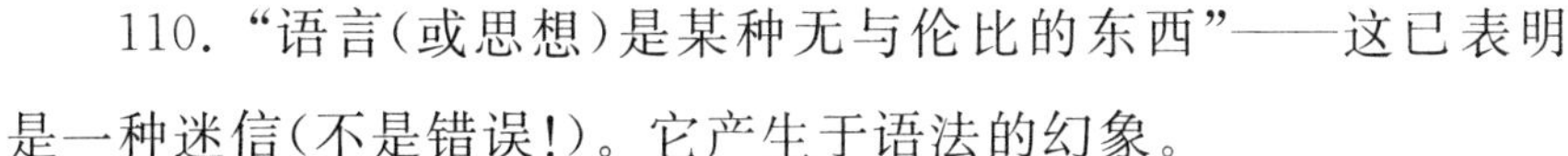

现在那种深刻的印象已消退为这些幻象，这些问题。

111. 这些问题产生于对我们的语言形式所作的错误解释。它们具有*深刻性*这一特点。它们是深刻的不安；它们的根子就像我们的语言形式一样深深地扎在我们之中，它们的意义就像我们语言的重要性一样重大。——让我们问问自己：我们为什么会感到一个语法玩笑是**深刻的**玩笑？（而这就是哲学的深刻性。）

112. 一个已被吸收到我们的语言形式中来的比喻产生了一种虚假的表象。正是它使我们感到不安。“事情当然不是**这样**的！”我们说。“可是事情又必须**是这样**的。”

48e 113. “但事情当然是**这样**的——”我对自己一遍又一遍地说。我似乎感到，只要我能把目光绝对敏锐地集中在这个事实上，聚焦于它，那么，我就必定会把握住事物的本质。

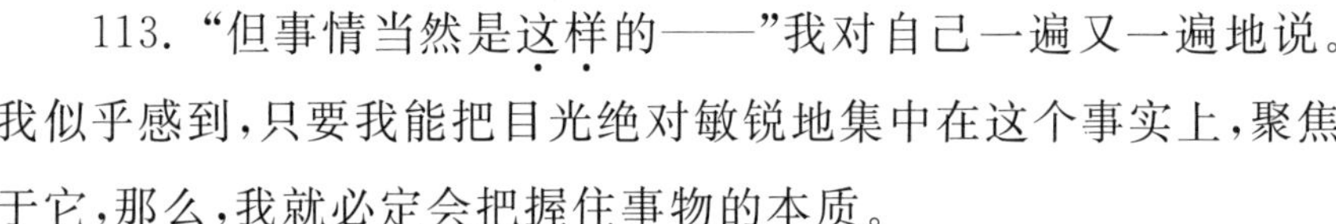

114. （《逻辑哲学论》4.5）“命题的一般形式是：事情是这样的。”——那就是人们无数次对自己重复的那种种类的命题。人们以为自己是在一次又一次地追踪着事物的本性，可是他们只是在沿着我们借以观察事物的本性的形式而行走。

115. 一幅**图画**把我们俘虏了。我们不可能解脱出来，因为它就在我们的语言之中，而语言似乎执拗地要向我们重复这幅图画。

116. 当哲学家使用一个词——“知识”、“存在”、“对象”、“我”、“命题”、“名称”——并试图把握事物的**本质**时，人们必须经常地问自己：这个词在作为它的老家的语言游戏中真的是以这种方式来使用的吗？——

*我们*所做的乃是把词从形而上学的使用带回到日常的使用上来。

117. 你对我说："你理解这一表达，是吗？那么，——我就在你所熟悉的意思上来使用这个表达。"——就好像那种意思是那个词所带着的一种气氛，被带进了词的每一种使用中。

例如，如果有人说"这在这儿"这个语句(在说该语句时他用手指着面前的一个对象)对他是有意思的，那么他就应当问问自己，这个语句实际上是在什么样的具体环境中才被使用的。在那里它的确是有意思的。

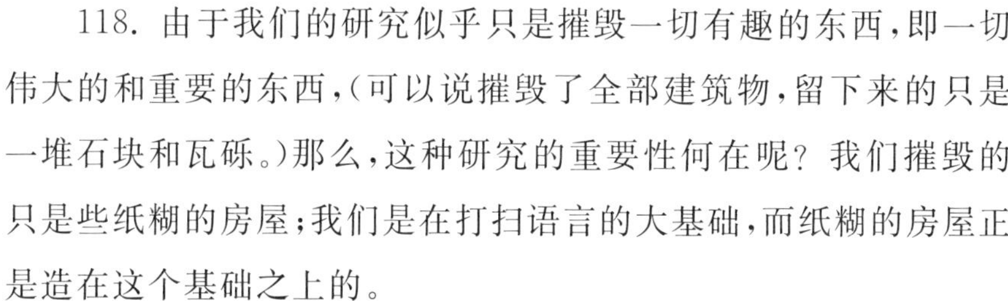

118. 由于我们的研究似乎只是摧毁一切有趣的东西，即一切伟大的和重要的东西，(可以说摧毁了全部建筑物，留下来的只是一堆石块和瓦砾。)那么，这种研究的重要性何在呢？我们摧毁的只是些纸糊的房屋；我们是在打扫语言的大基础，而纸糊的房屋正是造在这个基础之上的。

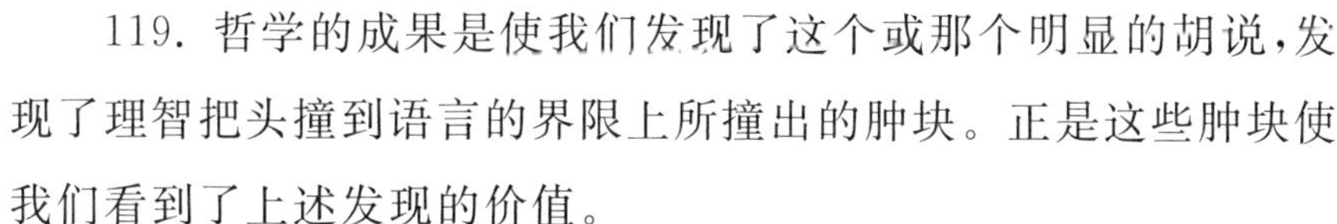

119. 哲学的成果是使我们发现了这个或那个明显的胡说，发现了理智把头撞到语言的界限上所撞出的肿块。正是这些肿块使我们看到了上述发现的价值。

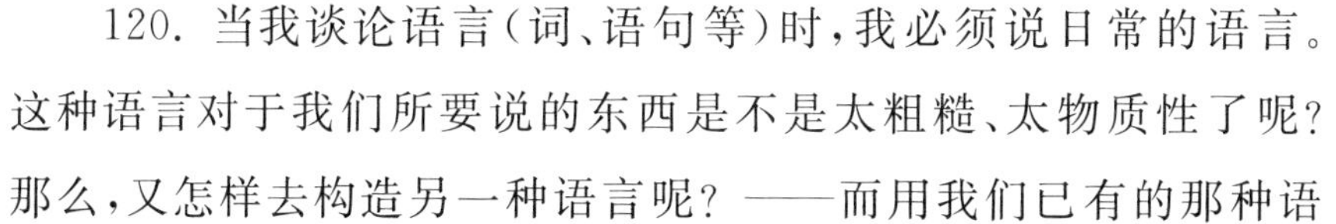

120. 当我谈论语言(词、语句等)时，我必须说日常的语言。这种语言对于我们所要说的东西是不是太粗糙、太物质性了呢？*那么，又怎样去构造另一种语言呢？*——而用我们已有的那种语 49e

言我们竟能开始做一些事情,这是多么奇怪!

当我对于语言作出说明时,我已经必须使用完全的语言(而不是某种初步的、临时的语言);这本身就表明,我能够陈述的只是语言的外部事实。

是的,但此时这些说明又怎么可能使我们满意呢?——是呀,你的问题本身就是在这种语言中构写出来的。只要有东西需要问,问题就得用这种语言来表达。

而你的疑虑乃是误解。

你的问题涉及词,所以我必须谈论词。

你说:问题不在于词,而在于词的意义;而你把意义和词想象成同一类东西,虽然同时又是不同的东西。这里是词,这里是意义。这钱和这牛,人们可以用这钱买这牛。(但请对比:这钱和它的使用。)

121. 有人可能会想:如果哲学谈到"哲学"一词的使用,那么,一定得有一种二阶哲学。但并非如此;就像正字法理论那样,它要处理各种词包括"正字法理论"一词,但并不因此就成了二阶的。

122. 我们之所以不理解,一个主要根源就是我们没有看清楚词的使用。——我们的语法缺乏这种清晰性(Übersichtlichkeit)。清晰的表述(Die Übersichtliche Darstellung)就会产生理解,而这种理解就在于"看到关联"。因此,发现和发明过渡性环节是很重要的。

对我们来说清晰的表象是一个极其重要的概念。它标志着我们的表述方式，标志着我们观察事物的方式。（这是不是一种“世界观”？）

123. 哲学问题具有的形式是：“我不知道出路何在。”

124. 哲学不应以任何方式干涉语言的实际使用；它最终只能是对语言的实际使用进行描述。

因为，它也不可能给语言的实际使用提供任何基础。

它没有改变任何东西。

它也没有改变数学。而数学的任何发现也都不能把它向前推进。“数理逻辑的主要问题”在我们看来，是一个数学问题，就像其他数学问题一样。

125. 哲学的任务并不是通过数学或逻辑-数学的发现去解 50e
决矛盾，而是使我们有可能看清楚给我们造成麻烦的数学的现状：在矛盾解决**之前**的事态。（这并不意味着我们在绕过困难。）

这里的基本事实是，我们为一种游戏定下了规则，制定了一种技术，然后，当我们遵循这些规则行事时，结果并不像我们所设想的那样。因此，我们似乎可以说是被我们自己的规则绊住了。

这种与我们的规则所发生的纠缠正是我们需要弄懂的（即需要看清楚的）东西。

它有助于阐明我们关于**意指**某种东西的概念。因为在那些情况下，事情最终变得不是我们所意指、所预见的那样。

例如，在出现了矛盾时，我们说：“我并没有意指那样的东西。”

矛盾的市民地位，即它在市民世界中的地位：这就是哲学问题。

126. 哲学只把一切都摆在我们面前，既不作说明也不作推论。——因为一切都一览无遗，没有什么需要说明。因为，隐藏着的东西，乃是我们不感兴趣的。

人们可以用“哲学”这个名称来称呼在一切新发现和新发明之前为可能的东西。

127. 哲学家的工作就在于为一个特定的目的搜集提示物。

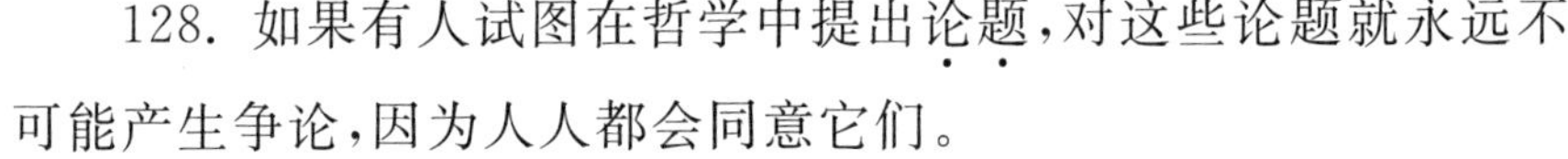

128. 如果有人试图在哲学中提出论题，对这些论题就永远不可能产生争论，因为人人都会同意它们。

129. 事物的那些对我们最重要的方面由于它们的简单和为人熟知而不为人所见。（人们不能注意到某种事物——因为它总在眼前。）他的探索的真正基础根本不引起他的注意。除非这一事实有时倒引起了他注意。——这就意味着：我们未能注意到那我们一旦看到便会发现是最显眼、最强有力的东西。

130. 我们的清楚和简单的语言游戏并不是为了在将来使语言规则化的一种预备性的研究——并不是像不计摩擦和空气阻力的第一级近似那样。不如说语言游戏是作为比较的对象而提出的，它们应不仅通过相似而且通过相异来阐明我们的语言的实际状况。

131. 因为在我们的断言中只有把模型表示为本来的样子，51e
表示为一种供比较的对象——也可以说表示为一种尺规；而不是表示为实在**必须**与之符合的某种事先设想的观念（我们在搞哲学时那么容易陷入的那种独断主义），我们才能避免不适当和讲空话。

132. 我们要在我们关于语言之使用的知识中建立一种秩序：具有特定目的的秩序；它是许多可能的秩序的一种，而不是**唯一的**秩序。为此，我们要经常地突出区别，而语言的日常形式很容易使我们忽略这些区别。这使得事情看起来好像我们把改造语言当作了自己的任务。

这样一种为了特定的实际目的而进行的语言的改造，为了防止实践中的误解而设计的对我们的术语的改善，则是完全可能的。但这些并不是我们必须对付的情况。我们的混乱是当我们的语言机器在空转而不是在正常工作时产生的。

133. 我们的目标并不是以闻所未闻的方式来精心加工和完善我们使用词的规则系统。

因为我们所努力达到的清晰真的是**完全**的清晰。但是，这只意味着：哲学问题应当**完全**消失。

真正的发现是这样的发现：它使我能够中断哲学研究——如果我想这样的话。——这种发现使哲学得到安宁，从而使哲学不再被那些使哲学本身成为问题的问题所折磨。——相反，现在则是用实例来演示方法；而实例的系列可被人们中断。——诸问题都得到解决（困难被消除），而不是*单独一个*问题。

并没有*一种*哲学方法，尽管的确有许多方法，正如有不同的治疗法一样。

134. 让我们来考察一下下面这个命题："事情是这样的。"——我怎么能说这是命题的一般形式呢？——首先它*本身*是一个命题，一个德语语句，因为它具有主语和谓语。但是，这个语句怎样应用？——也就是怎样在我们日常语言中应用？因为我正是从我们的日常语言中而不是从任何别的地方得到这个语句的。

例如，我们可以说："他向我说明他的立场，说事情是这样的，因而他需要预支一笔款项。"到此为止，人们可以说那个语句代表
52e 任何陈述。它是作为一个命题*格式*来使用的，但这么说*仅仅*是由于它具有一个德语语句的构造。同样也可以说"情况乃是如此这般"、"情况就是这样"等等。这里也可以像在符号逻辑中那样只用一个字母，一个变项。但是绝没有什么人会把字母"P"叫做命题的一般形式。再说一遍："事情是这样的"之所以具有那种地位，仅仅是由于它本身就是我们所说的德语语句。尽管它是一个命题，但它仍然是作为命题变项来使用的。说这个命题同实在相一致（或不一致）显然是无意思的。因而它表明了一个事实，那就是我们的命题概念的*一个*特点就是*听起来像一个命题*。

135. 但是，难道对于命题是什么，对于我们用“命题”意指什么，我们就没有一个概念吗？——有的，正如我们对于“游戏”意指什么有一个概念一样。若被问到命题是什么——无论我们要回答的是别人还是自己——我们就会给出一些例子，其中将包括人们可能会称为命题的归纳系列的东西。以这种方式我们便获得了一个命题概念。（请将命题的概念与数的概念加以比较。）

136. 归根到底，把“事情是这样的”作为命题的一般形式给出也就等于给出这样一个定义：一个命题就是某种可以为真或为假的东西。因为我们可以不说“事情是……”而说“这是真的”。（或者也可以说“这是假的”。）但是

“P”是真的＝P

“P”是假的＝非 P

而说一个命题就是可以为真或为假的一切东西，那就等于说：我们把在我们的语言中可以将真值函项演算应用于其上的那种东西叫做命题。

现在看起来这个定义——一个命题是某种可以为真或为假的东西——似乎规定了什么是一个命题，那就是：适合于“真”这个概念的或“真”这个概念与之适合的东西就是一个命题。因此，我们似乎有了可以用来规定什么是一个命题和什么不是一个命题的真和假的概念。与真概念相吻合（如同与齿轮相啮合）的，就是命题。

可是，这是一幅很差劲的图画。这就好像有人说“象棋中的王就是那个可以被叫将的棋子”。但是这仅仅只是说在象棋游戏中

我们只对王叫将。正如命题：只有*命题*才有可能为真，仅仅只是说
53e 我们只对我们称为命题的东西才加以“真的”和“假的”的判定。命题是什么，在*一种*意义上取决于语句的形成规则，（例如德语的形成规则）在另一种意义上则取决于语言游戏中的记号的使用。“真”和“假”这些词的使用可以是这一语言游戏的组成部分；而如果是这样的话，它就*属于*我们的命题概念，而不是“适合于”它。正如我们也可以说，叫将*属于*象棋中王的概念（可以说是它的组成部分）。如果说叫将不适合于我们的卒的概念，意思就会是指：那种对卒可以叫将的游戏，即被吃掉卒就输了的游戏，将是不好玩的、愚蠢的或者太复杂的，如此等等。

137. 我们通过问“谁或者什么……”这样的问题来学会如何确定语句的主语，这种做法怎么样？——在这里，的确存在主语“*适合于*”该问题这么一回事，否则，我们怎么能通过这个问题找出什么是主语呢？我们找出了主语正如要找出字母表的哪一个字母在“K”之后，就自己对自己把字母表一直念到“K”那样。现在，说“L”适合于这个字母系列是什么意思呢？——就是“真”和“假”可被说成适合于命题的*那个*意思；而要教会一个孩子区分命题和其他表达式，可以告诉他“问问自己在这些词后面是不是可以加上‘是真的’。如果适合，那么这些词就是一个命题”。（同样地人们也可以说：“问问自己在这些词前面是不是可以放上“事情是*这样的*：”。）

138. 但是，我所懂得的一个词的意义难道就不能适合我所懂

得的一个语句的意思吗？或者，一个词的意义就不能适合另一个词的意义吗？——当然，如果意义就是我们对词的使用，那么谈论这种"适合"就没有意思。但是，当我们听到或者说出一个词来的时候，我们就懂得了它的意义；我们在一刹那间就把握住了它的意义，而我们以这种方式把握住的东西一定与在时间中延伸的"使用"是不同的东西！

139. 例如当某个人对我说出"立方体"这个词时，我知道它意指什么。但是，当我以这种方式理解它时，这个词的全部使用能够都在我的心中浮现吗？ 54e

可是，另一方面，这个词的意义不就是由它的全部使用来决定的吗？而决定意义的这些方式会不会互相冲突？我们在一刹那间抓住的东西能不能符合于一种使用，适合于或不适合于该使用？而且，在一瞬间在我面前呈现的东西，在一瞬间在我心中浮现的东西，怎么能够适合于一种使用？

当我们理解一个词的时候，在我们心中浮现的实际上是什么？——是不是某种像图画那样的东西？它能是一幅图画吗？

假定在你听到"立方体"这个词的时候，果真有一幅图画，比如说一个立方体的画在你的心中浮现。在什么意义上这幅图画适合

我是不是必须知道我是否懂得一个词？难道我不是有时想象自己懂得一个词（正如我可以想象我懂得一种运算）然后又认识到我并不懂得它吗？（"我曾想我知道'相对'运动和'绝对'运动意指什么，但我认识到我并不知道。"）

或不适合于“立方体”一词的某种使用？——也许你会说：“这很简单，——如果在产生那幅图画时我指着一个三棱柱(举例来说)并且说这是一个立方体，那么对该词的这种使用就不适合于这幅图画。”——但真的不适合吗？我故意选择这个例子，从而可以很容易地想象一种*投影方法*使这幅图画完全适合。

立方体的图画的确也向我们*提示*了某种使用，但是，我完全可能以不同的方式来使用它。

55e 140. 那么，我犯的是什么样的错误呢？是不是我们用下面这

(a)“我相信在这种情况下正确的词是……”这是不是表明，词的意义乃是在我们心中浮现的某种东西，而且可以说正好就是我们在这里想要使用的那一幅图画？假定我在“堂皇的”、“尊贵的”、“骄傲的”、“可敬的”这些词当中进行选择，这是不是好像在画册的各种图画中进行选择呢？——不：人们谈到*恰当*的词这个事实并不*表明*一定存在某种如何如何的东西。宁可说，人们之所以倾向于谈论那图画般的某种东西，乃是因为人们能够找到恰当的词；因为人们常常在不同的词中间进行选择如同在相似而不相同的图画中进行选择一般；因为图画常被用来代替词或者用来解释词；如此等等。

(b) 我看着一幅图画，它表示一个老人拄着拐杖沿着陡峭的坡道往上走。——怎么样呢？如果这个老人在那个位置上向坡下滑，看起来不也会是一样的吗？也许一个火星人会这样地来描述这幅画。我不需要说明为什么*我们*不这样描述它。

种说法所想表达的东西：我曾相信该图画把一种特定的使用强加于我？我怎么能相信这点呢？我相信了什么呢？是不是真有图画这种东西，或者某种像图画似的东西，把一种特定的应用强加于我们，因而我的错误就在于把一幅图画同另一幅图画混淆了起来？——因为我们也可能倾向于这样来表达我们自己的想法：我们充其量不过是受到某种心理的而不是逻辑的强制。而现在事情好像是我们知道有两类情况。

我的论证的结果是什么？它使我们注意到（提醒我们）：在有些情况下我们应有所准备，把一些其他的、除了我们最初想到的过程以外的过程，也叫做"应用立方体图画"的过程。我们的"这种信念：该图画把一种特定的应用强加给我们"，就在于我们只想到了一种情况而没有想到另一种情况。"还有另一种解决办法"，意思就是：还有某种别的东西我也准备把它叫做一种"解决"；我也准备把如此这般的一幅图画，如此这般的一种类比，等等，应用于它。

重要的是要看到，当我们听到那个词时在我们心中浮现的可以是同样的东西，而该词的应用仍然可能是不同的。它两次都有**同样的**意义吗？我想，我们将说不。

141. 然而，试假定在我们心中浮现的不仅有立方体的图画，而且还有投影方法？——我应当怎样来想象这种情况？——也许，我看到在我面前的一个表明投影方法的图示：例如，用投影线将两个立方体连接起来的一幅图画。但是，难道这样一来就真的使我有所进展吗？难道现在我就不能想象这个图表也有不同的应用吗？——是的，那么能不能**在我的心中浮现一种应用**呢？——

可能的:只是我们需要把我们对**这个**表达的应用再弄得更清楚些。假定我向某人说明各种各样的投影方法,从而使他能够自己来应用这些方法;让我们问问自己,我们在什么情况下才能说我所想的**那种**方法浮现在他的心中了。

显然,对此我们采用了两种不同的判据:一方面是图画,在他的心中在某个时候浮现的(不管是什么种类的)图画;另一方面,是应用——在时间的进程中——他对他所想象的东西的运用。(在这里,不是可以清楚地看出,这幅图画无论是存在于他的想象之中而不是在他面前的一幅图画或一具模型;或者是他自己作为模型构造出来的某种东西,都是完全无关紧要的吗?)

56e 在图画和应用之间是否可能存在冲突?只要图画使我们指望不同的使用就有这种可能;因为人们一般是**这样**来应用**这幅**图画的。

我要说的是,在这里我们有一种**正常**情况和一些非正常情况。

142. 只有在正常情况下,才能清楚地规定词的使用;我们知道,而且毫无疑惑,在这种或那种情况下该说什么。情况越不正常,我们就越发疑惑该说什么。如果事情与它们的真正情形非常不同——例如,如果对疼痛、恐惧、喜悦没有特有的表达;如果规则成为例外,例外成为规则;或者,如果两者成为频率大体相等的现象——那么,这就会使我们的正常的语言游戏失去它的意义。——把乳酪放上天平并根据标度的转动确定价格这一程序将失去它的意义,如果这些乳酪经常会突然增大或缩小而没有明显的原因。这一论述在我们讨论表达与情感的关系以及诸如此类的问题时会更加清楚。

143. 让我们现在来考察下面这种语言游戏：当A给出一个命令，B就必须按照一定的形成规则写出一个记号序列来。

第一个序列应是十进制自然数列。——他是怎样来理解这一数制的？首先，给他把数列写下来，让他抄写。（不要对“数列”这个词感到犹豫，这里它并没有被用错。）在这里已经有了受教者的一种正常的和一种非正常的反应。——起初，也许我们手把手地引导他写出0到9这个数列；但是，**相互理解的可能性**就取决于他能否独立地继续往下写。——这里，我们可以设想，比如说，他的确独立地把数字抄写下来，但不是按照正确的次序：他随意地时而写下这个数，时而写下那个数。于是，相互理解就在**这里**结束。或
者再设想，他在次序上犯了“**错误**”——这与第一种情况的区别当 57e
然只是频率上的区别。——或者他犯了一种**系统的**错误；例如，他隔一个数抄一个数，或者把系列0，1，2，3，4，5，…抄写成1，0，3，2，5，4…在这里，我们几乎忍不住要说，他把我们理解**错**了。

不过请注意，在随意的错误和系统的错误之间并没有截然的区别。也就是说，在你倾向于称之为“随意的”和你倾向于称之为“系统的”之间没有截然的区别。

也许有可能使他改掉系统的错误（如同改掉一个坏习惯）。或

我们为了说明概念的意义（我指的是概念的重要性）所必须说的东西，通常都是极其一般的自然事实：这类事实由于其高度的普遍性几乎从来也不会被人谈及。

者人们也许会接受他抄写数字的方式，并试图教给他我们的方式，作为他的方式的一个变种，一种变化。——而在这里，我们的学生的学习能力也可能已到达了终点。

144. 当我说“在这里我们的学生的学习能力可能已到达了终点”，我指的是什么？我这样说是不是出自我自己的经验？当然不是。（哪怕我真有过这种经验。）那么，我说这个句子干吗？我是要你说：“是呀，真是这样。人们能够想象得出这种情况，这种情况完全可能发生！”——那么，我是不是在试图把谁的注意力吸引到这样一点上来，即他能够进行那样的想象？——我要把那幅图画放到他面前，而他之接受这幅图画就在于他现在会倾向于不同地看待所给定的情况：也就是，把这情况同这一套而不是那一套图画相比较。我已改变了他看事物的方式。（印度数学家：“看看这个”）

145. 假定这个学生现在把 0 到 9 这一数列写得使我们满意。——这只有当他经常获得成功才行，而不是在一百次中只对了一次。现在我把这个序列继续写下去并使他注意第一个序列在个位数中的重复；然后使他注意第一个序列在十位数中的重复。（这只是意味着我用特殊的着重号，在数字下面画线，以如此这般的方式把一个数写在另一个数的下面，以及诸如此类的办法）——终于他就独立地继续往下写了——或者他不往下写——但你为什么要说这些呢？这些是那么明显！——当然，我只是想说：任何进一步说明的效果取决于他的反应。

然而，假定经过教师的一定努力，他把这一序列正确地继续了下去，也就是说，就像我们在写那样。此时，我们就可以说，他掌握了这个数制。——但是，他要把这个序列继续正确地往下写多长 58e
我们才有权利那样说呢？显然，你在这里说不出一个界限来。

146. 假定我现在问："如果他把这个序列写到百位，他是不是就理解了这个数制呢？"或者——如果在我们的原始的语言游戏中不该谈什么"理解"的话：他是不是就学会了这个数制，如果他把序列正确地写到了*那里*？——也许此时你会说：学会一种数制（或者说，理解它）并不仅仅在于把那个序列延续到*这个*或*那个*数：因为*这么做*只是对理解的应用。理解本身是一种状态，正确地使用乃是*由之*而生的。

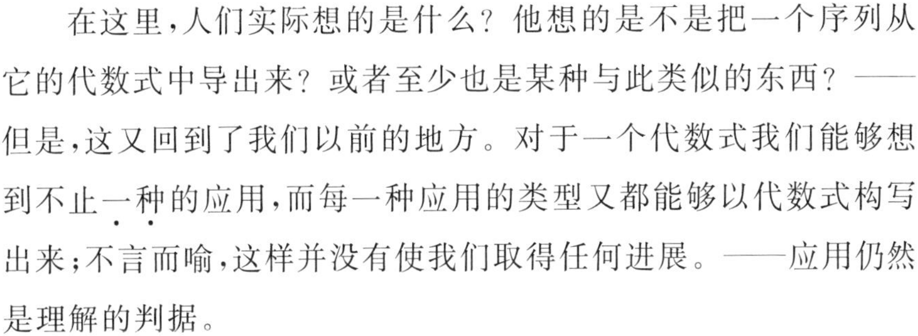

在这里，人们实际想的是什么？他想的是不是把一个序列从它的代数式中导出来？或者至少也是某种与此类似的东西？——但是，这又回到了我们以前的地方。对于一个代数式我们能够想到不止*一种*的应用，而每一种应用的类型又都能够以代数式构写出来；不言而喻，这样并没有使我们取得任何进展。——应用仍然是理解的判据。

147. "但是那怎么可能呢？当*我*说我理解一个序列的规则时，我之所以这样说，肯定不是因为这样的*经验*：迄今为止我对于该代数式一直在以如此这般的方式应用！至少就我的情况来说，我肯定知道我指的是如此这般的一个序列；至于我在实际上已把这个序列展开到多远，那根本无关紧要。"——

那么，你的意思是，你知道这个序列的规则的应用，即使完全撇开你对于达于特定数目的实际应用的记忆。你也许会说："当然是这样！因为序列是无穷的，而我所能展开的那一段则是有限的。"

148. 但是，这种知识到底在于什么呢？我要问：那种应用你是在**什么时候**知道的？一直知道的吗？不分昼夜吗？或者只是在你实际上想到这种规则的时候？也就是说，你是不是像知道 ABC 和乘法表那样知道它？或者，你所谓的"知识"乃是一种意识状态或一种过程——例如对某种东西的思想或诸如此类的东西？

149. 如果有人说知道 ABC 是一种内心的状态，那么他想到的是精神的器官（也许是大脑）的一种状态，这种状态被我们用来
59e 说明这种知识的**表征**①。人们把一个这样的状态叫做一个倾向②。但人们对在这里谈及精神状态并非是没有反对意见的，因为对于这种状态应当有两种不同的判据：除开这种器官的作用，人们关于它的构造的知识。（在这里，用"意识"和"无意识"两词来区别意识状态和倾向是最混乱不过的了。因为这两个词掩盖了一种语法上的区别。）

150. "知道"一词的语法显然是同"能够"、"可能"这些词的语

① 表征（Äußerung，manifestation）。§152 同。——校注

② 一个倾向（eine Disposition；a disposition）。此处用作心理学术语。——校注

法密切相关的。但是，也同“理解”一词的语法密切相关。（“掌握”一种技术。）

151. 但是，对于“知道”这个词还有*这样一种*使用：我们说“现在我知道了”——类似于说“现在我能做这件事了！”还有“现在我理解了！”

让我们设想下面的例子：A 写下数列；B 看着他写并且想要找出数字次序的规律。如果 B 成功了他就叫起来：“现在我能够接下去了！”——所以，这种能力，这种理解是某种一下子出现的东西。让我们试着看一看在这里出现的到底是什么东西。A 写出了

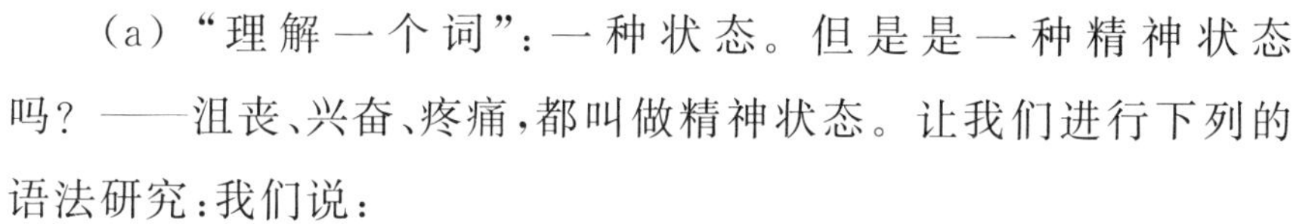

(a)“理解一个词”：一种状态。但是是一种精神状态吗？——沮丧、兴奋、疼痛，都叫做精神状态。让我们进行下列的语法研究：我们说：

“他整天都很沮丧。”

“他整天都非常兴奋。”

“他从昨天以来就持续不断地疼痛。”——我们也说“从昨天以来我就理解了这个词”。然而是“持续不断地”吗？——当然，我们可以说理解的中断。但是是在什么情况下呢？请比较一下：“你的疼痛什么时候减轻了？”和“你什么时候停止理解那个词？”

(b) 假定有人提问：“你*什么时候*知道怎样下象棋？所有的时间吗？还是恰好在你走棋的时候？在走每一步棋时你都知道象棋的*全部*？”——多么奇怪，能下棋只需这么短的时间，而下一盘棋却要花那么长的时间！

数字 1,5,11,19,29;这时,B 说他知道怎样接下去。这里发生了什么事情呢? 有很多不同的事情可能发生,例如,当 A 慢慢地一个数接一个数地往下写的时候,B 是在把各种各样的代数式试用到已经写出的数字上。当 A 写了 19 这个数时,B 试着用公式 $a_n = n^2 + n - 1$;而下一个数确证了他的假设。

60e 或者,B 并没有想到什么公式。他带着有点儿紧张的感觉看 A 写下数字,同时各种各样不清晰的思想通过他的头脑。最后,他问自己:“差的序列是什么?”他发现了序列 4,6,8,10,便说:现在我能写下去了。

或者,B 看着并且说:“是的,我知道**那个**序列”——便接着写下去,就好像当 A 写下序列 1,3,5,7,9 时,他会往下写一样。——或者,他什么也不说就直接把序列继续写下去。也许他有那种可以称之为“那很容易!”的感觉。(这样一种感觉举例来说就是很快地轻轻吸一口气的感觉,就像当人们稍稍吃惊时做的那样。)

152. 但是,我在这里所描述的过程是**理解**吗?

“B 理解了这个序列的原则”肯定不是简单地指:B 想到了公式“$a_n = \cdots$”因为完全可以设想,他想到这个公式,但他却仍然没有理解。“他理解了”所包含的东西一定比他想到这公式要更多些。同样,比之理解的任何一个多少带有特征性的**附属物**或任何一个表征来说也要更多些。

153. 我们试图把握理解的精神过程,它好像隐藏在那些比较粗糙因而比较容易见到的附属现象的背后。但我们没有成功；或者毋宁说，我们还没有做到真正地去尝试。因为，即使假定我们发现了在所有那些理解的实例中都发生的某种东西，——但为什么它就应当是理解呢？当我说“现在我理解了”，因为我已理解了，此时这种理解过程怎么能隐藏着呢?！如果我说它是隐藏着的——那么，我怎么知道我该寻求的是什么？我已混乱不堪了。

154. 可是且住，——如果“我现在理解了这个原理”与“我想到公式……”(或“我说出公式”，“我把它写出来”等等)指的是不同的东西——由此是不是就能得出：我用语句“现在我理解了……”或“现在我能够接下去了”所描述的是这样一个过程，这个过程发生于我说出公式的那个过程背后或者二者肩并肩地发生？

如果一定要有什么在“说出公式的过程背后”的东西，那么，它就是特定的环境，正是这特定的环境使我在想到那公式时能理所当然地说我能接下去了。

试试看，根本不把理解设想为一个“精神过程”。——因为那正是使你陷于混乱的表达方式。但是问问你自己：在何种场合下，在何种环境中，我们才说，“现在我知道怎样接下去了”？我指的是，当我已经想到了这个公式时。—— 61e

对于理解而言存在着一些能表征它的过程(包括精神过程)，在这个意义上说，理解不是一种精神过程。

(一种疼痛变得厉害些或减轻些；听到一首曲调或一个句子：精神过程。)

155. 因而，我想说：在他突然知道如何接下去的时候，当他理解了这个原理的时候，他可能有一种特殊的经验——如果有人问他："那是什么？在你突然把握了那原理时，发生了什么事？"也许他会把这种经验描述得跟我们上面描述得差不多——但是，对我们来说，正是他取得该经验时所处的环境使他有理由说，在这种情况下，他理解了，他知道如何接下去。

156. 如果我们插入对另外一个词"读"的考察，那么这一点就会变得更清楚。首先，我必须说明，为了现在的研究，我并不把对所读的东西的意义的理解算做"读"的一部分：在这里，读是把书写的或印刷的东西朗诵出来的活动；也是按口授进行笔录的活动，把印的东西写出来的活动，按乐谱进行演奏的活动等等。

"读"这个词在日常生活环境中的用法，我们当然是十分熟悉的。但是，对于这个词在我们的生活中所起的作用，以及对于我们使用这个词的语言游戏，就连其粗略的轮廓也很难描述。一个人，我们说的是一个德国人，在学校里或在家中接受某种在我们之中颇为普通的教育，并在这过程中学会了读他的母语。之后，他读书，读信，读报，读别的东西。

现在，当他比如说在读报时发生的是什么情况呢？——他的眼睛跟着印刷的词移动——像我们会说的那样——，他大声地或者只是自言自语地把这些词说出来；特别是他读有些词时是把印出来的形状作为整体来接受；而读另一些词时他在眼睛接受第一个音节时就读出来；还有一些词，他是一个音节一个音节地读的，偶尔有一个词也许是一个字母一个字母地读。——对于下面的情况我们也应该说他已经读了一个语句:即他在阅读时既没有朗读,也没有自言自语,但是之后却能逐字地或几乎逐字重复这个语句。他可能会注意他所读的东西,或者——我们可能会说——他只是 62e
起一架阅读机器的作用:我是指,他大声并且正确地读,但并不注意所读的东西;也许他把注意力用到了完全不同的另外的事情上。(所以,如果在他读过以后马上问他。他就说不出来他一直在读的是什么。)

现在让我们把这个读的人同一个第一次读的新手比较一下。新手在读词时总要吃力地把它们拼读出来——然而有些词他从上下文猜了出来,或者也许在心中已经部分地知道这一段文字。这时,他的老师会说,他并不是真的在*读*这些词。(在某些情况下,他只是装做读这些词。)

如果我们想到*这*种读法,即新手的读法,再问自己什么是*读*,那么我们可能倾向于说:它是心智的一种特殊的意识活动。

我们也会这样地说起这个学生:“当然只有他自己知道他是不是真正在读或者只是从记忆中把这些词说出来。”(我们还得讨论这样一些命题:“只有他自己知道……”)

但是我要说:我们必须承认——只要所涉及的是说出任何*一个*印刷的词——那么,“假装着”读的学生可能同那个熟练的正在“读”的人意识中发生的事情是一样的。当我们说的是一个新手或者是一个熟练的读者时,“读”这个词是*不同地*来应用的。——现在,我们当然会说:“对那个熟练的读者和那个新手来说,说出这个词的时候,他们中各自发生的事情*不可能*是相同的。如果在他们碰巧意识到的东西中没有区别,那么,在他们的心智的无意识的活动中，或在他们的脑中一定是有区别的。”——所以，我们要说：在这里无论如何有着两种不同的机制在起作用。在这两种机制中所进行的活动必定会把读和不读区别开来。——但这两种机制只是假设而已，只是设计好了用来说明、总结你所观察到的情况的模型。

157. 考虑一下下面的例子。假如我们用人或某种另外的生物作为阅读机器。为此对他们进行了训练。训练者谈到其中的一些时说，他们已经能读了，而谈到另一些时则说，他们还不能读。拿一个至今尚未参加过训练的学生为例：给他看一个书写的词，他有时会发出某种声音，这种声音有时碰巧会“偶然地”大致正确。刚好此时有个第三者听到这个学生的声音，于是说：“他在读。”但
63e 教师却说：“不，他不是在读，那只是一种巧合。”——但是，让我们假定这个学生对以后放到他面前的词继续做出正确的反应。过了一会儿，教师会说：“现在他会读了！”——但对前面的第一个词怎么说呢？教师是不是该说：“我错了，他是读了那个词”——还是说：“他只是后来才开始真正地读”？——他什么时候才开始读的？他读的第一个词是哪一个？这个问题在这里毫无意思。真的，除非我们下一个定义：“一个人所‘读’的第一个词是他读得正确的第一串五十个词中的第一个词。”（或者诸如此类的东西）

另一方面，如果我们用“读”来代表某种将记号转变为语音的经验，那么，谈论他真正读的第一个词当然是有意思的。此时，他能够比如这样说，“到这个词我第一次有了这样的感觉：‘现在我在读了。’”

或者，另一种情况是一架把符号转变成声音的阅读机，可能就

像一架自动钢琴那样，那么也许可以这样说："这机器只有在发生了如此这般的情况时，——在这些那些零件用导线连接起来时——它才读；它读的第一个词是……"

但是，对于有生命的阅读机来说，"读"指的是对书写的记号以如此这般的方式做出反应。因此，这一概念完全无关于精神的或其他机制的概念。——在这里，教师也不能这样来谈论学生："当他说那个词的时候，也许他已在读。"因为，对于他做了什么是没有疑问的。——学生开始读时发生的变化乃是他的*行为*的变化；在这里谈论"他的新状态中的第一个词"是没有意思的。

158. 但是，那难道不是仅仅由于我们对在大脑和神经系统中所进行的事了解得太少吗？如果我们对这些东西有了更加精确的知识，我们就会看到，通过训练建立了何种联系，那时，当我们察看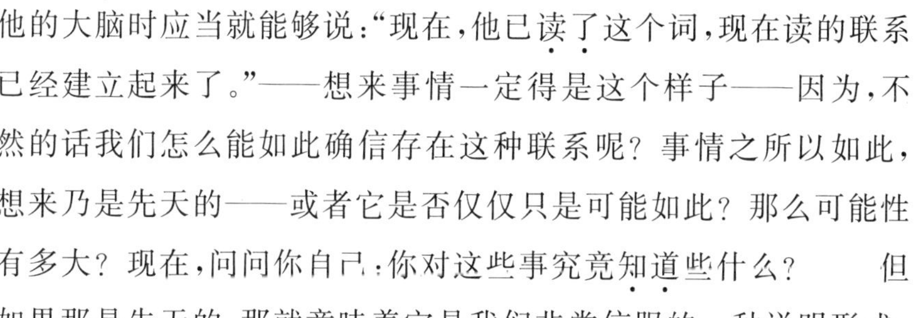他的大脑时应当就能够说："现在，他已*读了*这个词，现在读的联系已经建立起来了。"——想来事情一定得是这个样子——因为，不然的话我们怎么能如此确信存在这种联系呢？事情之所以如此，想来乃是先天的——或者它是否仅仅只是可能如此？那么可能性有多大？现在，问问你自己：你对这些事究竟*知道*些什么？　但如果那是先天的，那就意味着它是我们非常信服的一种说明形式。

159. 但是，当我们仔细地思考这个问题时，我们又想要说：对于任何人是否在读的唯一的真正判据乃是读的意识活动，按照字母而读出其声音来的活动。"一个人肯定知道他是真的在读还是 64e
仅仅假装在读！"——假定 A 想要让 B 相信他能够读手写体的西

里尔字母[①]。他背熟了一个俄语句子，然后在看着这些印出来的词时把背的俄语句子说了出来，就好像他是在读这些词。在这里，我们当然要说，A 知道他不是在读，而且当他假装读着的时候他刚好就知觉到这一点。因为，人们在读一个印刷的语句时，当然会有许多多少是特征性的感觉，这类感觉并不难于回想：只要想想犹豫的感觉，仔细察看的感觉，误读的感觉，单词相当通顺地一个接着一个的感觉，等等。同样，人们在把背熟的东西朗诵出来时也有一些特征性的感觉。在我们的例子中，A 不会有任何为读所特有的感觉。但也许会有一套为欺骗所特有的感觉。

160. 但是，请你设想下面的例子。我们给一个能流利地读的人一篇他以前从未见过的文章。他读给我们听——但他的感觉是在把早已背熟的东西说出来（这可能是某种药物的效果）。在这种情况下，我们是否应当说，他并不是真的在读这篇文章？我们在这里是否应该同意把他的感觉当作他读或者没有读的判据？

又假定：给一个受到某种药物作用的人看一串字符（这些字符不一定得属于任何现在的字母表）。他按这些字符的数目说出一些词来，就好像这些字符是字母那样，而且他还带有读的各种外部征象并有读的感觉。（我们在梦中会有这样的感觉；在这种情况下醒来以后，我们也许会说：“我似乎觉得自己在读一些记号，但它们根本不是什么记号。”）对于这种情况，有些人会倾向于说，这个人

① 西里尔字母是公元 9 世纪时由传教士西里尔发明的字母，这种字母是现在俄语字母的本源。——译注

是在**读**那些记号。另一些人则说，他没有读。——假定他以这种方式将四个符号组成的一组符号读成了(或解释成了)OBEN——现在，我们把这同样的记号次序倒过来再给他看，他就读成 NEBO；在以后的试验中，他总是对这些记号保持同样的解释：在这里，我们肯定会倾向于说，他为自己特设地制定了一种字母表，然后便照着读。

161. 还要记住，在下述两种情况之间，有一系列连续的过渡情形：一种情况是，一个人凭记忆说出他应该读的东西；另一种情况是，他把每个词都一个字母一个字母地读出来，既不借助于从上下文揣测，也不求助于记忆。

试做下面这项试验：说出从 1 到 12 的数。现在看着你的手表的表面字盘并且**读**那个数列。在后一种情况下，你所说的“读”是什么？也就是说，你做了什么才使它成为**读**？ 65e

162. 让我们来试试下面的定义：当你从原文**推出**再制品时，你就是在读。我用“原文”指你所读的或复制的文本，你据以听写的口述，你据以演奏的乐谱，等等。比如说，假如我们教某人学西里尔字母，并告诉他每个字母如何发音。然后，我们给他一段文字，他就读起来，对其中的每个字母都像我们教他的那样发音。对于这种情况，我们多半会说，他根据我们给他的规则从书写的字样推出了词的读音。这也是**读**得一个很清楚的实例。(我们可能会说，我们教了他“字母表的规则”。)

但是，为什么我们说他从印刷的词**推出**了口说的词呢？除了我们教他每个字母如何发音，然后他把这些词大声地读出来以外，我们难道还知道更多的东西？我们也许会回答说：这学生显示了：他使用我们给他的规则把印刷的词转变成口说的词。——如果我们把上面的例子改变一下，使这个学生不是给我们读出文本，而是要他写出文本，把印刷体转变成手写体，那么，就可以更清楚地看出这件事是怎样**显示**出来的。因为，在这个例子中，我们可以用列表的形式教给他规则：在表的一栏中是印刷的字母，另一栏是手写的字母。而他在从印刷的词推出他的手书这一事实就显示在他查看这张表这一动作中了。

163. 但是，假定他在这么做时，总是把 A 写成 b，把 B 写成 c，把 C 写成 d，如此等等，并且把 Z 写成 a？——当然我们也应当把这种情况说成是通过这张表所作的推导。——我们可以说，现在他是按照 § 86 中的第二个图式而不是第一个图式来使用这张表的。

甚至即使这种推导要用一种没有任何简单规则性的箭头图式来表示，它将仍然是按照该表进行推导的一个完全正当的实例。

但是，假定他并不固守**单一的**改写方法，而是按照一个简单的规则来改变他的方法：如果他一旦把 A 写成 n，那么就把下一个 A 写成 o，再下一个 A 写成 p，如此等等。——但是，这种做法同任意的做法之间的界限在哪里？

66e. 但这是不是意味着“推出”这个词实际上并没有意义，因为如果我们追根究底，这意义似乎就分崩离析了？

164. 在例(162)中,“推出”一词的意义是很清楚的。但是,我们告诉过自己,这只是推导的一种特例;穿着特殊外衣的推导。如果我们要知道推导的本质,就得将这外衣剥掉。所以我们除掉了这些特殊的遮盖物,但这时推导本身也就消失了。——为了要找到真正的洋蓟(Artichoke),我们摘光了它的叶子。因为,例(162)当然只是推导的一个特例。然而,对推导来说是根本的东西,并非隐藏在这实例的表面之后。相反,这个“表面”就是推导的实例家族中的一例。

同样,我们也用“读”这个词来指一个实例家族。我们在不同的情况下对人们是否在读应用不同的判据。

165. 但是——我们会说——读的确是一个非常特殊的过程!读一页印刷品,你就会知道有某种特殊的事在进行,某种有着高度特征性的事。——那么,当我读那一页时,到底进行了什么?我看到印刷的字,我把词大声地说出来。但是当然,这不是一切,因为我可以看到印刷的字并且把词大声地说出来而仍然不是在读。甚至即使当我说出来的这些词,根据现存的字母表,*被认为*是从这些印刷的词*读*出来的时我也仍然有可能不是在读。——而且,如果你说读是一种特殊的经验,那么,你是否按照某种被普遍承认的字母表规则来读,就变得无关紧要了。——而且,读的经验中有特征

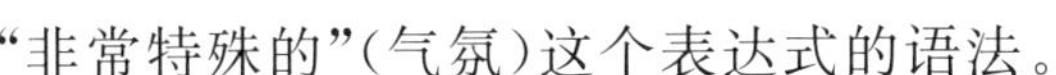

“非常特殊的”(气氛)这个表达式的语法。

某人说“这张面孔有一种非常特殊的表情”,接着就寻找一些词去刻画它的特征。

性的东西是什么呢？——在这里我会想要说："我说出来的那些词是以一种特殊的方式*出现*的。"也就是说，它们的出现并不是像，比如说，我把它们虚构出来时的那种出现。——它们是自己出现的。——但是即使那样还不够；因为在我看着印刷的词时，我有可
67e 的。——但是即使那样还不够；因为在我看着印刷的词时，我有可能偶然*想到*词的声音，但这并不意味着我读了这些词。——在这里我还要说，我之*想到*这些口说的词也并不是好像（举例来说）有什么东西提醒我想到它们似的。例如，我不想说，印刷的词"无"总是在提醒我"无"的声音——倒想说，当人们读的时候，这些口说的词简直可以说是溜进来的。是呀，如果我心中没有听到那个词的声音的那种特征性的过程，我根本就不可能看出那个印刷的德语单词来。

166. 我曾说过，一个人在读的时候，口说的词"以一种特别的方式"出现：但是，是什么样的方式？这是不是虚构？让我们看看单个字母并且注意该字母的声音出现的方式。读字母 A。——那么声音是怎么出现的呢？——对此我们说不出什么看法。——现在请写一个小写的罗马字母 a。——在你写的时候，手的运动是怎么出现的呢？同上一个试验中声音出现的方式有所不同吗？——我所知道的只是，我看着这个印刷字母，然后写出手写的字母。——现在，看着这样一种记号 ，并在这样看的时候，让你自己想到一个声音并且发出这声音来。我想到声音"U"；但是我不能说在这个声音*出现*的方式上有任何根本的区别。区别只在于情况的不同。我事先曾对自己说过，我要让自己想到一个声音；在这个声音出现之前有某种紧张感。我并不是像在我看着字

母 U 时那样自动地说出“U”。再则，我对那个记号并不像对字母表中的字母那样**熟悉**。我非常注意地看着它并对它的形状感到某种兴趣；当我看到它时，我想到一个反写的希腊字母西格马。——试设想你必须把这个记号作为一个字母经常地使用，从而你已习惯于一看到它就发出一种特殊的声音来，比如说发出“sh”的音。我们除了说：过了一会儿这个声音当我们看到那记号时就自动地出现，——除了这么说之外还能说什么别的？这也就是说，当我看到它时，我不再问自己“那是一个什么字母？”了——当然我也不会对自己说“这个记号使我想发出‘sh’的声音来”，“更不会说”这记号以某种方式提醒我“sh”这个声音。

（试把这与下面的想法相比较：记忆意象具有某些特有的特征而与其他心理意象相区别。）

167. 那么，读是“一种非常特殊的过程”这个命题中有些什么东西呢？姑且假定它是指我们在读的时候总会发生**一种**特殊的过程，而这过程是我们能识别的。——但是，假定我有一次读了一个印刷的语句，另一次用摩尔斯电码把这语句写下来，——其精神过程是不是真的相同？——但是另一方面，在读一页印刷品的经验中肯定得有某种统一性。因为，这是一个统一的过程。而且很容易理解，这一过程和另一种过程，例如，使自己在看到随意画的记号时想起一些词来的过程，二者之间是存在区别的。——因为一个印刷行的样子本身就是非常有特征的——也就是说，它呈现出 68e
一种非常特殊的外貌，字母都是差不多一样大小，形状也彼此相差无几，而且经常重复出现；大部分词都经常重复并且是我们极为熟

悉的，就像相熟的脸一样。——想想看，如果一个词的拼法改变了，我们会感到多么不自然。（再想一想在词的拼法问题上曾经产生过的更强烈的情感。）当然并非所有记号都对我们产生如此*强烈*的印象。例如，在逻辑代数中可以用任何一个记号来代替另一个记号而不引起我们强烈的反应。

记住，一个词的模样就像它的语音一样以相同的方式为我们所熟悉。

168. 我们的目光扫过印刷行时的方式同扫过一系列随意的勾勾弯弯和装饰花样时的方式是不一样的。（在这里，我并不是说通过观察读者眼睛的运动便能确定什么东西。）人们会说，目光的移动特别轻松自如，既无停顿，也不*打滑*。而同时，在想象中进行着不由自主的言语。在我读德语和其他语言用各种字体印刷或书写的东西时情况便是这样。——但在所有这一切中对于读本身来说根本的东西是什么呢？并没有一个在一切读的实例中都出现的特征。（比较一下读普通印刷品和读那种完全用大写字母印的东西——如智力题解答有时就是那样印的。这两者之间有多么大的不同！——或者从右向左读我们的文字。）

169. 但是当我们在读的时候，我们有没有感到词形以某种方式引起我们发声？——读一个语句！——现在再看下面这行东西：

&8 § ≠ § ≠? β + % 8!' § *

并在看的时候说一个语句。你是不是能感到，在第一种情况下，说话同看到记号是互相联系着的，而在第二种情况下，二者肩并肩地进行而没有任何联系。

但是你为什么说我们感到一种因果联系？因果性肯定是某种通过实验确立的东西，例如通过观察到事件的有规则的前后相随。这样的话，我怎么能说我感觉到某种要由实验来确定的东西呢？（诚然，观察到事件的有规则的前后相随并不是我们确定因果性的唯一方法。）可能人们宁可说，我感到，那些字母乃是我之所以如此 69e
读的理由。因为如果有人问我“你为什么如此读呢”——我就指出在那儿的那些字母作为我这么读的根据。

然而，说我感觉到我所说的或想的这个根据，这样说的意思是什么呢？我可能会说：我在读的时候，感到字母对我产生一种影响——但是我并没有感到那一串任意的花体记号对我所说的东西有什么影响。——让我们再一次把一个个别字母同这种花体记号比较一下。我是不是也要说在我读“i”时感到它的影响呢？我是在看到“i”还是在看到“§”时说“i”，这当然有所区别。这种区别就是，比如说，当我看到字母时，我内心里自动地听到“i”的声音，发生这种情况甚至不以我的意志为转移；我读这个字母发它的音要比看着“§”发这个音更加轻松自如。这就是说：我做这个试验时是这样的。但是如果我碰巧看着“§”这个记号同时发出一个词的声音其中包含着“i”这个音，那么情况就当然不是这样了。

170. 如果我们没有把看到字母时的情况同看到任意记号时的情况相比较，我们就绝不会想到，我们在读的时候会感到字母的影响。可是在这里，我们的确注意到一种区别。我们把它解释为受影响和不受影响之间的区别。

特别是在我们故意读得慢一些的时候——为了要看一看在读的时候发生的是什么情况——这种解释尤其能打动我们。当我们所谓故意地使自己被字母引导的时候。但是，这里说的“使自己被字母引导”却又只是在于我仔细地看着字母——也许还排除某些其他的思想。

我们想象有一种感觉使我们似乎知觉到在词的外貌和我们所发出的声音之间有一种连接的机制。因为当我说到受影响的经验，因果联系的经验，被引导的经验时，我实际上想要指的是，我似乎感到了把看到字母和说出字母连接起来的杠杆的运动。

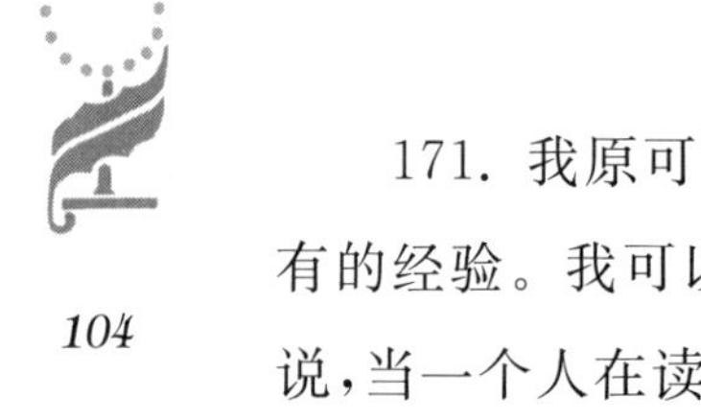

171. 我原可以用别的话来恰切地表达我在读一个词时所具有的经验。我可以说书写的词向我提示了发音。——或者也可以说，当一个人在读的时候，字母和发音形成一个统一体——犹如一种合金。（同样，比如说，各人的面容同他的名字的发音融合在一
70e 起。这名字使我听来是这张面孔的唯一正确的名字。）当我感到这种统一性时，我可能会说，我在这书写的词中看到或听到了它的发音。——

但是，现在你像通常做的那样读几个印刷的语句而不去想什么读的概念，然后问问自己，在你读的时候是否有那种统一性呀，受影响呀，以及如此等等的经验。——不要说你无意识地有这些经验！也不要被下面这幅图画所误导，这幅图画暗示我们这些现象“在就近察看时”就会呈现。如果我要描述在很远的地方看一个对象是什么样子，我并不能通过说出就近地察看时可能被注意到

的东西而使这种描述变得更加精确些。

172. 让我们来考察一下被引导的经验，问问我们自己：比如说，当我们的路被引导时，这种经验在于什么？——试想象下面的情况：

在一个操场上，你被蒙住眼睛，有人用手引导着你，时而向左，时而向右；你得时刻准备好跟上他的手的牵引，而且，你也一定得留心不要在他意外地拉你时绊倒。

又如：有人用手强迫地把你领到你不愿去的地方去。

或者：你在跳舞时被舞伴所引导；你尽量使自己善于领会，以猜到对方的意图并顺从最细微的压力。

或者：有人带你去散步；边走边谈，他走到哪里你也走到哪里。

或者：你沿着跑道走，让它引导着你。

所有这些情况彼此相类似；但在所有这些经验中有什么共同之处呢？

173. “但是，被引导肯定是一种特殊的经验！”——对此的回答是：你现在想的是一种特殊的被引导的经验。

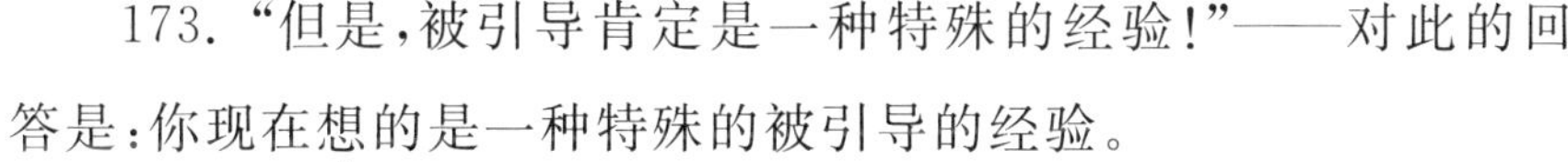

如果我想要体会到前面的某一个例子中的人的经验（他的书写由印刷文本和表所引导），我就想象“认真的”查阅等等。其时我甚至假想一种特殊的面部表情（例如一个认真的簿记员的表情）。在这幅图画中小心谨慎是非常主要的；在另一幅图画中排除一个人自己的意志则是主要的。（但请你设想一下，有一个人在做那些正常的人们不经意地做的事时带着极其小心谨慎的表情。——而 71e

且为什么不是带着这种感情呢？——那么这是不是就意味着他是小心谨慎的？设想一个仆人带着极其小心谨慎的外表迹象把茶盘和茶盘上的一切都掉在了地上。）如果我想象这样一个特殊经验，那么在我看来这就是被引导的（或读的）那种经验。但是现在我要问自己：你在做什么？——你在看每一个记号，你在做出这种表情，你在慎重地写着这些字母（等等）。——那么这就是被引导的经验吗？——在这里我要说："不，这不是；被引导的经验是某种更内在的、更根本的东西。"——乍看起来似乎所有这些或多或少非本质的过程都被笼罩在一种特殊的气氛之中，而在仔细考察这些过程时，这种气氛就消失了。

174. 问问你自己，你是怎样"经过考虑"画出一条与给定直线相平行的直线的——而在另一次又是怎样"经过考虑"画一条与给定直线构成一个夹角的直线的。什么是考虑的经验？在这里，你立刻想到一种特殊的脸色，一种表情——于是你会说："它只是一种特殊的内在经验。"（当然，那并没有增加任何东西。）

（这个问题与意向、意志的本性问题是相互关联的。）

175. 请你在一片纸上画一些任意的信手画。——接着再照它的样子画一个复本，使你自己被它引导。——我会想说："在这里，的的确确我是被引导的。但是，在所发生的事情中有特征性的是什么？"——只要我说了发生的事情，我就发觉它不再具有特征性。

但是，现在请注意下面这一点：在我被引导的时候，一切都十分简单，我没有注意到有什么**特别的**地方，但是事后，当我问自己到底发生了什么情况时，就感到那似乎是某种无法描述的东西。**事后**无论什么描述都不能使我**满意**。就好像我不能相信我只不过看一看，做出如此这般的面部表情并画了一条直线。——但是，我是不是**记得**还有什么别的东西？没有；可是，我却感到似乎一定还有什么别的东西；特别是当我对自己说“**引导**”、“**影响**”以及其他这类词的时候。我告诉自己，“因为肯定地说，我是**被引导**的”。——只是在此时才产生了关于那虚无缥缈的、不可捉摸的影响的想法。

176. 当我回想这种经验时，我感到这种经验中根本的东西是“受影响的经验”，联结的经验——不同于现象的单纯的同时性：但与此同时我又不愿意把任何被经验到的现象都称为“受影响的经验”。（这儿已有了这样的想法：意志并不是**现象**。）我会想说，我经 72e
验到过那种“因为”，但我又不想把任何现象称为“因为的经验”。

177. 我要说：“我经验到因为。”这不是因为我记得这种经验，而是因为当我回想在那种情况下所经验到的东西时，我是通过“因为”（或“影响”或“原因”，或“联结”）这一概念的媒介来看它的。——因为，如果说我在原有的线的影响下画了这条线，那当然是对的：然而，这并不单纯在于我画这条线时的感觉，——在某些情况下，这可能就在于我要把这条线画得与另外那条线平行——但即使这一点对于被引导来说也并不总是根本的。

178. 我们也说：“你可以**看到**我是被它引导的”——那么如果

你看到这点，你看到的是什么呢？

当我对自己说："但我当然是被引导的"——我也许用手做一个表示引导的动作。——请你用手做这样一个动作，就好像你是在引导着什么人，然后问自己，这个动作的**引导**特性是什么。因为你并不在引导任何人。但你仍然要把这动作叫做"引导"的动作。因此这种动作和感觉并不会有引导的本质，可是这个词却把它自己强加于你。仅仅是引导的**一个表现形式**把这个表述强加给了我们。

179. 让我们回到我们的例(151)上来。很清楚，我们不应当仅仅由于B想到公式就说他有权说"现在我知道如何接下去"这样的话——除非经验表明在想到公式——说出公式，写出公式——和实际上把数列继续下去这两者之间存在着联系。这样一种联系显然是存在的。——于是，现在人们就会想，语句"我能接下去"意指"我具有一种经验，这种经验在经验上导致这个系列的后续"。但是当B说他能接下去时，他是意指这个语句吗？此时那个语句是不是会在他心中出现或者他是不是会准备用它来说明他所意指的东西呢？

不是。当他在下述情况下想到这公式时：例如他学过代数，他过去用过这样的公式，等等，"现在我知道如何接下去"这些词是用得正确的。——但是这并不意味着，这个陈述仅仅是对构成我们的语言游戏的场景的全部情况的缩略的描述。想一想我们是怎样
73e 学会使用"现在我知道如何接下去"，"现在我能够接下去了"等等表达式的；我们是在哪一个语言游戏家族中学会使用这些表达式

的。

我们也可以设想这样一种情况，即 B 除了突然地说“现在我知道如何接下去”之外，心中什么也没有发生——也许带着松一口气的感觉；而且事实上他的确又不用公式而把数列接下去写了出来。在这种场合，我们也应当说——在某些情况下——他的确知道如何接下去。

180. **这些词就是这样使用的**。在上面这个例子中，举例来说，如果把这些词说成是“对一种精神状态的描述”，那就会完全引人误解。——人们最好还是把这些词称为一个“信号”；而我们就根据他下一步怎样做来判断这个信号是否被用得正确。

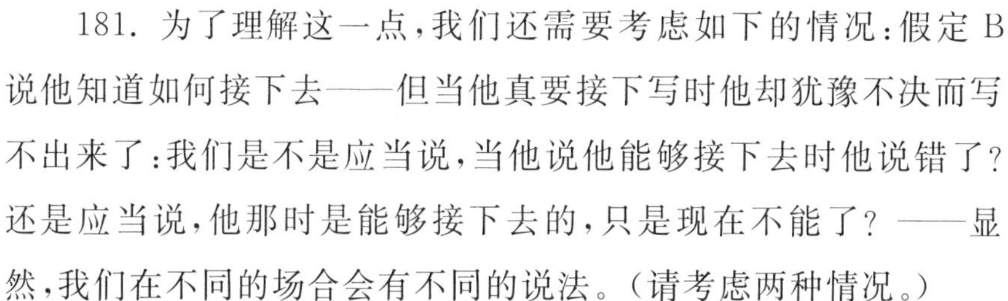

181. 为了理解这一点，我们还需要考虑如下的情况：假定 B 说他知道如何接下去——但当他真要接下写时他却犹豫不决而写不出来了：我们是不是应当说，当他说他能够接下去时他说错了？还是应当说，他那时是能够接下去的，只是现在不能了？——显然，我们在不同的场合会有不同的说法。（请考虑两种情况。）

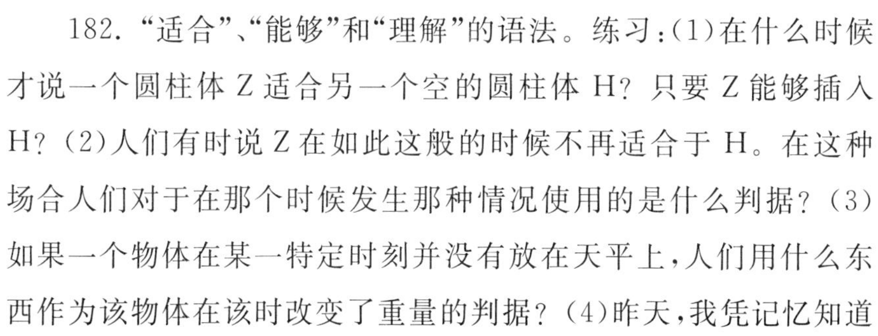

182. “适合”、“能够”和“理解”的语法。练习：(1)在什么时候才说一个圆柱体 Z 适合另一个空的圆柱体 H？只要 Z 能够插入 H？(2)人们有时说 Z 在如此这般的时候不再适合于 H。在这种场合人们对于在那个时候发生那种情况使用的是什么判据？(3)如果一个物体在某一特定时刻并没有放在天平上，人们用什么东西作为该物体在该时改变了重量的判据？(4)昨天，我凭记忆知道这首诗；今天我不再知道它。在什么情况下这样问才有意思："在什么时候我中断了对它的知道？"(5)有人问我："你能举起这个重量来吗？"我回答，"是的"。他说："你举一下！"——可我举不起来。在什么样的情况下人们会认为我有理由说："在我回答'是的'的时候，我是能够举起来的，只是现在我不能举起来了。"

我们用于"适合"、"能够"、"理解"的判据比乍看起来的要复杂得多。也就是说，这些词所进行的游戏，它们在借助于它们而进行的语言交际中的应用，比我们倾向于认为的要复杂得多；这些词在我们的语言中所起的作用与我们倾向于认为的大不相同。

(我们要解决哲学上的悖论就必须理解这种作用。因此，定义
74e 通常不足以解决它们；至于断言：一个词是"不可定义的"，就更不足以解决它们了。)

183. 但是在例(151)中，"现在我能够接下去"同"现在我想起了这个公式"意指同样的还是有所不同的东西？我们可以说，在那种情况下，这两个语句具有相同的意思(做了相同的事)。但也可以说，一般讲来，这两个语句并不具有相同的意思。我们的确说："现在我能够接下去了，我指的是我知道了这公式"，就像我说"我能走了，我指的是我有时间了"；但我也可以说，"我能走了，我指的是我身体已经够好了"；或者也可以说，"我能走了，这是就我的腿的情况来说的"，也就是，我在把走这一条件同别的条件进行对照。但是在这里我们必须注意防止产生一种想法，即认为存在着与每一场合的本性相符合的条件的总体(例如，适用于一个人的走的条件)，从而，只要这些条件都得到满足，就简直可以说他是不能不走

了。

184. 我想要回忆一个曲调但总回忆不起来，突然我说：“现在我知道了”并把它唱了出来。突然知道这曲调是怎么一回事？它肯定不可能在那一瞬间*全部*被我想到！——也许你会说：“那是一种特殊的感觉，就仿佛那曲调就在*那儿*”——但是它现在*在*那儿吗？假定我现在开始唱它却卡住了？——但是我难道不能*肯定*在那个时刻我的确知道这曲调吗？所以，在某种意义上说，它到底还是在*那儿*！——但是在什么意义上呢？你会说，如果比如说有人从头到尾唱过它或者在心中听到了它，那么这曲调是在那儿的。当然，我并不否认，曲调是在那儿的这个陈述也可以被赋予完全不同的意思——例如，我有一片纸，上面写着这曲调。——而且，他之“肯定”，他之知道这曲调，又在于什么？——当然，我们可以说：如果有某个人很有信心地说他现在知道这曲调，那么这曲调就在那个时刻（以某种方式）完整地呈现在他的心中——而这就是对“这曲调完整地呈现在他心中”这个表达式的定义。

185. 让我们再回到我们的例(143)。现在——按照通常的标准来判断——该学生已掌握了自然数数列。接着，我们便教他写另外一些基数数列并且使他懂得对于例如形式为“＋n”的命令就写出如下形式的数列：

0，n，2n，3n，等等

因而对于命令“＋1”就写出自然数列。——假定我们已经经过练 75e
习并且对他的理解进行了测试一直试到1000。

现在,我们让这学生从1000以后接下去写一个(比如+2)的数列。——而他写下1000,1004,1008,1012。

我们对他说:"看看你写了些什么!"——他不懂我们的话。我们说:"你应该加2;你看你是怎样开始这个数列的!"——他回答说:"是呀,难道这不对吗?我以为这就是我应该做的。"——或者假定他指着这个数列说:"可是我就是用这同样的方式写下去的呀。"——这时如果对他说:"你难道看不到……?"——并且向他重复前面的说明和例子,那是毫无用处的。——在这种情况下,我们也许会说:这个人自然而然地把我们的命令和说明理解成我们所理解的下述命令:"加2至1000,加4至2000,加6至3000,如此等等。"

这个例子与下面那种例子有着相似之处:有一个人对于用手指点的手势的反应,自然而然地就是顺着从指尖到手腕的方向看而不是从手腕到指尖的方向看。

186. "那么,从你说的就会得出:为了正确地执行'+n'的命令,每一步都需要有新的领悟——直觉。"——为了正确地执行命令!如何决定,在每一个特定的阶段,什么是所要采取的正确步骤呢?——"正确步骤就是与命令相符合的步骤——就像所意指的那样。"——所以,当你给出+2的命令时,你的意思是指,他应当在1000之后写1002——但你的意思是不是也指,他应当在1866之后写1868,在100034之后写100036等等——无数这样的命题?——"不!我的意思是指,他应当在他所写的每一个数之后接着写下紧接着的第二个数;由此所有那些命题都会随之产生。”——但这正是问题所在：在任何一个阶段，从那个语句得出的究竟是什么。或者，在任何一个阶段，我们究竟应把什么东西叫做与那个语句（与你在那时赋予那个语句的意指——无论它可能在于什么）“相一致”。比之这样一种说法：在每一点上都需要一种直觉，下面的说法几乎要更正确些了：在每一点上都需要作一个新的决定。

187. “但是，在我给出命令时我已经知道他应当在 1000 之后写下 1002。”——那当然；你也可以说那时你意指的是那种意思；只是你自己不要被“知道”、“意指”这些词的语法所迷惑。因为你 76e
并不是要说，你在那时想到了从 1000 到 1002 这一步——即使你真的想到了这一步，你仍然没有想到其他各步。你说的“在那时我已经知道……”意指“如果那时人们问我在 1000 之后应当写什么数，我就会回答‘1002’”。对此我并不怀疑。这种假定跟下面的说法是同一类的：“如果他那时掉进了水里，我就会跟着他跳下去。”——那么，你的想法错在哪里呢？

188. 在此，我首先要说：你的想法就是认为，那个意指命令的活动已经以其特有的方式做了所有那些步骤；在你意指的同时，你的精神可以说已飞向前方并且在你事实上到达这一步或那一步之前就完成了所有的步骤。

因此，你就倾向于使用下面那样的表达：“甚至当我在书面或口头或思想中完成这些步骤之前，真正说来它们就已经被完成了。”而且这些步骤看来似乎是以某种独特的方式被预先决定并被预期的——就好像只有意指活动才能预期实在。

189.“但是那样的话这些步骤就*不是*由代数公式决定的了吗?”——这问题中包含着一个错误。

我们使用这样一个表达:“这些步骤是由公式……决定的。”这表达是*怎样*使用的呢?——也许我们会指出下列事实,即人们由于他们所受的教育(训练)而这样地来使用公式 $y=x^2$;当他们用相同的数代入 x,他们全都得到相同的 y 值。或者,我们也可以说:“这些人都经过了这样的训练因而当他们接到‘加 3’的命令时都会在同一点上采取相同的步骤。”我们也可以这样来表达这个意思:“对于这些人来说,‘加 3’这个命令完全决定了从一个数到下一个数的所有步骤。”(对比于那些听到这个命令不知道应该怎样做的人,以及那些虽对命令做出完全自信的反应但反应方式却各不相同的人。)

另一方面,我们可以把不同种类的公式以及与这些公式相适合的不同种类的使用(不同种类的训练)加以对照。这样,我们把一种特定种类的公式(以及与之相适合的使用方法)*称为*“按给定的 x 值决定数 y 的公式”,把另一种种类的公式称为“给定 x 值不能决定数 y 的公式”。($y=x^2$ 是前一种,$y\neq x^2$ 是第二种。)这样,命题“公式……决定数 y”就将是一个关于公式的形式的陈
77e 述。——现在我们必须把“我写下来的这个公式决定 y”或“这儿是一个决定 y 的公式”这样的命题同“公式 $y=x^2$ 按给定的 x 值决定数 y”那样的命题区别开来。这样,问题“那儿写着的公式是不是决定 y 的公式?”就将与问题“在那儿的是这一种还是那一种公

式？"意指相同的东西——但是，我们应该怎样看待问题"$y=x^2$ 是不是一个按给定的 x 值决定 y 的公式？"这并不是马上就很清楚的。人们可以向一个学生提出这个问题从而试验他是否理解"决定"这个词的使用；或者，这是一个数学问题，要求证明在一个特定的系统中 x 只有一个平方值。

190. 人们现在可以说："公式如何被意指决定了所应采取的步骤。"什么是公式如何被意指的判据呢？例如，它可以是我们经常使用公式的那种种类和方式，可以是别人教给我们的使用公式的种类和方法。

例如有一个人使用了我们所不认识的记号，我们就对他说："如果你用'x！2'意指 x^2，那么你就会得到 y 的**这个**值，如果你意指 2x，就会得到 y 的**那个**值。"——现在，问问你自己：人们是怎样用"x！2"来**意指**这件或那件事的呢？

所以，意指就**以这种方式**能够事先决定各个步骤。

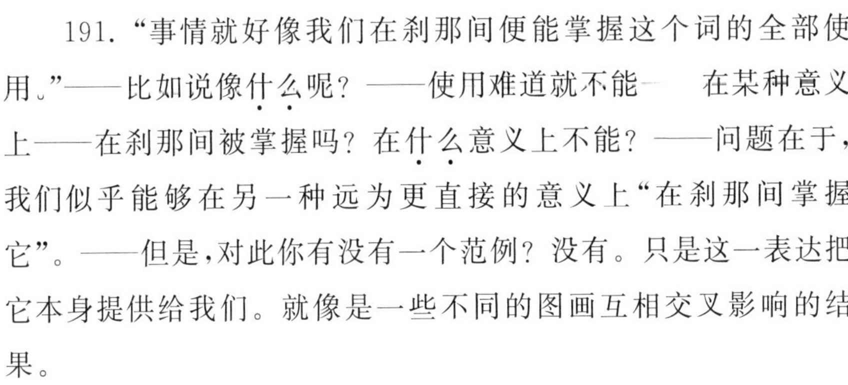

191. "事情就好像我们在刹那间便能掌握这个词的全部使用。"——比如说像**什么**呢？——使用难道就不能——在某种意义上——在刹那间被掌握吗？在**什么**意义上不能？——问题在于，我们似乎能够在另一种远为更直接的意义上"在刹那间掌握它"。——但是，对此你有没有一个范例？没有。只是这一表达把它本身提供给我们。就像是一些不同的图画互相交叉影响的结果。

192. 你并没有这种超级事实的范例。但是，你却被引诱去使用一种超级表达式。（人们可以把这称为哲学的最高级。）

193. 机器作为其工作方式的符号表示：一架机器——我首先会说——看来似乎已经包含有它的工作方式。这是什么意思？——如果我们知道了这架机器，那么其他一切，即它所做的任何运动，似乎已经完全决定了。

我们的说法就好像这些零件只能这样地运动，就好像它们不可能做别的事情。这是怎么回事？——难道我们忘记了这些零件有可能会弯曲、断裂、熔化吗？是的；在许多场合下，我们根本不去

78e 想那些事。我们将一架机器或一架机器的图画作为该机器的一个特定动作的符号。例如，我们交给某人一张这样的图画，并假定他从这图画中将推知机器各零件的运动。（正如我们可以这样地来告诉某人一个数：即告诉他这是在数列 1，4，9，16，…第 25 项的一个数。）

“一架机器看来似乎已经包含有它的工作方式”说的是：我们倾向于把该机器将来的运动在其确定性方面同已经放在抽屉里就要被我们拿出来的物件互相比较——但是，当我们所关心的是预言一架机器的实际行为时，我们并不这么说。那时，我们一般不会忘记零件发生变形的可能性等等。——然而，当我们对于我们能用一架机器来象征某种给定方式的运动感到惊异时，我们**就会**这么说。——因为它也可能以完全**不同的**方式运动。

我们可以说，一架机器，或其图画，是我们已经学会从上面那张图画中推出的一系列图画的第一张。

但是，当我们想到这机器也可能以不同的方式运动时，那么，看来作为符号的机器之含有其运动方式一定比实际的机器要确定得多。就好像对于所考虑的运动，事先在经验上加以确定是不够的。这些运动必须真正地——在一种神秘的意义上——是已经**现存**的。的确，作为符号的机器其运动之被预先规定与任何给定的实际机器的运动之被预先规定意思是不一样的。

194. 人们什么时候会有这种思想：认为机器的可能的运动已经以某种神秘的方式存在于机器之中？那是在他们从事哲学的时候。是什么引导我们那样想的呢？就是我们谈论机器的那种方式。例如我们说，机器**有**（拥有）如此这般的运动的可能性；我们谈的是理想刚性的机器，它只**能**以如此这般的一种方式运动。——运动的这种**可能性**是什么？它不是**运动**，但它看来也不是运动的纯粹的物理条件——例如销轴与轴承之间存在间隙，轴在轴承中并不装得过紧之类。因为，只要这是运动的经验条件，那么，人们也可以把它设想成另一种情况。运动的可能性被认为好像是运动本身的影子。可是你知道这样一种影子吗？我所说的影子并不是指运动的某种图画——因为这种图画并不一定就恰好得是**这种**运 79e
动的图画。但是这种运动的可能性必须恰好是**这种**运动的可能性。（请看，在这里语言的海洋是多么地波涛汹涌！）

波涛很快平息，只要我们向自己提问：当我们谈的是一架给定的机器时，我们是怎样使用“运动的可能性”这个短语的？——但是我们的这种奇怪的想法又是从哪里来的？好吧，我向你显示运动的可能性，比如用一张运动的**图画**：“因此，可能性就是某种与实在相似的东西。”我们说：“这还没有动，但它已经有了动的可能性”——“因此，可能性就是某种非常接近实在的东西。”尽管我们可以怀疑如此这般的物理条件是否能使这种运动成为可能，但我们从不讨论这究竟是此种还是那种运动的可能性：“因此，运动的可能性同运动本身有着独特的关系；比图画同它的对象之间的关系更密切”；因为人们可以怀疑一幅图画究竟是这个还是那个东西的图画。我们说：“经验将会显示，这是不是给了销轴以这种运动的可能性”，但我们不说“经验将显示，这是不是这种运动的可能性”：“因此，这种可能性恰好就是这种运动的可能性，那并不是一个经验事实。”

我们注意到了我们使用的关于这些事的独特的表达方式，但我们并不理解它们，而只是错误地解释了它们。当我们从事于哲学时，我们就像野蛮人，原始人，他们听到文明人的表达方式，对之给以错误的解释，然后从中引出稀奇古怪的结论来。

195. “但是我的意思并不是说，我现在（在把握意思时）所做的事，因果地和经验地决定未来的使用，而是说，使用本身以一种奇特的方式在某种意义上是现存的。”——当然是这样，“在某种意义上”！实际上你所说的话唯一有错的地方就是“以一种奇特的方式”这个表达。其余都是对的；这个语句只有当人们为它想象一种不同的语言游戏，即与我们实际使用它时所用的游戏不同的语言游戏时，才显得奇怪。（有个人有一次对我说，在他还是一个儿童的时候，他总是对一个裁缝能够“缝出衣服”感到惊奇——他认为这意味着衣服仅仅是缝出来的，即把一根线缝在另一根线上。）

196. 由于我们不理解词的使用，我们便把它当作是对一种奇怪的**过程**的表达。（就像我们把时间看做一种奇怪的媒质，把精神看做一种奇怪的存在物一样。）

197. “好像我们在一刹那就能掌握一个词的全部使用。”—— 80e
而这正是我们说我们做的事。也就是说：我们有时确实用这些话描述我们所做的事。但是，对于所发生的事并没有什么令人吃惊的、可奇怪的地方。只有当我们被引导去想，未来的发展必定以某种方式已经存在于掌握使用的这一活动中，可是它却又不在那儿，只有这时，事情才会变得奇怪。因为我们说，毫无疑问我们理解这个词，而另一方面它的意义则在于它的使用。毫无疑问我现在想要下棋，但下棋之为棋类游戏则有赖于它的全部规则（等等）。那么，在我**确已**下棋之前，我是不知道我要进行什么样的游戏呢，还是所有的规则都已包含在我的意向活动之中了呢？是不是经验告诉了我这种游戏是这样一种意向活动的通常结果？所以，我是不是不可能肯定我意欲去做的是什么事？如果这是没有意思的话——在意向活动和所意向的事物之间存在着的是什么样的超强联系？——“让我们下盘棋”这个表达的意思和棋类游戏的所有规则之间的联系是在哪里实现的？——在游戏的规则表中，在教人下棋的活动中，在日复一日的下棋的实践中。

198. “但是一条规则怎么能告诉我在**这**一点上应当怎样做呢？不管我怎么做，在某种解释下，都是与规则相符合的。”——那不是我们应该说的；我们应当说：任何解释以及它所解释的东西都是悬而未决的，因而不可能对被解释的东西给予任何支持。解释本身并不能确定意义。

“那么我无论怎么做都能与规则相符合吗?”——让我这样问：一条规则的表达——例如一个路标牌——与我们的活动有什么关系？这里有着什么样的联系？——也许是这样的联系：我受过训练从而对这种记号以一种特定的方式做出反应，而现在我的确对它作出了这样的反应。

但是，那只是给出了一种因果联系；只是说出了我们现在是怎么会按照路标来走的，但并没有说出这种按路标走真的是在于怎么一回事。相反，我已进一步指出，只有存在着对路标的有规则的使用，存在一种习惯时，一个人才按路标走。

199. 我们所说的“遵守一条规则”是仅仅一个人在他的一生中只能做一次的事情吗？——这当然也是对“遵守规则”这个表达式的语法所作的一种注解。

81e 仅仅一个人只单独一次遵守规则是不可能的。同样，仅仅一个报道只单独一次被报告，仅仅一个命令只单独一次被下达，或被理解也是不可能的。——遵守规则，作报告，下命令，下棋都是习惯(习俗，制度)。

理解一个语句意味着理解一种语言。理解一种语言意味着掌握一门技术。

200. 当然，可以设想，在一个不知道游戏的部落中有两个人坐在棋盘旁把一盘棋一步步走完，甚至还伴随着全部的内心活动。

如果我们看到了，我们就会说他们在下棋。但现在试设想把下棋游戏按照某种规则翻译成一连串的动作，这些动作我们通常不会与游戏联系起来。——例如翻译成叫喊和跺脚。现在假定这两个人开始叫喊和跺脚而不是进行我们所习惯的那种形式的下棋，而且他们做的方式是使他们的活动程序可以用适当的规则翻译成下棋游戏。那么，我们是不是还想要说他们在下棋？人们有什么权利来这么说呢？

201. 这就是我们的悖论：没有什么行为方式能够由一条规则来决定，因为每一种行为方式都可以被搞得符合于规则。答案是，如果一切事物都能被搞得符合于规则，那么一切事物也就都能被搞得与规则相冲突。因而在这里既没有什么符合也没有冲突。

在我们论证的进程中，我们作了一个接一个的解释；似乎每一个解释至少都暂时使我们感到满意，然后我们又想到还有另外的解释在它的背后。仅仅从这一事实就可以看到，在这里存在着一种误解。这表明，存在这样一种对规则的理解：它并不是解释；而是在一个又一个的应用实例中显示在我们所谓的“遵守规则”和“违反规则”的活动中。

因此，人们倾向于说：每一种根据规则而进行的活动都是一个解释。但是我们应当只用“解释”一词称呼下述活动：用规则的一种表达形式代替它的另一种表达形式。

202. 因此，“遵守规则”也是一种实践。而认为自己在遵守规则并不就是遵守规则。因而，人们不可能“私人地”遵守规则：否则，认为自己在遵守规则就会同遵守规则是一回事了。

82e 203. 语言是由诸条道路组成的迷宫。从**一个**方向走来时你也许知道怎么走；但从另一个方向走到同一地点时你也许就迷路了。

204. 事实上我可以比如说发明一种从未有人玩过的游戏。——但是下面的情况也是可能的吗：人类从来没有玩过任何游戏；但有一次有个人发明了一种游戏——这种游戏的确从未有人玩过？

205. “但是，对于**意向**，对于精神过程来说，值得注意的是：一种习惯，一种技巧的存在对于它们而言并不是必要的。例如，可以设想有两个人在除此之外没有任何游戏存在的世界里下棋；甚至可以设想他们刚要开始下棋——却就被阻止了。”

但是，下棋难道不是由它的规则所定义的吗？那么这些规则在想要下棋的人的心中是怎样表现的呢？

206. 遵循规则类似于服从命令。人们是被训练这样做的；人们是以特定的方式对命令做出反应的。

但是如果对于这种命令和这种训练，这个人以**这种方式**做出反应，而另一个人则以**不同的方式**做出反应，情况会怎么样呢？在这种情况下究竟谁做对了呢？

假如你作为一个考察者到一个陌生的国度去，那里的语言你完全不懂。在什么情况下你会说那里的人下了命令，理解了命令，服从了命令，抗拒了命令等等？

人类共同的行为方式乃是我们据以解释陌生语言的参考系。

207. 让我们设想那个国家的人民进行着人类通常的活动，而且在这些活动的过程中显然使用了一种发音清楚的语言。如果我们注意他们的行为，就会发现这些行为是可理解的，看来是“有逻辑的”。但是如果我们试图去学习他们的语言，那么就会发现这是办不到的。因为在他们所说的、所发出的声音同他们的活动之间并没有有规则性的联系；但这些声音仍然不是多余的，因为，如果把他们中某个人的嘴堵上，那么其效果就如同把我们的嘴堵上一样；如果没有那些声音，他们的活动就会陷于混乱——用我想用的说法。

我们是否应当说这些人有一种语言：命令、报告以及诸如此类的东西？

为了成为被我们称为“语言”的东西它还缺乏规则性。

208. 那么，我是不是用“规则性”来说明“命令”和“规则”呢？——我怎样向别人说明“规则的”、“一致的”、“同样的”的意义 83e
呢？——我可以对某个比如说只讲法语的人用相应的法语的词来说明这些词。但是，如果一个人还没有这些**概念**，那么，我就要用**实例**并通过**实践**来教他使用这些词。——而通过这样做，我就把我自己所知道的东西全都传达给了他。

在我教他的这个过程中，我要让他看种种同样的颜色，同样的长度，同样的形状，还要让他把它们找出来或做出来，如此等等。例如，我要指导他按照命令把一串装饰图案“一致地”继续延伸下去——而且也指导他继续一个级数。从而，举例来说，按照……他便做：……

我做什么，他就跟着我做什么；我用同意、反对、期待、鼓励等表示来对他施加影响。我让他就这样做下去，或者止住他，如此等等。

试设想你就是这一教学过程的见证人。在其中没有一个词是用它自己来说明的；没有逻辑循环。

“等等”、“如此等等以至无穷”之类的表达式也在这一教学过程中被说明。除了其他办法以外，一个手势就可以用来达到这个目的。意指“像这样继续做下去”或“如此等等”的手势其作用可同指着一个对象或指着一个地方的手势相比。

我们应当把作为缩写字符的“等等”同不是缩写字符的“等等”区别开来。“如此等等以至无穷”就不是一个这种缩写。我们不可能写出 π 的所有位数，这并不是人类的缺点，像数学家们有时认为的那样。

除了应用于所给的例子以外并不打算应用于任何其他东西的教学不同于那些“指向”给定事例“之外”的教学。

209. “但是，那么我们的理解就不能超出这些例子吗？”——一个非常奇怪的表述，然而又是一个十分自然的表述！——

但是，那就是全部吗？是不是还有一种更深的说明；或者至少对说明的理解就不能更深一些吗？——可我自己是不是有更深的理解呢？我所*有*的是不是比我在说明中给出的更多些？——但那样的话，这种我所有的要更多些的感觉是从哪里来的呢？

这是不是就像我把没有限制的东西解释为超过一切长度的长度那种情况呢？

210．“但你是真的把自己所理解的东西向别人说明了吗？你
难道不是只让他*猜测*本质的东西吗？你给他举例子，——但他必 84e
须猜测这些例子的趋向，猜测你的意图。”——我对自己所能给出
的一切说明都已给了他。——“他猜测我的意图”就意味着：在他
的心中出现对我的说明的各种各样解释，而他猜了其中的一个。
所以，在这种情况下他能够提问；而我则能够并且应当回答他。

211．“在延伸一串装饰图案的教学中，不管你如何教他，——他怎么能*知道*他自己如何继续进行下去呢？”——可是，*我*是怎么知道的呢？——如果那意味着“你有根据吗？”那么回答就是：我的根据很快就会用完。而那时，我就行动而没有根据。

212．在我所畏惧的某个人命令我把这个序列继续下去时，我便迅速地、完全确定地行动起来，缺乏根据并不使我感到为难。

213．“但是，对序列的这个初始段显然容许有各种各样的解释（例如，通过一些代数表达式），因此，你首先必须选择*一个*这种解释。”——根本不是这样。在某些情况下怀疑是可能的。在那并不是说，我曾经怀疑，或者甚至也不是说我曾经能够怀疑。（有一

些与此相联系的东西还要说一说，即关于一个过程的心理“气氛”的东西。）

所以只有直觉才能消除这种怀疑吗？——如果直觉是一种内在的声音——我怎么知道我该*如何*服从它？而且，我怎么知道它不会把我引入歧途？因为，如果它能够正确地引导我，它也就能够错误地引导我。

（直觉是一种不必要的遁词。）

214. 如果你必须有一种直觉才能把序列 1 2 3 4 …发展下去，那么，为了把序列 2 2 2 2 …发展下去你也必须有一种直觉。

215. 但是，至少*相同的东西*是相同的，难道不是吗？

看来，我们有一种正确无误的同一的范例即事物自身的同一。我要说：“在这里就不可能有不同的解释。你看到一个事物，也就看到了同一性。”

那么，是不是当两个事物就像*一个*事物那样时，这两个事物就是相同的？我又怎么能把一个事物显示给我的东西应用到两个事物的情况上去呢？

216. “事物与其自身同一。”——再也没有比这更好的无用命题的例子了，但它还是与想象力的某种作用有关。这就好像我们在想象中把一个东西放到它自身的形状中去并且看出来它是适配的。

85e 我们也可能说：“每个事物都与自身适配。”或者说：“每个事物都与它自己的形状适配。”我们看着一个事物的同时就想象有一个为该事物留出的空白，而现在该事物就恰好配进了这个空白。

那么这个黑色斑点 ● 是不是**配进**了它周围的白色边缘？——如果我们说在黑色斑点的位置上原来有一个洞，然后这黑色斑点配入了这个洞，那么**情况便是这样**。但是当我们说“它适配”时我们并不就是仅仅描述这种现象，并不就是仅仅描述这种**情况**。

“每一个有色的斑块都恰好与其边框适配”，这是同一律的比较特殊的形式。

217．“我是怎样才能遵守一条规则的？”——如果这不是一个有关原因的问题，那么就是一个有关对我**这样地**按照这个规则而行事所作的辩护的问题。

如果我穷尽了这种根据，我就挖到了坚硬的基岩，而我的铲子就弯了回来。这时我就会说：“我就是这样行事的。”

（请记住：我们有时需要说明并不是因为其内容的缘故，而是因为其形式的缘故。我们的需要是一种建筑学的需要；说明有时只是一种不支撑任何东西的墙面缘饰。）

218．一个序列的开头乃是不可见地铺向无限远的路轨的可见的一段——这种看法是从哪里来的？好吧，我们可以来考虑路轨而不去考虑规则。无限长的路轨相应于规则的无限制的应用。

219．“实际上所有的步骤都已采用”意味着：我已别无选择。规则一旦被印上一种特定的意义，就画出这样一些线来，在所有情况下我们都应按照它们来遵循规则。可是,如果这样的某种东西真的发生了,那么它会对我有什么帮助呢?

不;我的描述只有在被象征地理解时,才有意思。——我应当说的是:**我就是这样想它的**。

当我遵守规则时,我并不选择。

我**盲目地**遵守规则。

220. 但是,那个具有象征意义的命题的目的是什么?它被认为是突出了因果地决定和逻辑地决定这二者之间的区别。

221. 我的具有象征意义的表述实际上是对规则的使用所作的神话式的描述。

86e 222. "这条线提示我应当走的路。"——但那当然只是一幅图画而已。如果我似乎不负责任地判断说,这条线向我提示这或提示那,那么我就不应该说我把它当作规则那样来遵循。

223. 人们并没有感到他们非要等待规则的点头示意(或暗中示意)不可。相反,对于规则接下来将要告诉我们什么我们并不感到提心吊胆。它总是告诉我们同样的东西,而我们则照它告诉我们的去做。

人们可能会对接受其训练的人说:"你看,我总是做这同一件事:我……"

224. “一致”和“规则”这两个词是互相关联的，它们是表兄弟。如果我教给某人其中一个词的使用，他也就一起学会了另一个词的使用。

225. “规则”和“相同”这两个词的使用是互相交织的。（如同“命题”一词的使用和“真”这个词的使用互相交织一样。）

226. 假定某个人通过写出序列 2x+1 而得到数 1,3,5,7…[①]于是他问自己：“我总是在做同样的事还是每次都在做不同的事？”

假如一天又一天，你都答应说：“明天我会来看你”——你每天都在说相同的东西还是每天都在说不同的东西？

227. 下面这种说法有没有意思？“假如他每次都做不同的事，那么我们就不应当说他在遵守规则。”没有意思。

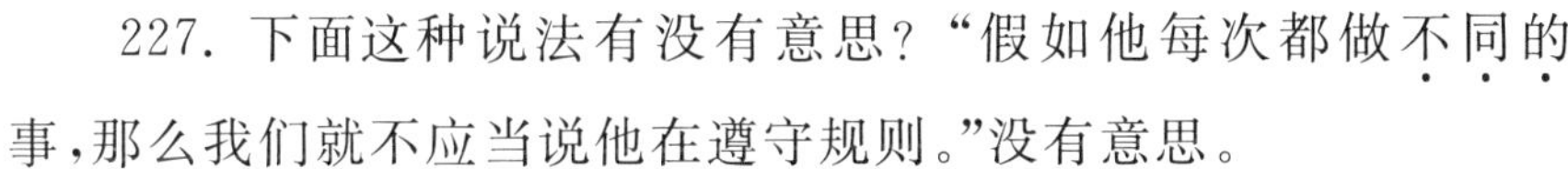

228. “规则对于我们来说有一种容貌！”好吧，但是是什么容貌？是代数的，是展开式中的一段。还有没有别的？——“但是在其中已有了一切！”——但这并不是对序列的这一段，或对我们已注意到的某种东西的认定，而是对于下面这件事的表述：我们仅仅只看着规则的嘴并据之而行事，我们不企求任何其他的指引。

① 此处维氏原稿为“假定某个人按照系列 $X=1,3,5,7,\cdots$ 写出系列 X^2+1”。正文中的文字是英文编者改的。——校注

229. 我相信我在一段序列中感知到某种精细的图样，一种特征性的花样，在它后面只需要加上“等等”就可以抵达无限。

230. “这条线提示我应当走哪一条路”，这只是下面这句话的另一种说法：它是对我应走哪一条路的**最后的**仲裁者。

87e 231. “但是，你当然能够看到……”这正是一个受规则强制的人的特有的表白。

232. 让我们想象这样一种规则，它提示我应如何遵循它，也就是说，当我的目光沿着那条线移动时，我的内心有一个声音说：“往**这边**！”——这个遵循一种灵感的过程和那个遵循一条规则的过程之间的区别是什么？因为，它们确实是不同的。在灵感的情况下我**等待**指引。我将不可能将我追随这条线的“技能”教给其他任何人。的确，我可以教给他某种倾听法，某种接受性。但当然，那样的话我就不能要求他同我一样地追随这条线。

这些并不是我根据灵感行动和按照规则行动的经验；它们是语法的注解。

233. 想象对某种算术进行这样的训练也是可能的。儿童会进行计算，每个儿童都有他自己的方式——只要他们只倾听内在的声音并追随它。这种方式的计算与作曲有些相似。

234. 但是，我们难道就不可能像实际进行计算那样（全体一致地,等等)去计算,同时却又在每一步上感到被规则所指引,就像中了咒语一样;也许对于我们之保持一致感到惊奇?(比如说,为了这种一致而感谢神灵。)

235. 这仅仅只是要使你看到,在日常生活中我们称之为“遵循一条规则”的东西,其面容相貌中都有些什么。

236. 计算奇才能够得出正确的答案,但却说不出是如何得出的。我们是否应当说他们并没有计算?(实例的家族)

237. 请想象某个人以下面这种方式把一条线当作规则来遵循:他拿着一支两脚规,使一个针尖沿着规则一线移动,此时另一个针尖则画出一条遵循规则的线来。当他这样沿着该规则移动时,他改变着两脚规的张角。在整个时间看到他显然以极大的精确性注视着规则,似乎他的做法就是由这规则决定的。可是我们对他的观察,却看不到在两脚规的开合中有什么规则性。我们不能由此看出他遵循这条线的方式。在这里,我们也许真会说:“原来的那条线似乎提示给他应当往哪儿走。然而它却并不是规则。”

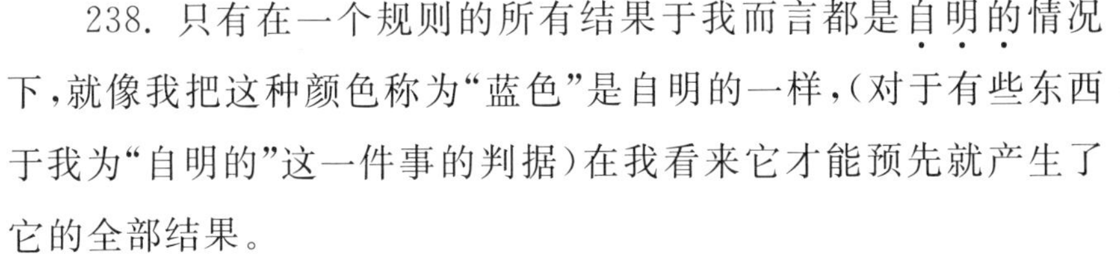

238. 只有在一个规则的所有结果于我而言都是**自明的**情况
下,就像我把这种颜色称为“蓝色”是自明的一样,(对于有些东西 88e
于我为“自明的”这一件事的判据)在我看来它才能预先就产生了
它的全部结果。

239. 当他听到“红”的时候，他是怎么知道该选取什么颜色的？——很简单：他拿的颜色就是当他听到这个词的时候他心中就出现其意象的那种颜色。——然而他怎么知道“他心中出现其意象的”是哪一种颜色的呢？对此是否还需要进一步的判据？（当一个人听到这个词“……”时，的确有一个选定所出现的颜色的过程。）

“‘红’就意味着当我听到‘红’这个词的时候，我心中出现的那种颜色”——这将是一个**定义**。这不是对于把一个词作为一个名称来使用是**怎么回事**这一点所作的说明。

240. 人们（例如数学家们）并不争论规则是否已被遵循。比如说，人们并不为此而打架。这也属于使我们的语言得以有效地工作（例如，给出一种描述）的那个框架。

241. “那么你就是在说，人们的一致决定了何者为真，何者为假？”——为真和为假的乃是人类所**说**的东西；而他们互相一致的则是他们所使用的**语言**。这不是意见上的一致而是生活形式的一致。

242. 为要通过语言进行沟通，那就不仅要有定义的一致而且还要有（尽管这听起来很奇怪）判断上的一致。这似乎要废除逻辑，但却并非如此。——描述测量的方法是一回事，而获得并陈述测量的结果则是另一回事。然而我们所谓的“测量”部分地也是由测量结果中的某种恒常性所决定的。

243. 一个人可以鼓励自己，可以对自己下命令、可以服从自己、责备自己、惩罚自己、对自己提问题和对之给出回答。我们甚至能够想象只能进行独白的人们；他们的活动伴随着自言自语。——一个观察着他们并且倾听他们的言语的研究者可能会成功地将他们的语言翻译成我们的语言。（这就会使他能够正确地预言他们的行为，因为他也听到了他们作出决断和决定。）

然而我们是否也能想象这样一种语言，一个人可以用这种语言写下或者说出他的内在经验——他的感情、情绪以及其他——以供他个人使用？——我们就不能用我们的日常的语言来这样做吗？——但是我的意思并不是这个。这种语言的单词所指的应该 89e
是只有说话的人知道的东西，是他的直接的私人感觉。因此，另一个人是不可能懂得这种语言的。

244. 词是怎样**指称**感觉的呢？——这里似乎并不存在任何问题；我们难道不是每天都谈到感觉，并且对种种感觉给予名称吗？然而名称和被命名的东西之间的联系是怎么建立的？这个问题也就是：人是怎么学会感觉名称例如“痛”一词的意义的？下面是一种可能：词与感觉的原始、自然的表述相联系并且用在这些地方。孩子弄伤了自己，哭喊起来；于是大人就对他说话，教给他喊叫，之后又教给他语句。他们教给这个孩子新的疼痛行为。

“那么你是在说‘痛’这个词实际上指的就是哭喊？”——相反：痛的言语表达代替了哭喊而不是描述了哭喊。

245. 我怎么能够借助于语言介入于痛及其表达之间呢？

246. 在什么意义上说我的感觉是*私人的*?——是呀,只有我能知道我是否真的痛;其他人对之只能加以推测。——从某个方面来说这是错误的,而从另一方面说这是无意思的。如果我们按通常的用法来使用“知道”这个词(我们还能有什么别的用法呢?),那么其他人十分经常地知道我什么时候痛。——是的,但尽管如此,总不像我自己知道那样地确定无疑。——对于我根本不能说我*知道*我痛(除非比如说,是在开玩笑)。这句话除了意指例如我(*有*)疼之外还能意指什么?

我们不能说其他人*仅仅*是从我的行为来获知我的感觉的,——因为对于*我*,并不能说我获知了我的感觉。我*有我的感觉*。

下面的说法是对的:说其他人怀疑我是否(有)痛,那是有意思的;说我自己怀疑就没有意思。

247. “只有你才能知道你是否有那个意向。”在向别人说明“意向”一词的意义时就可能这么说。而这就意味着:我们就是*这样地*使用这个词的。

(而此处“知道”意味着不确定性的表达是无意思的。)

90e 248. “感觉是私人的”这一命题与“人们只能单独地玩单人牌戏”可以相比。

249. 当我们假定说,襁褓中的婴儿的微笑不会是假装的,我们是否可能过于性急了?——而且我们的假定是基于什么经验呢？

（说谎是一种语言游戏，就像任何其他语言游戏一样它也是需要学习的。）

250. 为什么狗不能假装痛呢？是它太诚实了吗？是否有人能教会狗来假装痛？大概有可能教会它在特定场合下就像感到痛一样地哮叫起来，尽管它并不感到痛。然而为使这种行为成为真正的装假行为所必需的环境在这里还不具备。

251. 当我们说“我不能想象与此相反的情形”或者“如果事情不是如此，那会是什么样子呢？”我们意味着什么？——例如，当有人说我的意象是私人的，或只有我自己能够知道我是否感觉到痛，或诸如此类的话时。

当然，“我不能想象相反的情形”在这里并不意味着：我进行想象的能力不足以完成那个任务。我们用这些话来抵挡这样一些命题，这些命题由于其形式而冒充为经验命题，但实际上只是一种语法命题。

但是，为什么我们说“我不能想象相反的情形”？为什么不说：“我不能想象这件事本身”呢？

例如：“每根杆都有一个长度。”这好像意指：我们把某个东西（或*这个*）称为“杆的长度”——然而没有东西被称为“球的长度”。现在我能够想象“每根杆都有一个长度”了吗？不，我只想象出一根杆，如此而已。只是这幅图画在与这个命题相联系时，所扮演的角色完全不同于当另一幅画在与命题“这张桌子同那边那张桌子具有相同的长度”相联系时所扮演的角色。因为，在这里我懂得具有相反情形的图画指的是什么（而且它也不一定只是心中的图画）。

但是那个附着于语法命题的图画却只表明了，比如说，人们将什么称为“杆的长度”。那么，相反的图画能是什么呢？

（关于先天命题的否定的论述。）

252.“这个物体具有广延。”对此我们本可以回答说：“废话！”但我们却倾向于回答“那当然！”——这是为什么？

91e 253.“别人不能具有我的痛。”——什么是*我的*痛呢？在这里被当作同一性的标准是什么呢？想想看，对物理对象而言，是什么东西使我们能够说“二者完全一样”，例如说“这把椅子不是你昨天在这里看到的那把椅子，不过它与那把椅子完全一样”。

如果“我的痛与他的痛一样”，这种说法是有*意义*的，那么我们两人具有同样的痛就是可能的。（而且还可能想象两个人在同样的——不只是对应的——地方感到痛。例如，这可能是暹罗连体双生儿的情形。）

我曾经见过一个人，在一次有关这一题目的讨论中，他捶着自己的胸前说：“别人肯定不会感受到*这个*痛！”对此的回答是，人们并不能通过强调地重读“这个”一词来规定同一性标准。这一强调宁可说只是欺骗了我们，因为它向我们做了这样的错误暗示：即我们对这种同一性判据本来是熟悉的，只是还需要被提醒一下。

254. 以“同一”替换“相同”(举例来说)是哲学上另一种典型的权宜手段。似乎我们谈论的是意义的细微差别,而全部问题就是寻找一些词来准确地表示这些细微差别。其实在哲学上这只有在我们必须对使用某种特定表达方式的诱惑作出确切的心理学说明时才会成为问题。这种情况下,我们“受诱惑说的东西”当然并不是哲学;但却是哲学的素材。因此,比方说一个数学家对数学事实的客观性和实在性所想说的东西,就不是一种数学哲学,而是需要进行哲学**处理**的某种东西。

255. 哲学处理问题就有如治病一般。

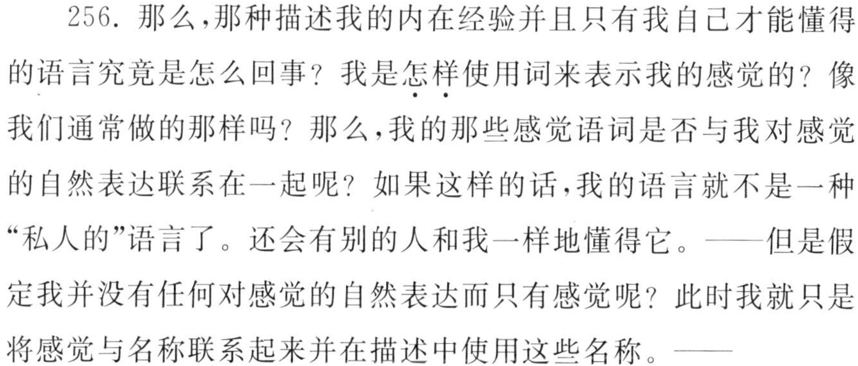

256. 那么,那种描述我的内在经验并且只有我自己才能懂得的语言究竟是怎么回事?我是**怎样**使用词来表示我的感觉的?像我们通常做的那样吗?那么,我的那些感觉语词是否与我对感觉的自然表达联系在一起呢?如果这样的话,我的语言就不是一种“私人的”语言了。还会有别的人和我一样地懂得它。——但是假定我并没有任何对感觉的自然表达而只有感觉呢?此时我就只是将感觉与名称**联系**起来并在描述中使用这些名称。——

257. “如果人类没有表现出他们的痛(他们没有呻吟,他们的 92e
脸也没有因之而变形,等等)那会是什么情形?那就不可能教会孩子使用‘牙痛’一词。”——好吧,让我们假定这个孩子是个天才,他自己为这种感觉发明了一个名称!——但这样的话,当他使用这个词时他是不能使别人理解他的意思的。——因而,他懂得这个词而只是不能向其他人说明它的意义吗？——那么说他已经“给他的痛命名”这意味着什么？——他是怎样对痛进行这一命名的？！而且不管他怎么做，他的目的是什么？——当人们说“他为他的感觉起了一个名称”时，他们忘记了如果要使纯粹的命名活动有意义，在语言中我们需要对其做大量的准备工作。而当我们说某人给痛起了一个名称时我们所准备的就是“痛”这个词的语法；该语法指示了那个新词所应处的位置。

258. 让我们想象下述情况。我想用日记记下某种感觉的重复出现。为此，我把它与记号“E”相联系并在我具有这种感觉的日子在日历上写下这个记号。——首先我要说，不可能给出这个记号的定义。——但我仍然能够给自己一个某种类型的实指定义。——怎样给出？我能指着这个感觉吗？在通常的意义上不能。但是我在说出或写下这个记号的同时把我的注意力集中在这个感觉上——这样，可以说我是在心中指着它。——但是这一套仪式的目的何在？因为看起来它只是这样的一个仪式而已。而定义当然是用以确立一个记号的意义的。——是呀，那正是通过集中我的注意力来完成的；因为我正是以这种方式把记号与感觉的联系印在自己的心中。——但是“我把它印在自己的心中”只能意味着：这一过程使我在将来能*正确地*记得这种联系。但在现在的例子中我并没有正确性的判据。人们在这里会说：在我看来是正确的无论什么东西都是正确的。而这只意味着我们在这里不能谈论“正确”。

259. 私人语言的规则只是对规则的印象？——人们用来称量印象的天平并不是对天平的印象。

260. “噢，我相信这又是感觉 E。”——也许你相信你相信它！

那么那个在日历上作记录的人什么也没有记下吗？——别以
为一个人做一个记号，比如做在日历上，就当然是做了一个对某件 93e
事的记载。因为记载总有一种功用，但是这个“E”到现在为止还
没有。

（人们能与自己谈话——如果一个人在没有其他人在场时说话，这就意味着他在对他自己说话吗？）

261. 我们有什么理由把“E”称为一种感觉的记号？因为“感觉”是我们共同的语言中的词，而不是只有我一个人懂的语言中的词。所以这个词的使用需要有一种人人都懂的辩白。——下面这种说法也并没有什么帮助：“E”不一定要是一种感觉；在他写下“E”时，他有某种东西——而这就是所能说的一切。但是“有”和“某种东西”也属于我们的共同语言。——这样，当一个人在从事哲学时，最后就会走到这一步：他想仅仅发出一种不甚清楚的声音。——但是这样一种声音，只有当它处于一个现在就应加以描述的特定的语言游戏中时才成为一个表达。

262. 人们可能说：如果你对一个词给自己下了一个私人定义，那么你就一定得在内心里做到以如此这般的方式使用这个词。

你是怎样**做到**的呢？是不是要假定你发明了使用这个词的技巧；或者假定你发现这种技巧是现成的？

263.“但是我可以（在内心里）做到在将来把**这**称为‘痛’。”——“然而能肯定你做到了这一点吗？你是否确信只要把你的注意力集中于你的感觉就足以达到这个目的了？”——一个奇怪的问题。——

264.“一旦你知道这个词代表**什么**，你就懂得它，你就知道它的整个使用。”

265. 让我们设想一张表（某种类似于词典的东西），它只存在于我们的想象之中。词典可以用来对词 X 翻译成词 Y 作出辩白。但如果这样一个表只能在想象中查对，那么我们还把这种情况称为辩白吗？——“是的；那么这就是一种主观的辩白。”——然而辩白就在于求助于某种独立的东西。——“但是我当然能从一个记忆求助于另一个记忆。例如，我不知道我是否正确地记住了一辆火车的开出时间，为了进行核查，我就在心中回忆火车时刻表的那一页看上去是什么样子。这儿的情况不是一样的吗？”——不；因
94e 为这一过程需要产生一种实际上是**正确**的记忆。如果时刻表的意象本身是否正确并不能被**检验**，它怎么能够确认第一个记忆的正确性呢？（正如同一个人买了许多份同样的报纸来使自己相信报纸上说的东西是真的。）

在想象中查表并不就是查表，正如一个想象的实验的结果的

意象并非就是实验结果一样。

266. 我可以看钟以了解时间:但我也能看钟的表盘以**猜测**时间;或者出于同样的目的,拨动钟的指针,直到我觉得正确为止。所以,用看钟来定时间可以有不止一种方式。(在想象中看钟。)

267. 假定为了要辩白我在想象中建造的桥梁的尺寸,我在想象中对桥梁材料进行负荷试验。当然,这就是想象所谓的对桥梁尺寸选择的辩白。然而我们是否也应当把这称为对想象的尺寸选择进行辩白?

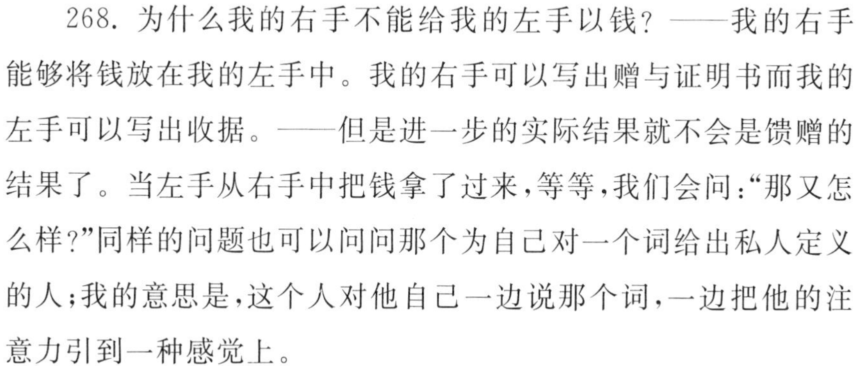

268. 为什么我的右手不能给我的左手以钱?——我的右手能够将钱放在我的左手中。我的右手可以写出赠与证明书而我的左手可以写出收据。——但是进一步的实际结果就不会是馈赠的结果了。当左手从右手中把钱拿了过来,等等,我们会问:“那又怎么样?”同样的问题也可以问问那个为自己对一个词给出私人定义的人;我的意思是,这个人对他自己一边说那个词,一边把他的注意力引到一种感觉上。

269. 让我们回忆一下,在一个人的行为中,有某种标准可判别他不懂得某个词,该词对他来说一无所指;也一无所用。还有一种标准可判别他“自以为他懂”,给这个词附上某种意义,但不是正确的意义。最后,还有判别他正确地理解这个词的标准。在第二种情况中,我们可以说是一种主观的理解。我们可以将其他任何人都不懂而我“**似乎懂**”的声音称为一种“私人语言”。

270. 现在让我们想象在我的日记中记号“E”的记录的一种用
95e 法。我发现每当我具有一种特定的感觉时，血压计就显示出我的血压升高了。因而我就能够不使用任何器械而说出我的血压是在升高。这是一种有用的结果。现在，我是否**正确**地重新认出了这个感觉似乎无关紧要。就是假定我有规则地把它认错了也毫无关系。就这一条已表明关于我弄错的假设只是一个骗局。（我们可以说转动了这样一个旋钮，它看起来似乎可以用来启动机器的某个部分；但它却仅仅只是一种装饰，与机械装置毫无关系。）

在这里我们有什么理由称“E”是一种感觉的名称呢？也许是这记号在这个语言游戏中被使用的这种方式。——那么为什么是一种“特定的感觉”，每一次都是相同的呢？是的，我们假定每一次都写下“E”。

271. “想象有这么个人他不能记住‘痛’这个词所意指的**东西**”——这样他就经常用这个名称来称呼不同的事物——但他使用这个词的方式仍然与痛的惯常症候及其预设一致——简言之他像我们所有人那样地使用这个词。对此我就可能会说：一个可以自己转动而并无其他东西随之而动的轮子并不是机械装置的一部分。

272. 关于私人经验的根本的东西其实并不是每个人拥有他自己的范本，而是没有人知道究竟其他人有的也是**这个**还是另外的某种东西。因此下面这个假设是可能的——尽管无从证实——

人类的一部分对红有一种感觉而另一部分人却有另一种感觉。

273. 关于“红”这个词我想要说些什么呢？——它指的是某种“面对着我们所有人的”东西，而且除这个词外，每个人其实都应当有另一个词来意指他自己对红的感觉？或者是不是这样：“红”这个词意指人所共知的某种东西；此外，对每一个人来说，它还意指只有他才知道的某种东西？（或者这样说可能更好些：它指称只有他才知道的某种东西。）

274. 当然，说“红”这个词“指称”而不是“意指”某种私人的东西，也丝毫不能帮我们把握它的功用；然而对于哲学研究中的某种特定经验来说它是在心理上更为适当的表述。这就好像当我说出这个词时我还对这种私人感觉投以一瞥，就好像是为了对我自己说：我完全知道我用它来意指什么。

275. 请你看着天空的蓝色并对你自己说：“天空多么蓝呀！”——当你自发地这样做时——并无哲学意图时——你心中根本不会有下面这个想法：这个对颜色的印象仅仅属于你。而且你会毫不犹豫地对旁人喊出那种感叹。在你说这话时如果你指着什么东西，那你指的就是天空。我说的是：你并没有指向你自己的感受，而当人们考虑“私人语言”时，这种感受是往往要伴随着“对感觉的命名”的。你也不会认为你本来不应当用手而只应用你的注意力来指向那种颜色。（考虑一下“用注意力指向某种事物”意指什么。） 96e

276. 但是，当我们看到一种颜色并对我们的颜色印象命名时，我们难道不是至少意指了某种十分确定的东西吗？就好像我们从所看到的对象上剥下一张膜那样把颜色印象剥了下来。（这应当引起我们的怀疑。）

277. 但是我们怎么可能竟被引诱着认为：我们有时候用一个词去指人所共知的颜色——有时候又用这个词去指我现在具有的"视觉印象"？这儿怎么会有这么大的诱惑？——在这两种情况下我并不是把同样的注意转向颜色。当我意指只属于我的（这是我喜欢的说法）颜色印象时，我把自己沉浸在这颜色之中——颇像我"没能看够颜色"时那样。因此当一个人看着一种明亮的颜色或者看着一种能给人以深刻印象的颜色组合时就比较容易产生这种经验。

278. "我知道绿色在我看来是怎样的"——真的，这是有意思的！——当然了：但你想到了这个命题的什么使用呢？

279. 试想象有人这么说："但是我当然知道我有多高！"并且把手放在他的头顶以证明这一点。

280. 有人画了一幅画来表现他想象的一个戏剧场景。而现在我说："这幅画有双重功能：它把信息通知其他人——就像通常画和语句所做的那样——但对于那个给出信息的人来说，它就是另一种不同的描述（或者说，另一条不同的信息？）：对他来说这是他的意象的图画，而这对其他人而言是不可能的。对他来说，他对这图画的私人印象意指他所想象的东西，而对其他任何人这图画就不可能意指这种东西。”——那么我凭什么在第二种情况下说到 97e
描述或一条信息呢？——如果这些词在第一种情况中是被正确地使用的话。

281. “但是，你所说的一切最终不就归结为这样一点吗：如果没有痛这一行为(举例来说)就没有痛存在？”——其结果就是：只有对于活着的人和类似于(行为上类似于)活人的东西才能说：它有感觉；它看；它是瞎子；它听；它是聋子；他有意识或者无意识。

282. “但是在神话故事中瓦罐也是能看能听的呵！”(当然；但它也能说。)

“然而神话故事仅仅是虚构并非如此的情况：它并不是在说无意思的话。”——事情并不那样简单。说一个瓦罐讲话是假的还是无意思的？我们对于在其中可以说到讲话的瓦罐的那种情境有一幅清晰的图像吗？(甚至一首无意思诗的无意思与幼儿的咿咿呀呀的无意思也是不一样的。)

我们的确也说某个无生命的东西感到痛：例如在玩玩具娃娃的时候。然而对痛概念的这种使用是次要的。试设想这样一种情况，人们仅仅把痛归于无生命的东西；只可怜玩具娃娃！(当孩子们玩火车游戏时，他们的游戏同他们对火车的知识是有联系的。但是对于一个不知道火车的部落，其中的孩子还是可能从其他人那儿学会这种游戏，并玩这种游戏而并不知道这种游戏是在模仿什么东西。有人会说，这种游戏对于他们和对于我们意义并不相同。)

283. 是什么东西竟使我们有这样的想法：生物，物，能够有所感觉？

是不是我所受的教育使我注意自己的感觉从而导致这个想法并又将这种想法转移到在我之外的对象上去？是不是我认出来有某种东西在那儿(在我自身之内)，我可以把它称之为“痛”而并不与其他人使用这个词的方式相抵触？——我不会把我的想法转移到石头上，植物上，等等。

我难道不能想象我具有剧烈的痛，并在痛持续的时候我变成了石头？是呀，如果我闭上眼睛，我怎么知道我有没有变成石头？我是变成了石头，那么这石头是在什么意义上具有痛呢？我们在什么意义上把痛归之于石头呢？为什么在这儿痛非要有一个承担者呢?!

能不能说石头有一个灵魂，而这正是具有痛的东西？灵魂或痛与石头有什么相干？

98e 只有对于那种其行为与人类的行为相似的东西，人们才能说它具有痛。

因为人们必须把痛说成是一个物体的痛，或者，如果你愿意的话，说成是一个灵魂的痛，而灵魂则为某些物体所具有。而一个物体怎么能有一个灵魂呢？

284. 请看着一块石头并且想象它有感觉。——我们对自己说:人们怎么竟然会有把感觉归于物的想法呢?他们同样也可以把感觉归于一个数!——现在再看看一只打转的苍蝇,那么这些困难马上就消失了,看起来痛能够在这儿立住脚,而在此之前对于痛一切都可以说是太滑溜了。

因此,在我们看来一个尸体也就不可能有痛。——对活的东西和死的东西,我们的态度是不同的。我们所有的反应都是不同的。——如果有人说:“那不可能就那么简单地是由于活的东西是这样动而死的则不这样动”,那我就要提醒他,这是“从量到质”的转变的一个实例。

285. 想一想对面部表情的识别。或者想一想对面部表情的描述——这并不在于给出那张脸的量度。再想一想我们怎么能够不在镜子里看自己的脸就模仿一个人的面部表情。

286. 但是,说身体具有痛那可不是很荒谬吗?——为什么人们会感到这种说法荒谬呢?说我的手并不感到痛而是我感到我手上的痛,这种说法在什么意义上是正确的?

这是一个什么样的问题:感到痛的是不是身体?——应当如何判定它呢?是什么使得那种不是身体感到痛的说法似乎有道理?——也许是像这样的东西:如果某人手上觉得痛,那么手并没有这样说(除非手把它写出来),而且别人也不去安慰手,而是安慰忍受痛苦的人:人们对着他的脸看。

287. 我怎样来对这个人满怀怜悯呢?作为我怜悯的对象的

东西是怎么显示自己呢?(人们也许会说,怜悯是一种确信某个其他人感到痛的形式。)

288. 我变成了石头,而且我的痛还在继续。——假定我错了,它不再是*痛*了呢?——然而在这儿我不可能错;怀疑我是否感
99e 到痛,这是毫无意思的!——这意味着:如果有人说:“我不知道我所感到的是痛还是什么别的”,那么我们就会想到也许他并不懂德语“痛”这个词指什么;而我们就会向他说明。——怎样说明呢?也许通过手势或者用针刺他一下说:“看,这就是痛!”这一说明,像任何其他说明一样,他可能会正确地理解,也可能会错误地理解或者根本不理解。他在这一场合,也像在其他场合中一样,将通过对词的使用来表明他是怎样理解的。

如果现在他说(举例来说):“噢,我知道‘痛’指什么;我所不知道的是,我现在所具有的*这个*,是不是痛?”——我们只能摇摇头并且不得不认为他的话是我们不知道该如何对待的一种奇怪的反应。(它就好像我们听到某人认真地说:“我清楚地记得在我出生之前的某个时刻我曾相信……”)

这种疑问的表达在语言游戏中没有它的位置;但是如果我们排除表达感觉的人类行为,看起来似乎我又*可以*重新开始怀疑了。我之所以要说人们可能把一个感觉当作某种与它本身不同的东西是因为:如果我假定从正常的语言游戏中取走感觉的表达,那么我就需要一种该感觉的同一性判据;而此时也就存在着错误的可能性。

289. “当我说‘我感到痛’时，我至少*在我自己面前*得到了辩白。”——这意味着什么？这是否意味着：“如果另外的某个人能知道我叫做‘痛’的是什么，他就会承认我对这个词的使用是正确的”？

不加辩白而使用一个词并不意味着不正当地使用它。

290. 当然，我所做的并非要用判据来认同我的感觉：而是要重复一个表达。然而这并不是语言游戏的*终结*：它是开端。

但是这个开端难道不是感觉——我所描述的感觉吗？——也许“描述”这个词在这里欺骗了我们。我说“我描述我心灵的状态”也说“我描述我的房间”。你需要想到各个语言游戏之间的差别。

291. 我们所谓的“*描述*”是有特定用途的工具。想一想工程师面前摆着的机械图纸，横剖面图，带有尺寸的正视图。把描述看成是事实的词语图像，这种看法含有致人迷误的因素：人们倾向于只想到挂在墙上的图画：它似乎只是描摹一个事物看上去是怎么样的，它是什么样子的。（这些图画好像是多此一举。）

292. 不要总是以为你所说的东西是你从事实中读出来的；是 100e
你按照规则用词语把它们描摹下来的。因为即使如此你也必须在没有指导的情况下把规则用于特定的场合。

293. 如果说到我自己，我说我只是从我自身的情况知道“痛”这个词指什么——那么，在说到别人时，我就一定不能也这么说吗？我怎么能如此不负责任地把一种情况加以普遍化呢？

现在有个人告诉我，他仅仅是从他自己的情况知道了痛是怎么回事！——假定每个人都有一个装着某种东西的盒子：我们把这种东西称之为“甲虫”。谁也不能窥视其他任何一个人的盒子，而且每个人都说他只是通过看到他的甲虫才知道甲虫是什么。——此时完全可能每个人盒子里都装着一些不同的东西。甚至还可以想象装着不断变化着的东西。——但是假定“甲虫”这个词在这些人的语言中有一种用法呢？——如果有的话，它不会用作一件东西的名称。盒子里的东西在该语言游戏中根本没有位置；甚至作为某种东西也不行，因为盒子甚至可能是空的。——不，盒子里的东西可以被完全“约简”；它被消去了，无论它是什么。

这就是说：如果我们以“对象和名称”的模式来解释感觉表达式的语法，那么，对象就会由于不相干而不被考虑。

294. 如果你说他看到他面前的一幅私人图画，对之他正在描述，那么你还是对他面前的东西作了一个假定。而且这意味着你能够或已经更详细地描述了这种东西。如果你承认，对于他面前的东西到底可能是什么你一无所知——那么是什么导致你说有某种东西在他面前呢？这不就好像我在谈到某个人时说：“他有某种东西。然而我不知道这是钱还是债务，或者是一个空的钱箱。”

295. “我仅仅从我自身的情况知道……”——这究竟是被用来充当哪一种命题的？经验命题吗？不。——语法命题吗？

假定每个人关于自己都说他只是从他自己的痛而知道痛是什

么。——并不是人们真的这么说，甚至也没有准备这么说。但是*如果*每个人都这么说——这可以是一种叫喊，甚至即使它不提供任何信息，它仍然是一幅图画，为什么我们不愿提醒自己这样一幅图画呢？请想象一幅代替这些话的写意画。

如果我们在研究哲学时察看我们自己，我们看到的常常正好是这样的图画。严格说来，它是我们的语法的图画表示。它不是 101e
事实；但可以说是配有插图的惯用语。

296. “是的，但是尽管如此，在那里还是有*某种东西*伴随着我的疼痛的叫喊。正是因为它我才会叫喊。这个某种东西正是重要的东西——吓人的东西。”——我们把这种东西告诉谁？又在什么场合？

297. 当然，如果水在壶中沸腾，蒸汽就冒出水壶；在画出来的壶上也冒着画出来的蒸汽。然而如果有人坚持说在画上的壶中也必须有某种东西在沸腾？

298. 我们总是那么喜欢说：“*这*是重要的东西”——一边私下指着感觉——这个事实本身已足够表明我们是多么倾向于说一些不给出任何信息的东西。

299. 当我们沉溺于哲学思想的时候，我们禁不住要如此这般地说，我们忍不住要这么说它——这并不意味着我们被迫作出一种*假定*，也不意味着对某种事态具有一种直接的知觉或知识。

300. 我们要说，在“他感到痛”这句话的语言游戏中起作用的不仅仅是行为的图画，而且也有痛的图画。或者，不仅仅是行为的范型，而且也有痛的范型。——说“痛的图画进入了‘痛’这个词的语言游戏中”，这是一种误解。痛的意象不是一幅图画而且**这个**意象在语言游戏中不能用我们称之为图画的任何东西来取代。——痛的意象确实在某种意义上进入了语言游戏；只是它并非作为一幅图画而进入的。

301. 一个意象并不是一幅图画，但一幅图画却可以与一个意象相对应。

302. 如果有人必须按照他自己的模型来想象另一个人的痛，那么这绝不是一件容易做到的事：因为我必须按照我**的确感到**的痛来想象我**没有感到**的痛。也就是说，我所要做的并不是简单地在想象中把一个地方的痛移到另一个地方，就像把手上的痛移到臂上那样。因为我并不是要想象我感到他身体的某个部位的痛。（这倒也是可能的。）

痛行为可以指向一个痛的地方——但是痛的主体是对痛作出表示的人。

102e 303. “我只能**相信**另一个人正在感到痛，但是如果我在感到痛我就**知道**这点。”——是的：人们能够作出决定，不说“他感到痛”而说“我相信他感到痛”。但是也就是如此而已。——在这儿看起来好像是一种说明的东西，或者像对于精神过程的一个陈述，实际上只是把一种表述换成另一种表述，换成在研究哲学中显得更为适当的表述。

请试一试——在真实的情况中——怀疑另一个人的恐惧或痛。

304.“但是你一定会承认在有痛的痛行为和没有痛的痛行为之间存在着一种差别吧？”——承认？还会存在什么更大的差别呢？——“但是你却一次又一次地得出这样的结论，感觉本身是无。”——根本不是那么回事。感觉不是某种东西，但也不是无！结论只不过是，无所起的作用恰好同我们对之什么也不能说的某种东西所起的作用是一样的。在这儿我们只是拒绝了企图强加给我们的那种语法。

只有当我们彻底摒弃了下面这种想法，即认为语言总是以一种方式起作用，总是服务于同样的目的：传达思想——该思想可以是关于房子，痛，善与恶，或者无论什么东西的，悖论才会消失。

305.“然而你肯定无法否认，例如在回忆时，有一个内在过程发生。”——是什么造成了这样的印象认为我们要否认什么东西呢？当人们说：“的确在这儿还是有一个内在过程发生”的时候——人们会接着说：“毕竟，你看到了它。”人们用“回忆”一词意指的正是这种内在过程。——认为我们想否认什么东西的印象产生于我们明确反对使用“内在过程”的图画。我们所否认的是内在过程的图画向我们提供了关于“回忆”一词之使用的正确观念这样一种看法。我们说这种图画及其派生物妨碍我们看清这个词本来的使用。

306. 我们为什么要否认存在着一种精神过程呢？但是“方才在我心中发生了回忆……的精神过程”这种说法的意思无非是“我方才回忆起了……”否认那种精神过程就意味着否认回忆；否认任何人曾经回忆过什么这回事。

307. “难道你真的不是一个伪装的行为主义者吗？难道说到底你不是在说除了人类行为之外一切都是虚构的吗？”——如果我
103e 说到过虚构，那么我所说的是**语法上的**虚构。

308. 关于精神过程和精神状态以及关于行为主义的哲学问题是怎样产生的？——第一步就完全没有引起人们的注意。我们谈到过程和状态而对它们的性质却不做决断。我们想——也许在什么时候我们可能对它们知道得更多些。但正是这一点使得我们形成了一种看待这件事的特殊方式。因为我们对于什么叫做学会更好地了解一个过程有着一种确定的概念。（在这场把戏中决定性的动作已经完成，而正是这一动作却被我们认为是完全无害的。）——现在，那个本应使我们更好地理解我们思想的类比解体了。所以我们就不得不否认那个处于尚未探究过的媒介中的尚不理解的过程。而现在看来好像是我们否认了精神过程。但是我们当然不想否认它们！

309. 你在哲学中的目的是什么？——给捕蝇瓶中的苍蝇指

明飞出去的途径。

310. 我告诉某人我感到痛。他对我的态度将是相信，不相信，怀疑，以及其他等等。

我们假定他说："这并不那么严重。"——这是不是就证明了他相信在痛的外在表达背后存在着某种东西呢？——他的态度就是对他的态度的证明。请你想象用本能的叫喊和手势来代替不仅仅"我感到痛"这句话，而且还有"这并不那么严重"这句回答。

311. "什么差别还能更大些?"——对于痛这个例子我相信我能够给自己私下展示这种差别。但是我能够向任何人展示折断的牙齿和未断的牙齿间的差别。——但是为了私下展示你不一定非得使自己有实际上的痛；*想象*它就足够了——例如，你的面部稍稍抽搐一下。你是否知道你给自己这样展示的是痛，而不是(举例来说)一种面部表情呢？而在你这样做之前你又怎么知道你要向你自己展示什么呢？这种*私下*展示是一种假象。

312. 但，牙齿的例子和痛的例子就不相似吗？因为一种情况下的视觉同另一种情况下的痛觉相对应。我向自己展示视觉的难易程度就和向自己展示痛觉的程度一样。

我们想象如下情况：我们周围的种种事物(石头、植物，等等) 104e
的表面有一些部位和区域当我们碰到它们时会在我们的皮肤上产生痛。(也许是由于这些表面的化学成分。但我们无须知道这一点。)在这种情况下，我们会说到某种带有痛斑的叶子，正如我们现在说某一特定植物的带有红斑的叶子一样。我假定,注意这些斑块和它们的形状对我们是有用的;我们可以从它们推出物体的重要性质。

313. 我们能够展示痛,正如我能展示红,展示直线和曲线,展示树和石头一样。——*这*就是我们*所谓*的“展示”。

314. 如果我想通过研究我现在感到的头痛以弄明白有关感觉的哲学问题,那么,这只是表现出一种根本性的误解。

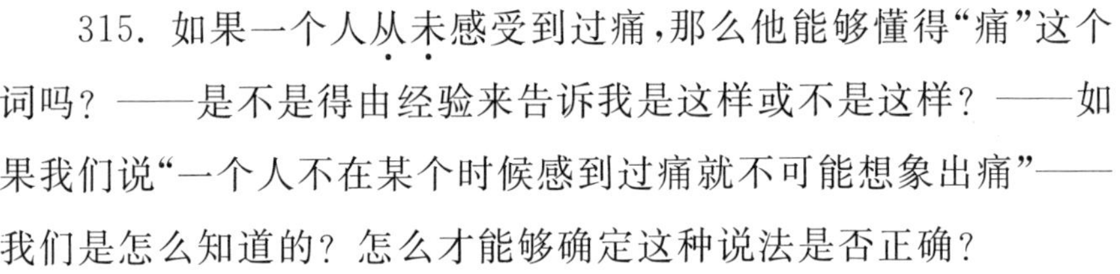

315. 如果一个人*从未*感受到过痛,那么他能够懂得“痛”这个词吗?——是不是得由经验来告诉我是这样或不是这样?——如果我们说“一个人不在某个时候感到过痛就不可能想象出痛”——我们是怎么知道的?怎么才能够确定这种说法是否正确?

316. 为了弄明白“思想”这个词的意义,我们就在我们思想的时候察看自己;我们观察到的就是这个词意指的东西!——然而这个概念并不是这样使用的。(这就好像是在不知道怎么下象棋的情况下企图通过仔细观察某局象棋的最后一步来弄懂“将死”这个词指的是什么。)

317. 致人迷误的对比:痛的表达是一声叫喊——思想的表达是一个命题。

就好像命题的目的是要向一个人传达另一个人的情况是如何

的：只是，可以说，是在他的思维部位而不是在他的胃里。

318. 假设我们一边说或写一边想——我的意思是说，就像我们通常所做的那样——我们一般不会说我们想得比说得快；在这儿思想与其表达似乎是**不会分开**的。然而在另一方面，人们确也谈到思想的速度；谈到思想怎样像闪电一样掠过我们的头脑；谈到问题对于我们怎样在一瞬间就变得清清楚楚，如此等等。因此，显而易见，人们要问，在闪电般的思想中发生的事情是否与边想边说时发生的事情相同——只是以极快的速度进行？这样在第一种情况下发条装置一下子就松了开来，但在第二种情况下则被词所制 105e
动而一点一点地松开。

319. 在完全相同的意义上，我能在一刹那间看清楚或弄懂一个完整的思想，就像我能用不多几个词或几道笔画把这思想记下来。

是什么东西使这个笔记成为该思想的缩影的呢？

320. 闪电般的思想与说出来的思想的关系可能就像代数公式与我据以算出的数列的关系一样。

例如，告诉我一个代数函数，我**肯定**我能对于 1，2，3，… 直到 10 的自变数计算出函数的值。人们将把这一确定性称为“理由充足的”，因为我已经学会了这种函数的计算，等等。在别的情况中确定性并没有任何理由——但是它将通过成功而得到辩白。

321. “当一个人突然理解的时候发生了些什么?”——这个问题的提法很不好。如果它是有关“突然理解”这个表达式的意义的问题,那么答案就不是要指出那个被我们给以这一名称的过程。——这问题也可能意味着:突然理解的标记是什么?它的具有刻画意义的心理伴生现象是什么?

(没有理由假定一个人能感觉到,例如,他的面部的表情变化,或对于一种情绪来说具有刻画意义的他的呼吸变化。哪怕只要他把注意力指向它们时,他便会立即感到它们。)(姿态)

322. 关于那个表达式意味着什么的问题并不能以这样一个描述来回答;这会使我们错误地作出结论,认为理解是一种特别的不可定义的经验。然而我们忘记了,应该使我们感兴趣的问题是:我们是怎么**比较**这些经验的?我们**确定了**什么样的同一性判据来判定这些经验的发生?

323. “现在我知道怎样接下去了!”是一个感叹句;它对应于本能的一声叫唤,高兴地一跳。它当然不是来自我的这样一种感觉,即感到如果我试图接下去时我不会发现自己被卡住了。——这儿也会有这样的情况,我会说:“当我说我知道怎么接下去时,我**那时确实**知道。”例如,当发生某种未预料到的干扰时,人们会这么说。但是,未预料到的一定不能仅仅只是我被卡住了。

106e 我们还可以想象这样一种情况:某人似乎总是一再地恍然大悟——他叫起来“现在我明白了!”但后来在实践时却又从来也没有表明他自己是对的。——对他来说似乎在转眼之间又忘记了浮现于他眼前的那幅图画的意义。

324. 下面这个说法是否正确？那是一个归纳问题；我肯定我能继续这个数列，正如我肯定只要我一松手这本书就会掉到地上一样；如果我在写出这个数列时突然卡住并且没有明显的理由，对此我不会比对下述情况更感吃惊：那本书在我手松以后仍然悬在空中不掉下来。——对此我会回答说，对这种确定性我们同样不需要任何根据。除了成功以外还有什么能够为这种确定性提供更好的辩白呢？

325. “在我们获得了这种经验——例如看到了这个公式——之后我便肯定能够继续下去，这种确定性纯粹是建立在归纳的基础上的。”这意味着什么呢？——“火会灼伤我的确定性是建立在归纳基础上的。”这是否意味着我对自己论证说：“火一向总是能灼伤我，因而现在也能灼伤我？”或者是否先前的经验是我的确定性的原因，而不是它的根据？先前的经验是否为确定性的原因这要取决于我们的假设的系统，自然律的系统，而确定性现象正是在这个系统中考虑的。

我们的信心是可辩白的吗？——人们会接受什么样的辩白——那是由他们如何思想，如何生活来表明的。

326. 我们预期这个，并对那个感到惊讶。但是理由之链总有尽头。

327.“人能不说而想吗?”——什么是*想*?——怎么,你不总是在想吗?你就不能观察你自己,看看到底进行着的是什么吗?这应当很简单。你不需要像等待一种天文现象那样去等待,然后或许又得急急忙忙去进行观察。

328. 那么,人们把什么东西包括在“想”之中呢?人们学会了使用这个词来表示的是什么?——如果我说我有思想——我一定总是正确的吗?——什么*种类*的错误在这儿会有地盘呢?有没有一种情况会使人们这样问:“那么我所做的事真的是想吗?我没搞错吗?”假定有人在一连串思想的半中间进行了某种测量:如果他在测量时对自己什么也没有说,他是否打断了那个思想呢?

107e 329. 当我用语言来思想时,除了语言表达式以外并没有什么“意义”呈现于我的心灵之中:语言自身就是思想的载体。

330. 思想是不是一种言语?有人会说,思想就是把有思想的话与没有思想的话区别开来的东西。——因而思想似乎就是言语的伴随物。一种可以伴随别的东西,或者也可以自身进行的过程。

请说这句话:“是的,这支笔是太粗了。噢,好吧,它可以用。”先边想边说,再不想而说,然后不用词而想这个思想。——我在写字时可能试试我的笔尖,脸上做个怪相——然后做一个无可奈何的手势继续写下去。——我也可能在进行一些测量时如此地动作,使得一个旁观者会说我在不用词而想:如果两个量与第三个相等,他们彼此是相等的。——但是在这里构成思想的并不是某种必须与词伴随的过程——如果这些词不是无思想地说出的话。

331. 试想象一个人只能出声地想。(正如有人只能出声地读一样。)

332. 我们有时也许称下述过程为“思想”:用一个精神过程伴随一个语句,但我们并不将那个伴随物称为“思想”。——说一个语句并且想一想它;带着理解地来说它。——现在,不说它而只做下面这件事,即当你带着理解地说它时伴随着它的那件事!(你来带着表情唱这个曲调。现在你不唱它,只是重复它的表情!——而在这里人们确实可以重复某种东西。例如,身体的动作,慢一些和快一些的呼吸,等等。)

333. “只有对此**确信不疑**的人才能那样说。”——在他那样说时确信是怎样帮助他的呢?它是不是就紧挨在说出的表达式旁边的什么地方?(或者它是不是被它所掩盖,就好像轻柔的声音被洪亮的声音所掩盖一样,因此当有人大声地表达它时,那轻柔的声音可以说就不再被听到了。)如果有人要说“为了能够用记忆来唱一个曲调我们就必须在心中听到它并据此而唱”那又怎么样?

334. “那么,你实际上是想说……”——我们以这种用语来把某人从一种表达形式引导到另外一种表达形式。我们受到使用下面图画的诱惑:他实际上“想要说”的东西,他“意指”的东西,甚至在我们把它表达出来之前,就已经在他心中**某个地方呈现了**。许 108e

多不同的事物都可能诱使我们放弃某种表达而代之以另外一种表述。要理解这一点，考虑一下数学问题的解决同提出这些问题的上下文和根据之间的关系是有用的。“用直尺和圆规三等分角”的概念，一方面是在人们试图去做这件事时；另一方面是在业已证明没有这样的事情的时候。

335. 当我们作出努力——比如说在写信时——为我们的思想寻找正确的表述时，发生了什么事情？——这种说话方式是把该过程与翻译或描述的过程相比照了：思想就在那里（也许早已存在），我们只是寻求它的表述。这幅图画或多或少地适合于不同的情况。——但是在这里不是各种事情都会发生吗？——我投入一种心境，随之这种表达就来了。或者我想到一幅图画并且尝试去描述它。或者我想到一个英语的表述，接着试图找出相应的德语表述。或者我做出一种手势并问自己：什么话对应于这种手势？如此等等。

现在如果有人问：“你在找到表述之前有那种思想吗？”应当怎样回答呢？而对于问题：“如果思想在表述之前即已存在，那么它到底是什么？”又该如何回答？

336. 这个情况同下面这个情况类似：有些人设想人们不能简单地用德语或拉丁语的那种出奇的词序的原样来想一个语句。你必须先想这个语句，然后再把词排列成那种奇怪的次序。（一位法国政治家曾经写道，法语的独特之处就在于它的词是按照人们想它们的次序出现的。）

337. 但是难道我不是在一个语句的一开始就意欲了(举例来说)语句的全部构成吗？因此，它一定在我大声说出来之前就已经在我的心中存在着了！——如果它存在于我的心中，那么它一般说来是不会以某种不同的词序而存在的。然而在这里我们在构造关于“意向”的引人误解的图画，也就是说，关于这个词的使用的引人误解的图画。意向是植根于情境中的，植根于人类习惯和制度中的。如果象棋的技术并不存在，我就不可能有去下棋的意图。如果我的确事先就意欲了语句的构成，那么这之所以可能乃是由于我能够说德语。

338. 总之，一个人只有学会了说话，他才能说某种东西。谁**要想**说些什么就必须掌握一种语言；然而，人们显然能够想说而不说。正如一个人可以想跳舞而不跳舞一样。

当我们想到这一点时，我们便抓住了跳舞说话等等的**意象**。

339. 思想并不是一种赋予言说以生命和意思的非实体的过 109e
程，它不可能像魔鬼从地上拾起施勒米尔的影子那样，与说话分离开来——然而它怎么会“不是一种非实体的过程呢”？那么，是不是我对非实体过程很熟悉，只不过思想不是其中之一罢了？不；我是借用“非实体的过程”这一短语来帮助我摆脱当我试图以原始的方式说明“思想”这个词的意义时所陷入的困境的。

然而，人们当然可以说“思想是一种非实体的过程”，只要他是用这句话来区别“思想”一词的语法和，比如说，“吃”一词的语法。只是那种说法使得两种意义之间的差异显得**过于微小**了。(这就好像说:数词是现实的对象,而数是非现实的对象。)一个不恰当的表述方式是保持处于混乱状态的可靠手段。它可以说把出路给拦断了。

340. 人们不能猜测一个词是如何起作用的。只有去**察看**它的使用并从中学习。

但是困难在于排除妨碍人们这样做的偏见。它并不是一种**愚蠢**的偏见。

341. 有思想的说话和无思想的说话可以与有思想或无思想地演奏一段音乐相比。

342. 威廉·詹姆斯为了表明无言语的思想是可能的,引用了一个聋哑人巴拉德先生的回忆录。巴拉德写道,在他少年时,还在他能说话之前,他已经有关于上帝和世界的思想。——他所能指的是什么呢?——巴拉德写道:“正是在那些令人愉快的出游中,那还是在我开始学习初步的书面语言之前大约二三年的时候,我就开始问自己这样的问题:世界是怎么形成的?”我们要问——你能肯定这就是把你的那种无言思想译成文字的正确翻译吗?而且为什么这儿会冒出这么个问题来呢?——本来这个问题似乎并不
110e 存在。我是不是要说作家的记忆欺骗了他呢?——我甚至并不知道我是否应当**这么**说。这些回忆是一种奇特的记忆现象,——我不知道从这些回忆中能对叙述它们的人的过去得出些什么结论。

343. 我用以表述我的记忆的话是我的记忆—反应。

344. 是否能够想象人们从不说一种可以听到的语言，但还是在心中，在想象中对他们自己说话呢？

“如果人们总是只在心中对自己说话，那么，他们就是一直在做他们现在有时才做的事。”——所以，很容易想象这一点：人们只需进行一个从一些到全体这一很容易的转换。（就像：“无限长的一排树只是没有尽头的一排树。”）我们据以判定某人在对他自己说话的判据就是他告诉我们的话和他的其他行为；而且我们只是对于能够说话（在这些词的通常意义上）的人才会说他在对自己说话。对于鹦鹉或留声机我们并不这么说。

345. “有时会发生的事情有可能总是发生。”——这是哪一类命题呢？它好像是这样的：如“F(a)”有意思则“(x) · F(x)”有意思。

“如有可能有某个人在某种游戏中走错一步，那就有可能每一个人在每一种游戏中每一步都走错。”——就这样，在这儿我们受到诱惑要去误解我们的表述的逻辑，要对我们的词的使用作出不正确的说明。

命令有时并不被服从。但是如果命令从未被服从过，那会怎么样呢？“命令”这个概念就失去了它的目的。

346. 然而我们就不能想象上帝突然给予一只鹦鹉理解力，于是它现在对自己说话了？——但是这里有一点很重要，那就是我为了这一想象而求助于对神的想象。

347."但是至少我从我自己的情况知道'对自己说话'意味着什么。而且如果我被剥夺了说话的器官,我仍然能对自己说话。"

如果我仅仅从我自己的情况中知道这个,那么我所知道的就只是我那样称谓的东西,而并不是其他人那样称谓的东西。

348."那些聋哑人只学了一种手势语言,但是他们中的每一
111e 个人在心中都用一种有声语言对自己说话。"——现在你还不理解这一点吗?——只是我怎么知道我是否理解了呢?!——我能用这个信息做什么(如果它是信息的话)?在这里,理解的整个观念变得靠不住了。我不知道我是否应当说我理解它或者没有理解它。我可以回答说:"它是一个德语语句;表面看来它完全正常——也就是说,在有人想用它来做些什么之前;它与其他语句的联系使我们很难说没有人真的知道它告诉了我们什么;但是凡没有因为从事哲学而变得麻木的人都会注意到这里有着某种不对头的东西。"

349."但是这个假定肯定是完全有意思的!"——是的;这些语词和这幅图画在通常条件下有着某种为我们所熟悉的应用。——但是如果我们假定一种在其中该应用消失的情况,我们就可以说我们第一次意识到了这些语词和这幅图画的光秃。

350."但是如果我假定某人有痛,那么我只是假定他有的和

我经常有的东西一样。”——这并没有使我们有所进展。这就好像我说：“你肯定知道‘这里现在是五点钟’指什么；所以你也知道‘在太阳上现在是五点钟’指什么。这只是指现在在那儿的时间就是现在在这儿五点钟的那个时间。”在这里，用*同一性*来作说明是不行的。因为我完全知道，人们可以把这里的五点钟与那里的五点钟称为“相同的时间”，但是我所不知道的是在什么情况下人们才该说这里和那里的时间是相同的。

下面这种说法同样地不是一种说明：假定他有痛也就是假定他有的和我有的相同。因为我十分清楚语法的*这*一部分：*只要*人们说炉子有痛和我有痛，那么，人们就会说炉子与我有相同的经验。

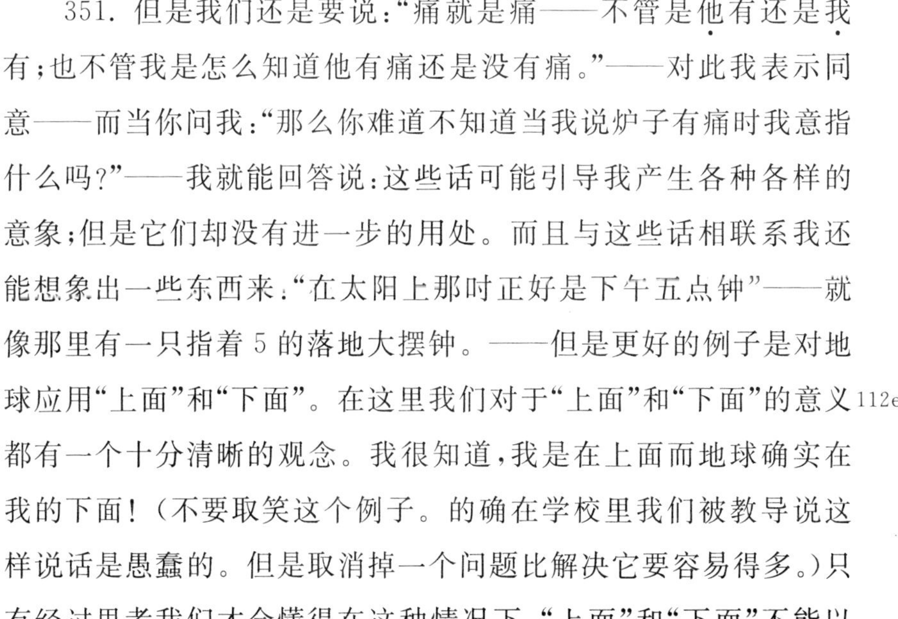

351. 但是我们还是要说：“痛就是痛——不管是*他*有还是*我*有；也不管我是怎么知道他有痛还是没有痛。”——对此我表示同意——而当你问我：“那么你难道不知道当我说炉子有痛时我意指什么吗？”——我就能回答说：这些话可能引导我产生各种各样的意象；但是它们却没有进一步的用处。而且与这些话相联系我还能想象出一些东西来：“在太阳上那时正好是下午五点钟”——就像那里有一只指着5的落地大摆钟。——但是更好的例子是对地球应用“上面”和“下面”。在这里我们对于“上面”和“下面”的意义 112e
都有一个十分清晰的观念。我很知道，我是在上面而地球确实在我的下面！（不要取笑这个例子。的确在学校里我们被教导说这样说话是愚蠢的。但是取消掉一个问题比解决它要容易得多。）只有经过思考我们才会懂得在这种情况下，“上面”和“下面”不能以

通常的方式来使用。(例如,我们可以说对跖者是在我们这部分地球的“下面”,但是也必须承认他们对我们使用同样的说法也是对的。)

352. 在这里我们的思维跟我们开了一个奇怪的玩笑。那就是我们想要援引排中律并说:“或者在他的心中有这么个意象,或者就没有;不存在第三种可能性!”——在哲学的其他领域我们也会碰到这种奇怪的论证。“在 π 的小数展开式中或者出现数字组‘7777’或者不出现,——不存在第三种可能性。”这也就是说:上帝知道——但我们不知道。然而这意味着什么呢?——我们使用一幅图画,这幅图画是这样一个可见系列的图画,这个系列有一个人看到了它的全部而另一个人则没有。在这里排中律说:它或者看起来是*这样*,或者看起来是*那样*。所以它实际上——而且这是自明的——根本什么也没有说,只是给了我们一幅图画。那么现在问题应当是:实在是不是符合于这幅图画?而这幅图画*看来*决定了我们必须做什么,寻求什么,和怎么去寻求——但它并没有决定,就因为我们并不知道该怎样来应用它。在这里,“不存在第三种可能性”或者“但是不可能有第三种可能性呀!”这些说法——只不过表明我们不能把目光从这幅图画上移开:这幅图画看起来就好像一定已经既包含了问题又包含了问题的解决,可同时我们又一直*感到*它并非如此。

同样,当有人说,“他要么有这种感觉,要么没有”——我们首先想到的就是这样一幅图画,它似乎*以不会使人误解的方式*决定了这个陈述的意义。我们要说:“现在你知道我们所处理的是什么

了”，而那正是该陈述还没有告诉他的东西。

353. 问一个命题是否和怎样才能得到证实仅仅只是以一种特殊的方式问“你是怎么意指那个的？”对此的回答是对该命题语法的一种贡献。

354. 语法中在判据和征象之间的摇摆造成了一种表面现象，似乎除了征象以外便什么也没有了。我们说，例如：“经验教给我 113e
们气压表下降时天就下雨，但经验也告诉我们，当我们有某种潮湿和寒冷的感觉时或者有如此这般的一些视觉印象时，天就下雨。”作为对上述看法的论证，人们说这些感觉印象会欺骗我们。然而在这里，人们没有想一想这样一个事实，即这些感觉印象之所以能以要下雨来欺骗我们恰好是以某种定义为基础的。

355. 这里的关键不是我们的感觉印象可能对我们说谎，而是我们是否理解它们的语言。（这种语言像任何其他语言一样也是建立在约定的基础上的。）

356. 人们倾向于说：“或者下雨或者不下雨——我怎么知道此的，信息是怎么传递给我的，那是另一个问题。”那么让我们这样地来提出问题：我称为“天在下雨的信息”是什么？（或者我只有关于这个信息的信息吗？）是什么使这一“信息”具有了关于某种东西的信息的特征的？难道我们的表达的形式在这里没有迷惑我们吗？“我的眼睛给我提供了在那里有一把椅子的信息”，这样难道不是一种导致误解的比喻吗？

357. 我们不会说一只狗可能和它自己说话。是不是因为我们如此详细地熟悉它的灵魂呢？有人也许会说：如果一个人看到了一种生物的行为，那么他就看到了它的灵魂。——但是，对于我自己的情况是不是也是因为我有如此这般的行为才说我在对自己说话？——我不是由于观察了我自己的行为才这样说的。然而，只是由于我的这样的行为，这种说法才有意思。——那么并不是因为我意指它才使它有意思的？

358. 但是，难道不正是因为我们意指它才使语句有了意思吗？（在这里当然还包括：人们不能意指一串无意思的词这种情况。）而“意指它”乃是某种属于心灵范围的东西。而且也是某种私人的东西！它是难以捉摸的某种东西；只能与意识本身相比。

这怎么会显得荒谬可笑呢？它可以说是关于我们语言的一场梦。

359. 机器能思维吗？——它能感到痛吗？——那么，人体能称为这样的一架机器吗？它的确极有可能成为这么一架机器。

360. 但是机器肯定不能思想！——这是一个经验陈述吗？不。我们只说人以及与其相似的东西才能思维。我们也说玩具娃娃能思维，并且无疑地说精灵能够思维。请把“思维”这个词看作一种工具。

361. 椅子正独自在思想…… 114e

在哪里？在它的一个部分上吗？或者在它这个物体的外部？在它周围的空气中？或者根本不在**任何地方**吗？那么，这把椅子在对自己说话同在它旁边的另一把椅子在对自己说话这二者之间的区别是什么呢？——但是对于人来说又怎么样呢？**他**在哪里对自己说话？这个问题怎么会看来是毫无意义的？我们怎么会只需要说这个人在对自己说话而不需要指明一个地点？可是椅子在**什么地方**对它自己说话这个问题却似乎需要回答。——其理由是：我们要知道椅子是**怎样**被比拟于一个人的；例如，头是不是生在椅背的顶部等等。

在心里对自己说话是怎么回事呢？这里发生的是什么情况？——我怎么来说明它呢？可以，就像你要教给别人“对自己说话”这一表述的意义那样。而且，当我们是孩子时我们就学会了这个表述的意义了。——只是没有人会说那个教给我们这一意义的人告诉了我们“在那里发生的事情”。

362. 在我们看来在这种情况下事情更像是教师把这一意义**透露**给学生——而不直接地告诉他；但是最终将把学生引导得使他能给自己一个正确的实指定义。而我们的幻象就存在于此。

363. “但是当我们想象某种东西时，当然有某种情况**发生**！”好吧，某种情况发生了——但为了什么我又接着发出一些声音？或许是为了告知人们发生了什么。——但是人们究竟是如何来**告知**某种情况的？什么时候人们会说有某种事情被**告知**了？——告知的语言游戏是什么?

我要说:你认为谁都能告知任何人任何事情;你太过分地把这看成是理所当然的事了。这就是说:我们在会话中是如此地习惯于通过语言来交流,以至于在我们看来,交流的全部关键就在于下面这一点:另一个人掌握我说的话的意义——这是某种精神的东西:而他可以说是将这种意义吸收进他心中去了。如果他接着也用这意义进一步做了些什么,那这与语言的直接目的无关。

人们会说:“告知造成了他**知道**我感到痛;它产生这种精神现象;其他一切对于告知来说都是无关紧要的。”至于这一奇怪的获知现象是什么——对此还有足够的时间。精神过程就是奇怪的。(这好像有人说:“钟告诉我们时间。时间是**什么**,这还没有决定下来。”至于人们读出时间是**为了什么**——这并不是这儿的问题。)

115e 364. 某人在心中做了一次计算。假定他把这个计算结果用于建造一座桥或制造一台机器。——你是不是想说他**实际上**并没有通过计算而得到这个数字,他是不是以比如说做梦之类的方式毫不费力地得到了它?这里肯定必须进行过计算,而且确实计算过。因为他**知道**他计算过,也**知道**他是怎样计算的;而如果没有计算过,他所获得的正确结果就无法解释。——但是如果我说:“他**觉得自己**好像计算过。”为什么正确的结果应当是可解释的呢?难道他不使用任何词不使用任何书写记号就能**计算**,不是已经足够难以理解的了吗?——

想象中的计算在某种意义上不像纸上的计算那样真实吗?它是**真实的**——心算。——它与纸上的计算相像吗?——我不知道是否该叫做相像。一张画着黑线条的白纸像一个人体吗?

365. 阿德尔海德与主教下的是*真正的*象棋吗?——那当然。他们并不是仅仅在装样子——这在演戏时倒是可能的。——但是,比如说,这盘棋并没有开头!——当然它有开头;不然它就不是一盘棋了。——

366. 心里的计算没有纸上的计算真实吗?——也许会有人要说这类的话;但是人们同样能使自己反过来想并对自己说:纸、墨水等等仅仅是我们的感觉材料的逻辑构造。

“我已经在心中做了乘法……”——我是否可能不*相信*这么一个陈述呢?——但是它真的是一种乘法吗?它不仅仅是“一个”乘法,而是在心中的*这个*乘法。这正是我弄错的地方。因为现在我想要说的是,它是一种*对应于*纸上的乘法的精神过程。那么,这样说就是有意思的:“心中的*这一*过程对应于纸上的*这一*过程。”这样的话,谈论这样一种投射方法也就是有意思的:根据这种方法,记号的意象就是记号本身的代表。

367. 精神图画是在一个人描述他所想象的东西时所描述出来的图画。

368. 我对某人描述一个房间,然后让他根据这一描述画出一幅*印象派*的图画来表明他理解了我的描述。——现在他将我描述为绿色的椅子画成深红色的;我说是“黄色”的地方,他画成蓝

116e 色。——这就是他所获得的关于那个房间的印象。于是现在我说:“对呀!那房间正是这样的。”

369. 有人会问:“当有人在心中进行计算时,——发生了什么情况——它像什么?”——在一种特定的情况下,回答可能是“首先我将 17 和 18 相加,然后我减去 39……”但这并不是对我们的问题的回答。所谓在心中进行的计算并不能由这种回答来说明。

370. 人们应该问的,不是意象是什么或者当一个人想象某种东西时发生了什么情况,而是“想象”这个词是如何使用的。然而这并不意味着,我只想谈论语词。因为关于想象的本质的问题同我的问题一样是关于“想象”这个词的。我只是说,这个问题并不能通过指向什么来说明——无论是对那个正在想象的人而言还是对其他任何人而言都不行;也不可能通过描述任何过程来说明。第一个问题所要求的也是一个语词解释;但它使我们期待一种错误类型的回答。

371. 本质就表达在语法之中。

372. 请考虑一下:“在语言中唯一与自然必然性相关的是一种任意的规则。它是人们能够从这种自然必然中抽出来放进命题中的唯一的东西。”

373. 语法告诉人们某种事物属于哪个对象种类。(作为语法的神学。)

374. 这里最大的困难并不是把事情表现得似乎有某种人们做**不到**的事情。似乎真的有这样一个对象,我从它那里得出对它的描述,但却不能把它显示给任何人。——而我能提出的最好建议就是我们屈服于使用这幅图画的诱惑,但然后就去研究这个图画的**应用**是怎么个情形。

375. 一个人要教另一个人轻轻地对自己诵读,他该怎么教?他怎么知道学生学会了没有?学生自己怎么知道他是不是在做被要求做的事?

376. 我对自己说 ABC,另外一个人默默地对他自己重复我说的话,衡量我和他做的是否相同的判据是什么?有可能发现我的喉管与他的喉管内发生了相同的情况。(类似地当我们都想到 117e
同一件事,有相同的希望,等等。)那么我们是不是通过某个人指出在喉管里或大脑中发生的过程而学会"悄悄地对自己说这说那"这句话的使用的?我与他对声音 a 的意象不是也完全可能对应于不同的生理过程吗?问题是:人们是**怎么**对意象作出**比较**的?

377. 一个逻辑学家可能会认为:相同就是相同——人们如何确信这种同一性则是一个心理学的问题。(高就是高——至于人们有时**看到**它有时**听到**它,那是一个心理学问题。)

两个意象相同的判据是什么?——某意象之为红的判据是什

么？当它是另一个人的意象时：对我来说判据就是他所说的话和他所做的事。当它是我的意象时，对我自己来说，就根本没有判据。适用于“红”的也适用于“相同”。

378.“在我判定我所具有的两种意象相同之前，我必须认出它们是相同的。”可是当事情是那样发生时，我又怎么知道“相同”这个词可以描述我所认出的东西呢？除非我能以某种另外的方式来表达我的认知，而且还要能有另外某个人来教给我“相同”这个词在这里是正确的。

因为如果我对使用一个词需要一种辩白，那么它对其他人而言也必须是一种辩白。

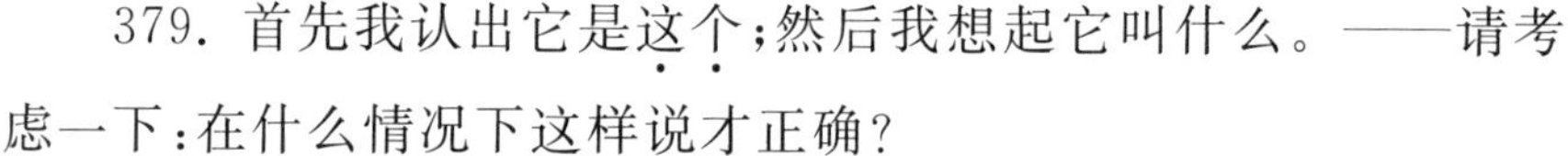

379. 首先我认出它是*这个*；然后我想起它叫什么。——请考虑一下：在什么情况下这样说才正确？

380. 我怎么认出这是红色的？——“我看到它是*这个*；然后我知道这就是人们那样称谓的东西。”这个？——是什么?! 对这个问题的何种回答才有意思？

（你总是一再地谋求某种内在的实指定义。）

对于从所见的东西到语词的*私人*过渡，我不能应用任何规则。在这里规则真正说来还悬在空中；因为缺乏使用它们的制度。

381. 我怎么知道这个颜色是红色？——这也可以算是一个回答：“我学过德语。”

382. 对于这些词我形成了这个意象。我怎样才能对此作出辩白?

是否有人曾经给我指出过蓝色的意象并告诉我**这**就是蓝色的意象?

“**这个**意象”这些词的意义是什么?人们怎样指出一个意象?怎样两次指出相同的意象?

383. 我们并不是在分析一种现象(如思想)而是在分析一种 118e
概念(如思想的概念)因而也就是在分析一个词的使用。这样,我们在做的事看起来也许就好像是唯名论的。唯名论者的错误是将所有的词都解释作**名称**,并因而没有真正地描述它们的使用。他们只是,可以说,对这种描述绘出了一张草图。

384. 当你学会语言时你就学会了“痛”这个**概念**。

385. 试问你自己:能不能想象有个人从来没有做过笔算或口算就学会在心中进行计算?——“学会它”意味着:被训练得能够做它。只是会产生一个问题,那就是什么东西可以算作能够做它的判据?——但是,是不是有可能有某个部落只知道在心中计算而不知道任何其他方式的计算?对此,人们必须问自己:“这将会是什么样子?”——这样,人们就需把它看作一种极限情况。于是下面这个问题就会产生,即我们在这里是否仍旧愿意使用“在心中计算”这个概念——或者是不是在这样的场合下这一概念已失去了它的目的,因为这种现象所倾向的是另一个范型。

386.“但是你为什么对自己那样缺乏信心呢？通常你总是清楚地知道‘计算’指的是什么。因而如果你说你在想象中进行了计算，那么你就已经做了这种计算。如果你**没有**进行过计算，你就不会说你做过计算。同样的，如果你说你在想象中看到某物是红的，那么它就**是**红的。你是在另外的地方知道‘红’是什么的。——进一步：你并不总是依赖于其他人的同意；因为你经常报道你曾见到而其他人并未见到的东西。”——但是我的确对我自己充满了信心——我毫不犹豫地说我已经在心中做过计算，想象过这种颜色。困难并不在于我怀疑我是否真的想象过什么红色的东西。而是在于**这一点**：我们应该能够立即指出或描述出我们想象过的是什么颜色，意象向实在的投射根本不存在任何困难。那么它们是不是那么相似以至于人们有可能将它们混淆起来？——但是我也能够从一幅画像中立刻认出一个人来。——好吧，但是我能不能问：“这种颜色的正确意象看上去是怎样的？”或者“它是哪一类事物？”我能学到这个吗？

（我不能接受他的证词因为这不是**证词**，它只是告诉我他**想要**说的东西。）

387. 这件事的**深层**方面极易溜掉。

119e 388.“在这里我没有看到任何紫罗兰色的东西，但如果你给我一个颜料盒，我就可以把这种颜色指给你看。”人们怎么能**知道**，如果……他就可以把它指出来，换句话说，如果他看到它他就能够认出它来？

我怎样从我的**意象**中知道该颜色实际上看起来是怎样的？

我怎么知道我将能够做某件事？即我现在处在能够做那件事的状态？

389.“意象一定比任何图画更像它的对象。因为，我所作的图画不管怎么像它应代表的东西，但它总是也可以作为某种别的东西的图画。但是对于意象来说，重要的是，它是**这个**的意象而不是其他任何东西的意象。”因而人们可能会把意象看作一种超一画像。

390. 人们能够想象石头具有意识吗？如果有人能这样想象——那么这为什么就不能只是证明了我们对这样的胡乱意象丝毫不感兴趣呢？

391. 也许我甚至可以想象（虽然并不容易）我在街上所见到的每一个人都忍受着可怕的痛，但是却巧妙地掩饰着。而且重要的是我必须想象这儿有着巧妙的掩饰。我并不是简单地对我自己说：“他的灵魂正感到痛：但那与他的身体有什么关系呢？”或者“总之，那不一定在他身体上表现出来吧！”——而如果我这样想象的话——我会做什么？我会对我自己说什么？我会怎样看那些人？也许我在看到其中某个人时想：“当他感到这样的痛时，要发笑一定是困难的”，以及诸如此类的许多别的东西。我就像是在扮演一个角色，**表演**得似乎别人都在感到痛。当我这样做的时候，人们就会说我（例如）正在想象着……

392.“当我想象他感到痛时，我心中实际进行着的一切只是……”于是另外有个人说：“我相信我能*不想*‘……’就想象这件事。”(“我相信我能不用词而想。”)这不会导致任何结果。这种分析在自然科学与语法之间来回摆动。

393.“当我想象有个在发笑的人实际上忍着痛时，我并没有想象任何痛行为，因为我看到的情况恰恰相反。那么我想象的到底是*什么*?”——我已经说了想象的是什么。而且为此我并不一定要想象*我*感到痛。——“但那样的话想象那件事的过程是什么
120e 呢?”我们在什么地方(除哲学之外)使用“我能想象他感到痛”或“我想象……”或“请想象……”这些话呢?

举例来说，我们对要扮演一个舞台角色的人说：“在这里你一定要想象这个人感到痛又掩饰了它”——现在我们不给他任何指导，不告诉他*实际上*应该怎么做。正因为这样，所建议的分析也就没有说到点子上。——现在我们来观看想象这种情况的这个演员。

394. 在什么场合下我们会问一个人：“在你想象这件事时，你心中实际上进行的是什么?”——我们期待的是何种回答?

395. 关于*想象能力*在我们的研究中能起到什么样作用是不清楚的。也就是关于它在多大程度上能保证一个命题有意思是不*清楚*的。

396. 想象与一个命题相联系的某些东西正如根据该命题画一张速写一样，对于理解这个命题都不是根本性的。

397. 在这里人们可以不说"想象能力"而说：用特定的表象方法作表象的能力。而且这样的表象的确**可能**安全地指出一种进一步使用一个语句的方式。另一方面，一幅图画可能会强加于我们并且根本没有任何用处。

398. "但是当我想象某种东西，或者甚至实际上**看到**种种对象时，我就**有了**我的邻人不具有的某种东西。"——我理解你。你要看看周围并且说："无论如何只有我获得了**这个**。"这些词是干什么的？它们不为任何目的。——是呀，人们能不能也说："在这里不存在'看'的问题——因而也没有'有'的问题——没有主体的问题，因而也没有'我'的问题。"我能不能问：你在什么意义上说**具有**了你所谈论的东西并且说只有你才获得了它？你拥有它吗？你甚至并没有**看到**它。你一定不是真的在说没有人具有它吧？而且这也是很清楚的：如果在逻辑上你排除了其他人具有某种东西的可能性，那么说你有这种东西也就失去了它的意思。

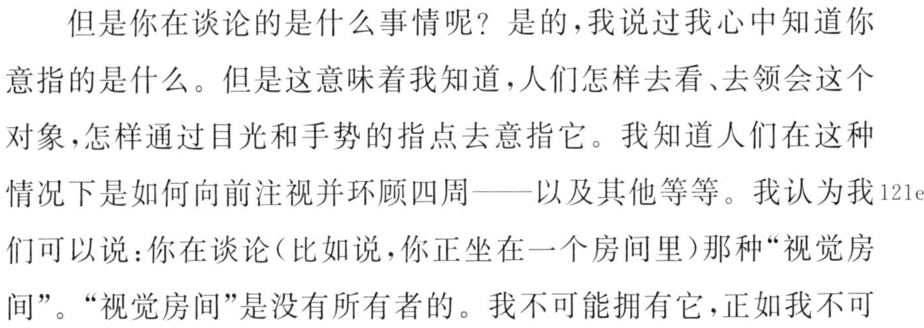

但是你在谈论的是什么事情呢？是的，我说过我心中知道你意指的是什么。但是这意味着我知道，人们怎样去看、去领会这个对象，怎样通过目光和手势的指点去意指它。我知道人们在这种情况下是如何向前注视并环顾四周——以及其他等等。我认为我 121e
们可以说：你在谈论（比如说，你正坐在一个房间里）那种"视觉房间"。"视觉房间"是没有所有者的。我不可能拥有它，正如我不可

能在它里面散步，或者看它，指它。就像它不可能是别的任何人的，它也不可能是我的。换言之，它之不属于我正是由于我想要对它像对我坐在里面的那种物质的房间一样使用相同的表达形式。对后一种房间的描述并不一定要提到一个所有者，事实上它也不必有一个所有者，但另一方面这个视觉房间却**不能**有所有者。因为，人们可以说：“它里里外外都没有主人。”

想一想一幅风景画，一幅想象的带一幢屋子的风景画。——有个人问：“那是谁的屋子？”——回答可能是“它属于那个坐在屋前板凳上的农民”。然而，他却不能（比如说）进入他的屋子。

399. 有人也可能说：那种视觉房间的所有者肯定得是像它那样的同一种事物；但是他不会在它之内被发现，而且也没有什么外边。

400. “视觉房间”似乎像是一个发现，然而它的发现者实际上发现的是一种新的说话方式，一种新的类比；它甚至可以被称为一种新的感觉。

401. 你有一个新的观念并且把它解释为看到一个新的对象。你把你自己作出的一个语法动作解释为**你**正在观察的一个准物理现象。（例如，想一想这样一个问题：“感觉材料是宇宙由之构成的材料吗？”）

但是，对于我的话：你作出了一种“语法上的”动作，存在着一种异议。你发现的首先是看待事物的一种新的方式。就好像你发明了一种新的绘画方式；或者一种新的格律，或者一类新的歌。——

402. “是的，我是说‘现在我有如此这般的一个意象’，然而‘我有’这些词对*别人*来说只是一种记号；对该意象的描述则是对被想象的世界的一种*完全的*说明。”——你的意思是“我有”这些词就像“现在注意！……”一样。你是想要说，它其实应当表达得有所不同。也许只是用手作出一个记号然后再给出一种描述。——当我们不同意日常语言的表达时（日常语言归根到底在执行它们的职责）——正如在这里一样，我们便在头脑里形成这样一幅图画，它与我们的通常的说话方式的图画相冲突。可是我们却被诱 122e
惑说我们的说话方式并没有如实地描述事实。就好像，举例来说“他感到痛”这个命题，除了那个人*不*感到痛以外还存在别的方式可以使它为假。就好像这种表达形式在说着一些假的东西，尽管在没有其他更好的选择的情况下，该命题断言了某种真的东西。

因为唯心主义者，唯我论者和实在论者之间的争论看起来就是*这样的*。一派攻击正常的表达形式，就好像他们在攻击一种陈述；另一派则捍卫它，就好像他们在陈述一些得到每一个有理性的人认可的事实。

403. 如果我只是对我至今称之为“我的痛”和其他人称之为“维特根斯坦的痛”的东西保留“痛”这个词，那么，只要能提供这样一个符号系统，其中“痛”这个词在其他联结上的缺失能以某种方式得到补偿，那么我对别人就没有做什么不公正的事。其他人仍然会得到同情,得到医生的治疗等等。如果要说"但是看看这儿,别人有的正好与你有的一样!"那当然并不是对我的表达方式的反对。

但是我从这种新的描述方式中能得到什么呢?什么也没有。但是归根到底,当唯我论者提出他的观点时,他并不想要得到任何实际的好处!

404. "当我说'我感到痛'时,我并不指向一个正感到痛的人,因为在某种意义上说我不知道谁在感到痛。"对此可以给出一种辩白。其主要之点为:我并没有说如此这般的一个人感到痛,而只是说"我……"而在这么说时我并没有说出任何一个人的名字。正如同当我因痛而呻吟时我并不说出任何人的名字一样。尽管另一个人会从呻吟中看到谁正感到痛。

知道谁感到痛,这是什么意思呢?例如,它意味着要知道这个房间中的哪一个人感到痛:比如说,正是坐在那儿的那个人,或者是站在那个角落里的人,那个有金色头发的高个子,如此等等——我得到了什么?了解到对于人格的"同一性"有着各种各样的判据。

那么,这些判据中的哪一个可以决定我说"我"感到痛呢?哪一个也不能。

405. "但是无论如何,当你说'我感到痛'时,你想将其他人的注意力吸引到一个特定的人那里。"——回答可以是:不,我只想将他们的注意力吸引到我自己这里。——

406. “但是当然你想要用‘我……’这些词将**你自己**和**其他人** 123e
区分开来。”——在每一种情况下都能这样说吗？甚至在我只是呻吟的时候？而且即使我真的“想要区分”我自己与其他人——我是否借此想要把维特根斯坦这个人和某某这个人加以区分呢？

407. 也许有可能想象某人这么呻吟：“有人在感到痛——我不知道是谁！”——这时我们就急忙赶去帮助他，那个呻吟的人。

408. “究竟是你还是另外某个人感到痛，对此你不会有疑问！”——“我不知道究竟是我还是另外的某个人感到痛”这个命题是一个逻辑积，它的一个支命题是“我不知道我感到痛还是不感到痛”——而这是一个没有任何意义的命题。

409. 请你想象好些人站成一个圈，我也在其中。我们中的某一个人，有时是这个有时是那个，与发电机的电极相连，但这个我们是看不到的。我观察旁人的脸，试图发现我们中有谁刚刚触了电。——这时我说：“现在我**知道**这是谁了，因为这是我自己。”在这个意义上我也可以说：“现在我知道是谁受了电击；那是我自己。”这将是一种颇为奇怪的说话方式。——但是如果我做这样一个假定：我甚至能在别人触电时也感到电击，那么“现在我知道是谁……”这种表述就完全不合适了。它并不属于这种游戏。

410. “我”不是一个人的名称，“这里”也并不是一个地方的名称，“这个”也不是一个名称。但是它们都与名称有联系。名称是通过它们来说明的。物理学的特点就是不使用这些词,这也是真的。

411. 请考虑下述问题如何应用,如何解决:

(1)“这书是**我的**书吗?”

(2)“这只脚是**我的**脚吗?”

(3)“这个身体是**我的**身体吗?”

(4)“这个感觉是**我的**感觉吗?”

这里的每个问题都有着实际上的(非哲学上的)应用。

关于(2),试考虑我的脚被麻醉或瘫痪了的情况。在某些情况下可以通过确定我在这只脚上是否感到痛来解决这个问题。

124e 关于(3),这里人们可以指着镜中的像。但是,在某些场合,人们可能触摸身体并问这个问题。在其他场合它的意义和下面这种说法相同:“我的身体看上去像**那样**吗?”

关于(4),**这个**感觉是哪一个? 也就是说:人们在这里是如何使用指示代词的? 当然,比如说,不同于在第一个例子中的使用! 这里由于人们想象:只要将他们的注意力引向一种感觉,他们就是在指向这种感觉了,因而造成了混乱。

412. 意识与大脑过程之间有一种不可逾越的鸿沟的感觉:为什么在我们的日常生活中并未注意到这一点呢? 这种关于种类上的差别的想法带着一阵轻微的晕眩——在我们变逻辑戏法时会出现的那种。(在我们想到集合论中的某些定理时我们也会发生同样的晕眩。)在当前的例子中上述感觉是什么时候发生的? 例如,当我以一种特定方式将我的注意力转向我自己的意识并惊讶地对自己说：这本当是由大脑中的一种过程所产生的！——一边抱住了自己的额头。——但是“将我的注意力转向我自己的意识”，这样说意味着什么呢？这肯定是可能发生的最奇怪的事！我所说的这种做法（这种话在日常生活中是没有的）是一种注视活动。我紧紧盯着前方——但并不盯着任何特定的点或对象。我的眼睛张得大大的，眉头却并不皱起（在对某个特殊对象感兴趣时眉头大多会皱起）。并没有这种兴趣发生在注视之先。我的目光是空洞的；或者如同某个人在赞赏天空的光辉并陶醉在天空的光之中一样。

现在记住我作为一种悖论说出的那个命题（这是由一种大脑过程产生的）并无任何悖谬之处。我完全可以在这样一种实验过程中说出这个命题，该实验的目的是要表明我所看到的光效是刺激大脑某个特定部位而产生的结果。——但是我说这个语句的场合并不是那种会使这个语句具有日常的，并非似是而非的意思的场合。而且我的注意力并不与做实验的情况相符合。（如果符合做实验的情况，那么我的目光就会是集中的，而不是空洞的。）

413. 在这里我们有一个内省的例子，很类似于那个使威廉·詹姆斯产生下面这种想法的例子：即组成“自我”的主要是“头脑中以及头脑与喉头之间的特定运动”。而詹姆斯的内省所表明的并 125e
不是“自我”这个词的意义（就它意指“人”、“人类”、“他自己”、“我自己”这样一些东西而言），也不是对这种东西的任何分析，而是一个哲学家在他对自己说“自我”这个词并试图分析其意义时他的注意所处的状态。（由此我们可以学到许多东西。）

414. 你以为归根到底你一定是在织一块布:因为你正坐在织布机前——尽管它上面并没有线——并且正在做着织布的动作。

415. 我们所提供的实际上是对人类自然史的评述;它们并不古怪,而是无人怀疑的论断,我们之所以没能注意到它们,只是因为它们总在我们的眼前。

416. “人们在说他们在看、在听、在感觉等等时是相互一致的(尽管有些人是盲人,有些人是聋子)。因此,对于他们具有意识这一点,他们是他们自己的证人。”——但是这是多么奇怪啊! 如果我说“我有意识”,那么我实际上是在通知谁呢? 有什么目的要对我自己这样说? 而其他人又怎么能够理解我? ——现在,像“我看”、“我听”、“我意识到”这些表述确实有它们的用处。我告诉一个医生“现在我又能用这个耳朵听了”,或者当某个人相信我昏过去了的时候,我告诉他,“我又有意识了”,等等。

417. 那么是不是我观察了自己而察觉我在看或者我有意识呢? 为什么要谈论观察? 为什么不直接说“我察觉我有意识”? ——但是“我察觉”这些词在这里是为了什么? ——为什么不就说“我有意识”? ——但是“我察觉”这些词在这里不正表明我正注意我的意识吗? ——通常并不是这样。——如果是这样,那么“我察觉我有意识”这句话就不是说我有意识,而是说我以如此这般的方式来使用我的注意。

难道不是一种特殊的经验才使我说“我又有意识了”? ——什

么经验？在什么情况下我们这样说？

418. 我有意识是一种经验事实吗？——

但是难道人们不是说人有意识，而树或石头却没有吗？——如果情况与此相反那会怎么样？——人类都将是无意识的吗？——不；并不是在这个词的通常含义上。但是我，举例来说，将没有意识——就像我现在事实上有意识一样。

419. 在什么情况下我会说一个部落有一个**酋长**？这个酋长 126e
当然要具有**意识**。的确我们不可能有一个没有意识的酋长！

420. 但是难道我不能想象周围的人都是自动机，没有意识，尽管他们的行为举止一如既往？——如果我现在这样想象——独自在我的房间里——我看到人们带着呆呆的目光（如同在出神状态时）忙于他们的事务——这种想法可能有点可怕。但是请你试试在你与他人的通常交往之中，比如说在街上，保持这样的想法：例如，对你自己说："在那边的孩子们只是些自动机；他们的全部生动活泼的行为都只是些自动机制。"那么你就会或者发现这些话变得完全没有意义；或者在心中产生一种可怕的或诸如此类的感觉。

将活生生的人看作一个自动机，这就类似于将一个图形看作另一个图形的极限情况或变种，例如，把窗户的十字档看作卐字徽。

421. "他忍受着极大的痛苦并烦躁不安地来回走动。"在这样的*一个*报告中我们竟将肉体的状况与意识的状况杂乱地搅和在一起，在我们看来这似乎是悖理的。可这是十分平常的；那么我们为什么觉得它悖理呢？因为我们想要说，那个语句同时涉及了有形的和无形的东西。——但是如果我说："这三根支柱使建筑物具有稳固性"这会使你不安吗？三和稳固性都是有形的吗？——要把语句看作一种工具，把它的意思看作它的使用。

422. 当我相信人有灵魂时，我相信的是什么？当我相信这种物质含有两个碳原子环时我相信的是什么？在这两种情况中，前方都有一幅图画，然而意思却远远地藏在背后，也就是说，图画的应用并不是很容易查看清楚的。

423. *的确*，所有这些东西都在你心中发生——现在我的全部要求就是要懂得我们所使用的表述。——图画就在那儿。而我也不否定它在任何特定场合下的有效性。——我只是也想要懂得这幅图画的应用。

424. 图画就在*那里*；我不否认其*正确性*。但是它的应用是*什么*？想一想这幅图画：将眼盲看作是灵魂中或盲人头脑中的黑暗。

425. 在无数场合下我们尽自己所能去寻找一种图画，一旦找
127e 到了，其应用可以说就自行产生了。在这里我们已经有了一个处处强加于我们的图画，——然而它并不能帮助我们摆脱困难，在这里困难只是刚刚开始。

例如，如果我问："我应当怎样想象这个机械装置进入这个盒子里面呢？"——也许一张按比例缩小的草图会给予我回答。然后人们能告诉我："你看，就像这样放进去"；或者甚至可能说："你为什么感到吃惊？就像你在这里看到的那样，它在那里是一样的。"当然后者并没有说明更多的东西；它只不过要我应用那幅给予我的图画。

426. 一个图画一旦被用咒语召唤出来，似乎就把意思毫不含糊地固定了下来。而实际的使用，与图画所提示的使用相比，似乎像某种模糊不清的东西。这里的情况又像集合论中的情况一样：表达方式似乎是专门为一个神而设计的，这个神知道我们所不可能知道的东西；他看到这些无限系列的全体，还看进了人类的意识。当然，对我们来说，这些表达形式就好像是件法衣，我们可以穿上，但穿上它却做不了什么，因为我们缺少有效的力量来赋予这类衣服以意义和目的。

在对表达式的实际使用中，我们走了弯路，走上了歧路。我们看到了在我们面前的那条笔直的大道，但是我们当然不能使用它，因为它是永久地封锁着的。

427. "在我对他说话的时候，我并不知道在他的头脑里进行着些什么。"人们在这样说的时候，他们想到的并不是大脑过程而是思维过程。应该认真地看待这幅图画。我们真的想看到他心中去。然而我们所意指的只是在别的地方用下面这种说法意指的东西：我们想知道他在想什么。我要说：我们有了这幅生动的图画——和那种似乎与该图画相抵触的使用，而这种使用表达的是心理性的东西。

428. “思想，这个奇怪的东西”——但在我们思维时，它并不使我们感到奇怪。在我们思维的时候，思想并不使我们感到神秘。只有当我们仿佛在反省似的说：“那怎么可能呢？”这时我们才有这种神秘之感。思想怎么可能与对象**本身**打交道呢？我们感到好像我们已用思想把实在捕捉到我们的网中了。

429. 思想与实在的一致和谐就在于：如果我错误地说某物是
128e **红的**，那么不管怎么说，它就不是**红的**。而当我想要向别人说明“那不是红的”这个句子中“红的”一词时，我就指出某个红的东西。

430. “把一把尺子靠住这个物体；尺子并不说这个物体有如此这般的长度。相反我倒要说它本身是死的，一点也没有做到思想所做到的事。”——这就好比我们幻想对于一个活人来说根本的东西是它的外在形式。然后我们做了一个有那种形式的木块，并羞愧地看着这个笨拙的一点也不像活物的木块。

431. “在命令与其执行之间有着一条鸿沟。只有理解活动才能把这沟填平。”

“仅仅在理解活动中它才意味着我们应当做**这个**。那个**命令**——它什么也不是，只不过是声音、墨迹。——”

432. 每一个记号**就其本身而言**都是死的。是**什么**赋予了它以生命呢?——它的**生命**在于它的使用。在那里它本身就含有生命之源吗?——还是**使用**才是它的生命之源呢?

433. 当我们给出一个命令时,事情看起来好像命令所希求的最终的东西一定还没有表达出来,好像在命令及其执行之间总是存在着一条鸿沟。例如我要某人做一个特定的动作,比如举起他的手臂。为了使这一点清楚起见,我做了这个动作。这个图像似乎并不模糊,直到我问:他怎么知道**他应当做那个动作呢**?——不管我给他的记号是什么,他究竟是怎么知道该如何来使用它们?——也许现在我要尽力进一步给出一些记号作为对这个命令的补充,我指着自己又指着他,做出鼓励他的手势等等。现在这个命令好像开始在吞吞吐吐地打结巴了。

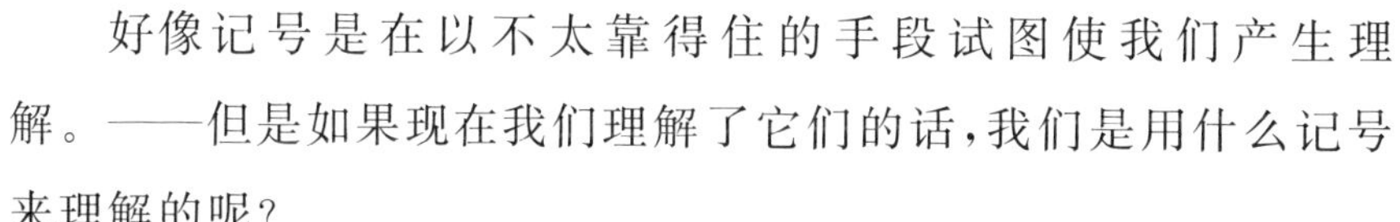

好像记号是在以不太靠得住的手段试图使我们产生理解。——但是如果现在我们理解了它们的话,我们是用什么记号来理解的呢?

434. 人们会说,手势**试图**预先形成什么;然而却办不到。

435. 如果人们问:“语句是怎样做到起代表作用的?”——回答可以是这样:“你不知道吗?当你使用语句时,你当然是看到的了。”没有什么东西是隐蔽的。

语句怎么做到这一点?——你不知道吗?没有什么东西是躲藏着的。

但是如果给出这个回答:“但你知道语句是如何做到这一点的,因为没有什么东西是隐蔽着的。”那么人们就要反驳“是的,但是这一切进行得那么快,而我希望看到它可以说是铺展开来的样子”。

436. 这里很容易走进哲学上的这种死胡同:在这里,人们相
129e 信我们的任务的困难之处在于我们必须去描述难以把握的现象,稍纵即逝的当下经验,或者诸如此类的东西;在这里我们觉得日常语言过于粗糙,看起来我们必须处理的不是我们日常所谈论的现象,而是那些“轻易地就消失的东西,而它们在出现和消失过程中会产生出那些别的作为平常的结果的现象”。

(奥古斯丁:它们清晰明显而又平平常常,深深隐藏着的同一事物,发现出来就如崭新的一样。)

437. 一个愿望看来似乎已经知道什么东西将会或者可能会满足它;一个命题,一个思想,则知道什么东西会使其为真——甚至当那样东西还根本不存在的时候!这种对尚未存在的东西的规定是从何而来的呢?这是一种专横的要求吗?(“逻辑必然的坚硬性。”)

438. “一个计划本身是某种尚未满足的东西。”(像一个愿望,一种期待,一种疑虑,等等。)

我这么说是指:期待是尚未满足的,因为它是对某种东西的期待;信念,意见是尚未满足的,因为它是这样的一种意见:某种实际

的、存在于意指过程之外的东西是事实。

439. 在什么意义上我们可以说愿望、期待、信念等等是“尚未满足的”？我们的不满足的原型是什么？它是一种空洞的空间吗？人们会把那种空间称之为尚未满足的吗？这难道不也是一种比喻吗？——我们所谓的不满足是不是一种感觉——比如说饥饿感呢？

在一种特殊的表述系统中，我们可以用“满足的”和“尚未满足的”这些词来描述一个对象。例如，我们规定，把中空的圆柱体叫做“尚未满足的圆柱体”，而把可以填满其空心的那个实心圆柱体叫做“中空圆柱体的满足”。

440. 说“我想要一个苹果”并不意味着：我相信一个苹果将会消解我的不满足的感觉。**这个**命题不是表达一个愿望而是表达不满足。

441. 我们既出自本性，也由于受到特定的训练，特定的教育，会在一定的环境下倾向于自发地表述愿望。（当然，**愿望**并不是这样的一种“环境”。）在这个游戏中，下述问题，即在我的愿望实现之前我是否知道我所愿望的东西，根本不可能产生。而某个事件之 130e
使我的愿望陷于沉默也并不意味着该事件实现了这个愿望。如果我的愿望得到了满足，也许我倒不应该满足。

在另一方面，“愿望”一词还以下述方式使用：“我自己不知道我希望什么。”（“因为愿望本身就是我们和所愿望的事物之间的帷幕。”)

假定提出这样的问题:“在我得到我所渴求的东西之前我是否知道它是什么?”如果我已经学会了谈话,那么我确实是知道的。

442. 我看见某人用枪瞄准并且说“我期待一声枪响”。枪开火了。——好呀,这正是你所期待的;那么在你的期待中枪响是否就已经以某种方式存在了呢? 或者只不过是在你的期待和所发生的情况之间存在着某种另外的一致性? 那个枪响并不包含在你的期待之中而只是当期待实现时偶然地附带发生的? ——但是不。如果枪声不曾发生,我的期待就不会得到实现;声响使期待得到实现;它并不是实现期待过程中的伴随物,就像跟在我所期待的客人之后来的次要客人那样。——至于该事件中那些不在期待中的事物是不是也是偶然发生的,是一种由命运提供的外加的东西? ——但什么东西**不是**外加的呢? 是不是射击中的有些东西已经发生在我的期待中了? ——那么外加的东西是什么呢? 难道我不是在期待整个的射击吗?

“枪声并不像我所期待的那么响。”——“那么在你的期待中是否存在着更响的砰的一声呢?”

443. “你所想象的红色肯定与你在眼前所见到的红色是不同的(不是相同的东西);那么你怎么能说这就是你所想象的东西呢?”——但是对于“这里有一个红色的色斑”和“这里没有红色的色斑”这两个命题我们不是也碰到类似的情况吗? 在这两个命题中都有“红”这个词;所以这个词并不能表示某种红色的东西存在。

444. 人们可能感到,在“我期待他来”这个语句里的“他来”和“他来了”这个断言中的“他来”这两个词是在不同的意义上使用的。但是,如果是这样,我怎么可能说我的期待得到了实现?如果我要说明“他”和“来”这两个词,比如说用实指定义来说明,那么每个词的同一个定义对于两个语句就都会是适用的。

但是,现在有可能这样来问:当他来了时事情看上去是什么样的?——门打开了,某个人走了进来,等等。——我期待他会来看 131e
上去又是什么样的?——我在房间里走来走去,不时地看看钟,等等。——但是这一组事件与那一组事件之间没有丝毫的类似!那么我们怎么能用相同的词来描述它们呢?——但是,也许在我走来走去的同时我说:“我期待着他会走进来”——现在就多少有些相似之处了。但是这是哪一类相似?!

445. 正是在语言中,期待及其实现发生接触。

446. 这样说将是很奇怪的:“一个过程在它发生时与它没有发生时,看起来是不同的。”或者“一个红色的色斑当它出现在那儿和不出现在那儿时是不同的——然而语言撇开了这种不同,因为不管红色色斑在不在那儿,它都谈论红色色斑。”

447. 这种感觉就好像一个起否定作用的命题为了否定一个命题在某种意义上必须首先使它为真。

(对起否定作用的命题的断定包含所否定的那个命题,而不包含对它的断定。)

448.“如果我说昨晚我没有做梦，我仍然必须知道到哪里去寻找梦；这也就是说，‘我做了梦’这个命题应用于这一实际情况时应该是假的，但一定不是无意思的。”——那么，这是否意味着，你毕竟感到了某种东西，它可以说是关于梦的暗示，它使你意识到了一个梦本来会占据的地方？

还有：如果我说“我的胳膊上并不痛”，这是否意味着我有一种痛感觉的影子，它可以说指明了这种痛可能发生的部位？

在什么意义上说：“我现在的无痛状态包含着痛的可能性呢？”

如果有人说：“‘痛’这个词要有意义，就必须在痛发生时它本身能被认出来”——对此人们可以回答说：“这并不比认出痛的不存在更为必要。”

449.“但是，如果我感到痛我难道就不必知道它是怎么样的吗？”我们难以摆脱那种想法，即认为使用一个语句就意味着要对每一个词都要想象一样东西。

我们没有认识到，我们用词进行计算、操作，并且随着时间的流逝，我们把它们转换成时而这种时而那种图画。——这就好像132e 要人相信，某人给我的一张购买母牛的定单，如果要不失去它的意义，就一定得附上一张母牛的图像。

450.知道某人看起来像什么：就是能够唤起一种意象——但也是能够模仿他的表情。那么为了模仿就必须想象它吗？模仿它难道不就和想象它一样吗？

451. 假设我给某人这样一个命令"想象这里有一个红色的圆圈"——现在我说:理解这个命令就意味着要知道执行这个命令看起来是怎么回事——或者甚至说:就意味着要能够想象……看起来是怎么回事?

452. 我要说:"如果有个人能够看到期待的精神过程,那么他就必然地会看到所期待的是什么。"——但是实际情况是:如果你看到一种期待的表述,你就看到了所期待的是什么。难道还可能有什么别的方法,在别的意义上看到它吗?

453. 凡是觉察到我的期待的人必然会对我所期待的东西有着一种直接的察觉。这也就是说,他并不需要从他觉察到的过程中来推断它!——但是说某人觉察到一种期待,那是没有意思的。除非这的确意味着,比如说,他觉察到了一个期待的表述。在谈到期待者时,说他觉察到他的期待而不是说他期待着,那只是对这个表述的一种愚蠢的歪曲。

454. "一切都已经在那儿……"这个箭头 ⋙——→ 怎么会指向某种东西的?它是不是好像已经携带着某种自身之外的东西?——"是的,并不是纸上的那个死的线条能够做到这点;只有那心理的东西,即意义才能做到。"——这种说法又对又不对。箭头只在生物对它所做的应用中才有所指向。

这种指向并不是一种只能由灵魂施行的戏法。

455. 我们要说:“当我们进行意指时,这里并没有死的(无论何种的)图画,这倒是有些像我们在向某人走去。”我们在向我们意指的东西走去。

456. “当一个人进行意指时,那是他自己在意指”;同样,在运动中是自己在运动。你向前冲去,因而就不可能来观察你自己的前冲。的确不能。

133e 457. 是的:意指就像向某个人走去。

458. “一个命令命令着它本身的执行。”因此甚至在它的执行存在之前它就知道该执行吗?——但是这是一个语法命题,它说的是:如果一个命令说“做如此这般的事情!”那么人们就把这个命令的执行叫做“做如此这般的事情”。

459. 我们说“命令命令着*这个*——”并且这样做了;但是也说“命令命令着这个:我该去……”我们有时将它译为命题,有时译为演示,有时又译为行动。

460. 对于某个行动作为某个命令之执行的辩白,是否可能是这样的:“你说‘给我拿一枝黄色的花来’,根据这句话,这枝花给我一种满足的感觉;因此我把它给你拿来了。”人们岂不是要回答说:“但是我并不是要你给我拿来这样一枝花,即听了我的话后会给你那种感觉的花!”

461. 在什么意义上说命令预期了它的执行呢？是通过恰好现在命令了**那件**随后被实行的事吗？——但是人们将不得不说“那件随后被实行或不实行的事”。而那就等于什么也没有说。

“但是即使我的希望并没有决定将会发生的情况，但仍然可以说它规定了一个事实的主题，无论这个事实是否满足我的希望。”我们简直很吃惊，不是对于有人能知道未来而吃惊，而是对他竟然能够进行预言（不管是对是错）而吃惊。

就好像单单这个预言，无论是对是错，已预示了未来；而其实它对未来一无所知，而且也不可能知道什么。

462. 当他不在这儿时我能够去寻找他，当他不在这儿时我却不能吊死他。

有人可能想要说：“但是如果我在寻找他，那么他就必然会在某个地方。”——那么如果我没有找到他，甚至如果他根本就不存在，他也必然会在那儿的某个地方。

463. “你在寻找**他**吗？你甚至都不可能知道他是否在那里！”——当人们在数学中寻求某种东西时这个问题的确会产生。例如，人们会问：人们怎么可能即使仅仅去**寻找**角的三等分呢？

464. 我的目标是：教你从不明显的胡说过渡到明显的胡说。

465. “一个期待是这样构成的，那就是无论发生了什么事都 134e
得符合它，或者不符合它。”

如果现在人们问:“那么事实是不是就是这样或那样地由期待所规定——也就是说,在下述意义上:一个期待将会被所发生的无论什么事件加以回答?”回答必定是:“是的,除非对期待的表述是不确定的;例如,包含了对不同可能性的析取。”

466. 人为什么进行思维?思维有什么用?——为什么他得按照**计算**来制造锅炉,而不随便定锅炉的壁厚呢?总之,如果按照计算来制造锅炉,就不会经常发生锅炉爆炸;这只是一个经验事实。但是正如挨过一次烫就再也不肯把手放到火里去一样,人们也不肯不进行计算就制造锅炉。——但是由于我们对原因不感兴趣,——我们将说:人们事实上的确在思维:例如,这就是他们制造锅炉时的做法。——那么,以这种方式生产出的锅炉难道不会爆炸吗?噢,会的。

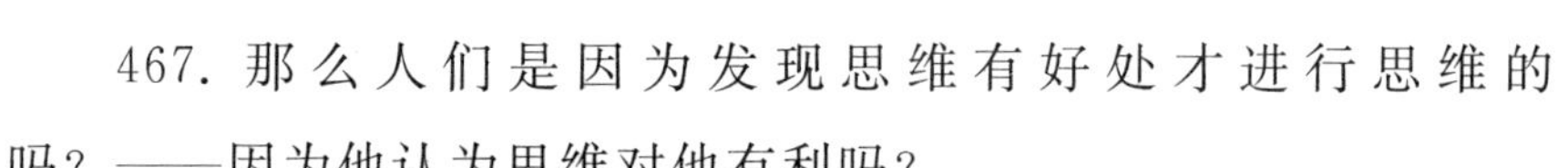

467. 那么人们是因为发现思维有好处才进行思维的吗?——因为他认为思维对他有利吗?

(因为他发现抚养孩子有好处才抚养孩子的吗?)

468. 什么能表明他**为什么**思维?

469. 但有人可能说,人们明明发现思维是对人有好处的。现在锅炉爆炸要比过去少多了,因为现在我们不再凭感觉来决定锅炉的壁厚而是要进行如此这般的计算,或者由于每一个工程师做出的计算都经过另一个工程师的核对。

470. 所以，我们的确有时候知道思维有好处而进行思维。

471. 经常发生这样的情况：我们只有先压住“为什么？”这个问题，我们才开始觉察到那些重要的事实；然后在我们的研究过程中，这些事实引导我们得到一种答案。

472. 关于自然齐一性的信念的性质从我们害怕所预期的东西这个情况中可以最清楚地看出来。无论什么东西也不可能引诱我把手放进火焰中去——尽管归根到底我只是在过去才被火烧伤过。

473. 相信火会烧伤我和害怕火会烧伤我二者是一样的。

474. 如果我把手放在火中我就会被烧伤：这就是确定性。 135e

这就是说：在这里我们看到了确定性的意义。（不仅仅是“确定性”一词的意义，而且还有它所包含的东西。）

475. 人们在被问及作出某种假定的根据时，他们就去思考这些根据。这里的情况是否同人们考虑某事件的原因可能是什么时的情况相同？

476. 我们应当把害怕的对象和害怕的原因区别开来。

因此一张能够引起害怕或愉快的脸（害怕或愉快的对象），并不因此就成了害怕或欢乐的原因，而是——我们可以说——害怕或欢乐的目标。

477.“你为什么相信碰到炉板上就会被烫伤呢?”——对于这一信念你有理由吗?你需要理由吗?

478. 我凭什么理由假定我的指头碰到桌子时会感觉到一种抵抗呢?又凭什么理由相信如果这支铅笔刺进我的手,手就会受伤呢?——当我问这个问题时,成百个理由就出现了,每一个理由都企图压倒其他的理由。“但是我自己曾经无数次地有过这种经验而且也常常听到类似的经验;如果不是如此,那么事情就会……等等。”

479.“你凭什么理由相信这个?”这个问题可能意味着:“你现在是从什么推论出这个来的(你现在推断它了吗)?”但是这个问题也可能意味着:“对这个假定如果仔细考虑一个你能为它提供什么样的根据呢?”

480. 这样人们事实上可能只是把他们在得出某种意见之前自己对自己说的东西就作为这种意见的“根据”。那是他在实际上已经进行过的计算。如果现在问:先前的经验怎么**能够**作为假定如此这般的事以后会发生的根据呢?——回答是:对于这种假定的根据我们有什么样的一般概念呢?我们就将这种关于过去的陈述称为对于这件事会在将来发生这一假定的根据。——而如果你对我们玩这样一种游戏感到惊讶,那么我就请你去看一下过去经验的效果(烧伤过的孩子怕火)。

481. 如果有谁说关于过去的信息难以使他相信某件事会在 136e
将来发生,那么我就会对他感到不理解了。人们可以这样问他:那么你期待人家告诉你些什么?什么样的信息你才会称为这种信念的根据?你所谓的“确信”是什么?你觉得要怎么样才能使你信服呢?——如果这些不是根据,那么什么才是根据呢?——如果你说这些不是根据,那么你一定能够说明在什么情况下我们才有资格说我们的假定是有根据的。

注意:这里的根据并不是在逻辑上蕴涵所相信的东西的命题。

也不是像人们说的那样:信念比知道要求得较少些。——因为这里的事情并不是逻辑推论的近似。

482. 我们被这样一种表达方式引入了歧路:“这是一个好的根据,因为它使这个事件的发生成为可能。”这样说就好像关于根据我们进一步断定了某种证明其为根据的东西;可是说这个根据使事件的发生成为可能,无非就是说这个根据符合作为好的根据的特殊标准——但是这个标准却没有根据!

483. 一个好的根据就是一个看上去是好的根据。

484. 人们要说:“它之所以是一个好的根据只是因为它使事件的发生真的成为可能。”因为它好像真的对事件有一种影响;因此似乎是经验的影响。

485. 以经验来辩白终有尽头。如果它没有尽头它就不会是辩白。

486. 从我所获得的感觉印象是否能**推出**那儿有一把椅子呢？——怎么能够从感觉印象推出一个**命题**呢？那么，它是不是能从描述感觉印象的命题推出呢？不。——但是我难道不是从印象，从感觉材料推论出那里有一把椅子吗？——我没有作任何推论！——可我有时作推论。例如，我看到一张照片并且说："那里必定放过一把椅子"或者还说"从我在这里所看到的东西，我推论出那里有一把椅子。"那是一种推论；但并非属于逻辑的推论。一个推论是向一个断言的过渡；因而也是向对应于那个断言的行为的过渡。"我得出结论"不仅仅在语词上，而且还在行动上。

137e 我得出这些结论这件事能得到辩白吗？在这里**被称之为**辩白的是什么？——"辩白"这个词是如何使用的？描述语言游戏！从中你也就能够看到获得辩白的重要性。

487. "我要离开这房间因为你告诉我这样做。"

"我要离开这房间，但并非因为你告诉我要这样做。"

这个命题是**描述**了我的行动和他的命令之间的联系呢；还是制造了这种联系？

能不能这样问："你怎么知道你这样做是因为这个，或不是因为这个？"答案是否可能是这样的："我感到是这样。"

488. 我怎样判断它是不是这样呢？是靠间接证据吗？

489. 问问你自己：是在什么场合下，出于什么目的，我们才这样说？

有哪些行动伴随着这些话呢？（想一下问候语。）它们会在什么情景中使用？为了什么？

490. 我怎么知道这种思路导致了我的这个行动呢？——这是一幅特殊的图画：例如，在一项实验性研究中一项计算导致了进一步的实验。事情看上去就像是这样的——而我现在已能描述一个例子。

491. 并不是“没有语言我们就不能与其他人进行相互交流”——而是无疑地：没有语言我们就不能以如此这般的方式影响其他人；不能建造道路和机器，等等。而且：不利用说和写人们就不能进行交流。

492. 发明一种语言可能意味着出于特定的目的在自然律的基础上（或者与自然律相一致）发明一种工具；但是它也有其他的意思，类似于我们说到发明一种游戏时的意思。

在这里我是在把“语言”一词的语法同“发明”一词的语法相联系，从而陈述某种关于“语言”一词的语法的东西。

493. 我们说：“公鸡以喔喔的叫声来呼唤母鸡”——但是在这里究其根本难道不是把它与我们的语言相比吗？——如果我们想象公鸡的啼叫声通过某种物理的因果关系使母鸡产生行动，那么看法不就大不一样了吗？

但是如果能表明“到我这儿来”这些词是怎样作用于那个受到
138e 召唤的人，以致最终，只要给出特定的条件，他的腿部的肌肉就受
到神经刺激，等等——我们是否会感到那个语句失去了**语句**的性
质？

494. 我要说：我们称之为语言的**首先**是我们的日常语言这一工具，我们的语词语言这一工具；然后根据与它的相似性或可比较性才将其他的东西也称为语言。

495. 很明显，我能通过经验确立一个人（或动物）对某个信号像我要求他那样作出反应，而对另一信号则不。例如当一个人看到信号“——→”时便向右走，看到信号“←——”时便向左走；但是对信号“0——┤”他就不会做出像对信号“←——”那样的反应。

我甚至看到不需要编造一种事例，我只需要考虑一下事实上情况是什么样的；也就是说，我只能通过使用德语来指挥一个只学过德语的人。（在这里我把学习德语看作是调整一种机械装置使之对某种影响作出反应；对于我们来说，不管那个人是学会了这种语言，还是可能生下来就对德语语句像学习过德语的正常人一样作出反应，那都是一回事。）

496. 语法并不告诉我们语言必须怎样构成才能实现它的目的，才能对人们产生如此这般的影响。它只是描述而绝没有说明记号的使用。

497. 语法的规则可以称之为“任意的”，如果这意味着语法的目标仅仅是语言的目标。

如果某个人说“我们的语言要是没有这种语法，它就不能够表达这些事实”——他就应当问一下自己“能够”在这儿的意义是什么。

498. 我说“给我糖！”和“给我牛奶！”这些命令是有意思的，可是“牛奶我糖”这些词的连接，却没有意思；但这并不意味着说出这种词的连接没有任何效果。如果它的效果是使另一个人目瞪口呆，我并不因此就把这些词的连接叫做使我目瞪口呆的命令，即使那正好就是我想要产生的效果。

499. 说“词的这种连接是没有意思的”，就是把这种连接从语言范围内排除出去，并从而限定了语言的领域。但是人们在划定界限时，很可能有着各种各样的理由。如果我把一个地域用篱笆或者通过画线或者用别的办法围起来，其目的可能是要防止某些人进入或出去；但是它也可以是一种游戏的一部分，比如说，假定 139e
参加游戏的人需要跳过这个界限；或者它也可以表明某人所有的地产的终止和另一个人的地产的开始，如此等等。所以如果我划出了一条界线那也还没有说明我划它是为了什么。

500. 当一个语句被称为无意思时，那并不是说它的意思是无意思。它说的是词的某种连接被从语言中排除掉，从流通中取消掉。

501.“语言的目的是表达思想”。——因此可以说每一个语句的目的就是要表达一个思想。那么,例如“下雨了!”这个语句表达的是什么思想?——

502. 若问意思是什么。请比较:

“这个语句有意思。”——“什么意思?”

“这一组词是一个语句。”——“什么语句?”

503. 如果我要给某个人一个命令,我感到给他记号就足够了。我绝不会说:这只是一些词,而我还必须挤到这些词的背后。同样,当我向某个人问起某件事情时,他给我一个回答(即一个记号)我就满足了——这正是我所期待的——我不会再提出这样的责问:但是那仅仅是一个回答呀。

504. 但是如果你说:“如果我除了看到他给出的记号以外别的什么也看不到,我怎么能知道他意指的是什么呢?”我就说:“他是怎么知道他意指的东西的呢?——他也是只具有他的记号呀!”

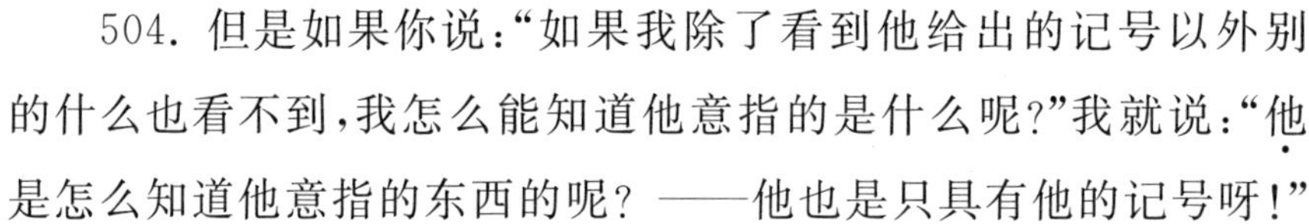

505. 在我能够按照一个命令去行动之前我必须先理解它吗?——当然,不然你就不会知道你该做什么!——但是从知道到行动不还是有一种跳跃吗?——

506. 一个心不在焉的人听到“向右转!”的命令时却向左转了,然后,拍一下脑袋说:“噢!向右转”并转向右边。——他想到了什么？一种解释吗？

507. “我不是仅仅说这个，我是用它来意指某种东西。”——如果我们考虑到当我们在**意指**(而不是仅仅说出)一些词时我们心中进行着些什么，我们就觉得似乎有什么东西与这些词结合在一起，若没有这些东西这些词就如空转的机器一般。——就好像这些词可以说是和我们心中的某种东西联系着。

508. 我说这样一个语句：“这天儿很好；”但是归根到底这些词只是任意的记号——那么让我们用“a b c d”来代替它们。但是现在当我读它时，我却不能把它同上面的意思直接地联系起 140e
来。——我会说，我不习惯说以“a”代替“这”，以“b”代替“天儿”，等等。但是我这样说并不是意味着我不习惯于在“这”这个词和“a”之间做出直接的联系，而是说我不习惯于在使用“这”的**地方**使用“a”——并因而在“这”的意义上使用“a”。(我尚未掌握这种语言。)

(我不习惯以华氏温标来度量温度。因而对温度的这样度量没有“**告诉**”我任何东西。)

509. 假定我们问某人“在什么意义上可以说这些词是对你正看到的东西的描述呢？”——他回答说：“我用这些词来**意指**这个。”(假如他正在观看风景。)为什么“我用这些词来**意指**这个”这一回答根本就不能算作回答？

人们是怎样使用词来意指他眼前所见的东西的？

假定我说“a b c d”并且意指:这天儿很好。因为在我说出这些记号时,我已经有了通常只有那个年复一年地在“这”的意义上使用“a”,在“天儿”的意义上使用“b”,等等的人才具有的经验。——那么“a b c d”现在是否意味着:这天儿很好?

衡量我是否有那样的经验的判据应当是什么呢?

510. 请你做下述试验:说“这儿真冷”而意指“这儿真暖和”。你能做到这一点吗?——而当你这样做时你做的是什么?只有一种方式来做吗?

511. “发现一个表述没有意思”意味着什么?——而这样说“如果我用它来意指某件东西,那么毫无疑问它必定有意思”又意味着什么?——如果我用它来意指某种东西?——如果我用它来意指什么?——人们要说:一个有意思的语句乃是人们不仅仅能够说,而且也能想的语句。

512. 看起来我们似乎能够说:“语词语言容许词的无意思的连接,但想象的语言却不容许任何无意思的想象。”——这样,绘画语言也不容许无意思的画吗?假定它们是这样一些画,根据它们人们要做出物体的模型。在这种情况下,一些画有意思另一些则不。——如果我想象词的无意思的连接呢?

513. 请考虑下面的表达形式:“我的书的页数等于 $x^3+2x-3=0$ 这个方程的根。”或者:“我有 n 个朋友并且 $n^2+2n+2=0$。”

这个语句有意思吗？这不能立刻看出来。这个例子表明有些东西 141e
看起来好像是我们能理解的一个语句，然而却没有给出意思。

（这有助于看清“理解”和“意义”的概念。）

514. 一个哲学家说他理解“我在这里”这个语句，说他用它来意指某件事，想某件事——即使他根本没有想过这个语句是在什么场合下如何使用的。如果我说：“玫瑰在黑暗中也是红色的”你就真的看到这种黑暗中的红色在你面前了。

515. 在黑暗中的玫瑰的两幅图画。一幅图画是黑的；因为玫瑰是看不见的。在另一幅图画中，玫瑰被画得非常细致，而周围则都画成黑色。它们一个是正确的，另一个是错误的吗？难道我们不会谈到黑暗中的白玫瑰和黑暗中的红玫瑰吗？而尽管如此难道我们不是还说它们在黑暗中是不可分辨的吗？

516. 显然，我们完全理解下述问题的意义：“数列 7 7 7 7 会出现在圆周率 π 的展开式中吗？”这是一个德语语句；人们可以指出 415 出现在圆周率展开式中意味着什么；以及诸如此类的东西。那么，人们可以说，我们对上面那个问题的理解正好达到这些说明所达到的程度。

517. 有这样一个问题：在我们认为我们理解了一个问题时我们会不会弄错了呢？

有许多数学证明的确都引导我们说，对于我们曾相信能够想象的某些东西我们并不能想象。(例如:构造正七边形。)它们引导我们去修正可想象事物的领域。

518. 苏格拉底对泰阿泰特说:“如果某人在想象,难道他不应该在想象着**某种东西**吗?”——泰说:“是的,一定的。”——苏说:“如果他在想象着某种东西,这东西难道不应是实在的吗?”——泰说:“显然是的。”

正在作画的人难道不应是在画某种东西——而正在画某种东西的人难道不应是在画某种实在的东西吗?——当然,那么告诉我,绘画的对象是什么:一个人的画像(举例来说),还是画像所描摹的那个人?

519. 人们要说,一个命令是按照命令已经实施过的行动的一幅图画;但是也可以说它是按照命令**应当**实施的行动的一幅图画。

520. “如果一个命题也被看作是可能事态的一幅图画并且被
142e 说成是表明了事态的可能性,那么,这个命题所能做的事充其量不过是一幅画或浮雕或影片所能做的:因而它无论如何不可能显示出并非如此的情况。那么,什么东西叫做(逻辑上)可能的,什么是不可能的是不是完全取决于我们的语法呢?——即,取决于那种语法允许什么?”——但那确实是任意的!——它是任意的吗?——并不是每一个貌似语句的构造我们都知道如何用它来做事,并不是每一种技巧都在我们的生活中有所应用;而当我们在哲学上倾向于把某种完全无用的东西充作命题时,那常常是因为我们没有充分地考虑它的应用。

521. 请把“逻辑上可能的”与“化学上可能的”比较一下。如果一个化合物有一个有着正确的化合价的结构(比如 H—O—O—O—H)那么人们也许就会称它为是化学上可能的。当然,这么一种化合物并不一定要存在;但即使是对于分子式 HO_2 我们也只能说在实在中没有与它相对应的化合物。

522. 如果我们将一个命题比之于一幅图画,我们必须考虑一下我们是将它比之于一幅肖像画(一种历史的再现)还是比之于一幅风俗画。这两种比较都是有意思的。

当我看一幅风俗画时,它“告诉”我某种东西,尽管我根本不相信(不去想象)在画中看到的人确实存在,或者在那种情况下真的有过这些人。但是假如我问:“那么,它告诉了我**什么**呢?”

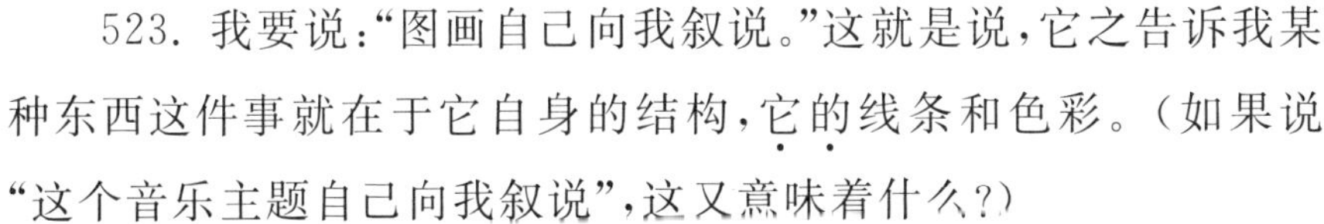

523. 我要说:“图画自己向我叙说。”这就是说,它之告诉我某种东西这件事就在于它自身的结构,**它的**线条和色彩。(如果说“这个音乐主题自己向我叙说”,这又意味着什么?)

524. 图画和虚构的故事使我们得到愉快,吸引了我们的心思。不要把这看作是理所当然的事情,而应当将它看作一个值得注意的事实。

(“不要把这看作是理所当然的事情”意味着:对它感到惊奇,就像对另一些使你不安的事一样。然后,由于你像接受其他事实一样接受了这个事实，后者的令人困惑的方面就会消失。）

（从明显的胡说到不明显的胡说的过渡。）

525. “在他说完这句话以后，他像前一天那样离开了她。”——我理解这个语句吗？我的理解和我在听一个故事的过程中听到这句话时对它的理解完全一样吗？如果这个语句是孤立地放在那儿
143e 的，那我该说我并不知道它谈的是什么。但尽管如此我们仍然会知道这个语句可能怎样被使用；我自己能为它发明一种语境。

（从这些话出发可以向各种方向引出众多我们所熟悉的路径。）

526. 理解一幅图画，一帧绘画，意味着什么？这里也存在着理解和不理解。而且在这里这些表达也可以意味着各种各样的东西。图画可能是一幅静物画；但是其中有一个部分我不理解：在那里我看不到物体，只是看到画布上有颜色的斑块。——或者我看到的一切都是物体，但是有些是我所不熟悉的东西（它们看起来好像是一些工具但我并不知道它们的用处）。——但是也许我熟悉这些对象，但在另一种意义上说却不理解它们排列的方式。

527. 理解语言中的一个语句比人们所设想的更类似于理解音乐中的主题。我的意思是说，理解一个语句要比人们所设想的更接近于通常所说的理解一个音乐主题。为什么响度和速度的变化形式恰好是**这个**呢？有人会说：“因为我知道所有这些东西是怎

么回事。”但是究竟是怎么回事？我就无法说出。为了“说明”，我只能将它与另外的某种具有相同节奏（我是指相同的形式）的东西相比较。（人们说：“难道你没有看出，这就好像是得出了结论”或者“这好像是一个括号”，等等。如何对这样一种比较做出辩白呢？——在这里存在着种类非常不同的辩白。）

528. 我们可以想象存在着这样的人：他们具有某种并非完全不像语言的东西：声音手势语，但没有词汇或者语法。（“用舌头说话”）

529. “但是在这种情况下，声音的意义是什么呢？”——在音乐中声音的意义又是什么呢？尽管我根本不想说，这种声音手势语一定要与音乐相比。

530. 也可能有这么一种语言，在其使用中，词的“灵魂”不起作用。例如，在这种语言中，我们毫不在乎用我们自己所发明的任意的一个新词来替换另一个词。

531. 我们可以在下面这两种意思上谈到理解一个语句：第一种意思是该句可以被另一个讲同一件事的语句所替代，第二种意 144e
思是该语句不能被任何一个别的语句替代。（正像一个音乐主题不能被另一个替代一样）

在第一种情况下那个语句的思想是为不同语句所共有的东西；在第二种情况下，那个语句的思想是某种只能由处于这些位置的这些词所表达的东西。(理解一首诗。)

532. 那么在这里“理解”有两种不同的意义吗?——我宁可说“理解”的这些种用法构成了它的意义,构成了我的理解**概念**。

因为我**想要**在所有这些地方都应用“理解”这个词。

533. 但是在第二种情况中,一个人怎么能够说明那个表述,怎么能把他的理解传达出去呢?问问你自己:一个人是怎样**引导**另一个人来理解一首诗或一个主题的?对此的回答告诉了我们在这里意义是怎样被说明的。

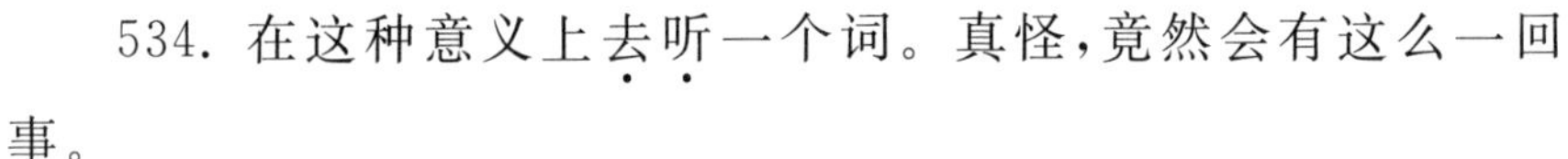

534. 在这种意义上去**听**一个词。真怪,竟然会有这么一回事。

像这样的加以措辞,像这样来加以强调,像这样来听的这个语句乃是向**这些**语句,图画,行为过渡的开始。

(从这些词出发可以向各种方向引出众多条为人们所熟悉的路径。)

535. 在我们学习去**感觉**一首教堂乐曲的结尾是一种结尾时,发生了什么?

536. 我说:“我能把这张脸(给人一种胆怯的印象)也想成是英勇的。”我这样说并不意味着我能想象有这张脸的某个人能救某个人的命(当然,这件事与任何脸相联系都是可以想象的)。我说的是那张脸本身的一个面相。我也不是指，我能想象这个人的脸可能发生变化，从而在通常的意思上看上去是英勇的；尽管它完全能够以一种十分确定的方式变成一张这样的脸。对一种面部表情的重新解释可以比之于对音乐中一个和弦的重新解释：我们先感到它是向这个调的过渡，又感到它是向那个调的过渡。

537. 人们可能说："我在这张脸上看到了胆怯"但是不管怎么说，胆怯似乎并不仅仅只在外表上与这张脸相联系，恐惧就生存于他的面部表情之中。如果表情稍有改变，我们就可以说恐惧也有相应的变化。如果要问我们"你能把这张脸设想作表示勇敢 145e
吗？"——我们将不知道怎样把勇敢安置在这种表情中去。这时我可能会说"要说这是一张勇敢的脸，那我真不知道这是在说什么。"但是这样一个问题的解答看上去是怎样的？人们也许会说："是的，现在我懂了：这张脸可以说是对外部世界漠不关心的。"这样，我们就将勇敢解释进了这张脸。人们会说，勇敢现在又*适合于*这张脸了。但是在这里*什么*适合于*什么*？

538. 有一种与此有关的情况（尽管它看起来似乎不是）：例如，我们（德国人）对于法语中谓语形容词要与名词保持性的一致感到惊讶，并且我们这样向我们自己解释这种情况：他们的意思是"这人是*一个好人*"。①

① 在法语中主语"这人"（名词）与主语补足语"好的"（谓语形容词）要保持性的一致，而德语则不要求。——译注

539. 我看到一张描绘微笑的脸的图画。如果我把这种微笑一会儿当作善意的微笑，一会儿又当作恶意的微笑，那我做了什么呢？难道我对它的想象不常常总是在一定的或是善意或是恶意的时间和空间的情景中进行的吗？因此我可能想象的是这样一幅图画，即那个微笑的人对着玩耍的孩子在微笑，或者也可能是对着一个痛苦的敌人在微笑。

我也可能把初见时有好感的情景放到更加广阔的背景中并给予不同的阐释，但这一点并不能改变上面所说的情况。——如果没有特别的情况变更我的解释，我就会认为某个特定的微笑是善意的，把它叫做“善意的”微笑，并对它作出相应的反应。

（概率，频率。）

540. “真奇怪，我将不能设想雨很快就要停了——如果没有语言这个制度和它的整个环境？”——你是不是要说，真奇怪，如果没有语言的那些环境你就将不能说这些词并且*意指*它们？

假定某人指着天空并说出一连串无法听懂的词。当我们问他他的意思是什么时，他说这些词意味着“感谢老天，雨很快就要停了。”他甚至把一个一个的词的意义都向我们作了说明。——我猜想他是突然醒悟了并且说：那个语句是完全无意思的，但是当他说那句话的时候他好像觉得那句话是他所熟悉的一种语言中的一个
146e 语句。（的确像一个著名的引语。）——现在我该说什么呢？在他说那句话时他难道不理解那个语句吗？这个语句难道就没有将自己的全部意思包含在自己本身之中吗？

541. 但是他的理解和意义到底在于什么呢？也许他以一种快活的音调发出一些声音，指着天空，这时天正在下雨却已经开始显露霁色；之后他再在他的那些词与德语的词之间建立一种联系。

542. “但是关键在于，他感到这些词就像他熟知的一种语言中的词一样。”——是的：对此的判据就是他后来恰好是那样说的。而现在可不要说：“对我们所熟悉的一种语言中的词的感觉是一种非常特殊的感觉。”（这种感觉的表达是什么？）

543. 我能不能说：叫喊和笑声都充满了意义。

大致说来这意味着：从它们中能得出许多东西来。

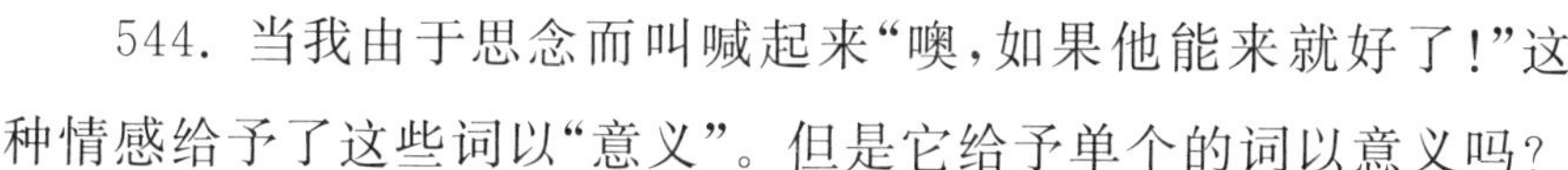

544. 当我由于思念而叫喊起来“噢，如果他能来就好了！”这种情感给予了这些词以“意义”。但是它给予单个的词以意义吗？

但是这里人们也可以说这种感情给了这些词以为真性。从这一点你就能看出概念在这里是怎样融合在一起的。（这又使我们想起那个问题：一个数字命题的意义是什么？）

545. 但是当人们说“我希望他会来”时——这种感情是不是给了“希望”一词它的意义呢？（那么对于“我再也不希望他来了”这个语句该怎么说呢？）这种情感也许的确给了“希望”这个词以它特有的音响；也就是说，它以那种音响表达出来。——如果是情感给了这个词它的意义，那么在这里“意义”就意味着事情的关键。但是为什么情感是事情的关键呢？

希望是一种情感吗？（特征标记。）

546. 这样，我要说，这句话“他可要来呀！”负载着我的愿望。而语词能从我们那里挣脱出来，——像一声叫喊。但有些词可能很难说出口来：例如用以声明放弃什么或者承认一种弱点的那些语词。（言也是行。）

547. 否定：一种“精神活动”。你否定某种东西并且观察你在做的事。——你是不是在心中摇了摇头？如果你这样做了——这
147e 一过程是否比之，比如说，在语句中写下一个否定记号更值得引起我们的兴趣？你现在知道否定的本质了吗？

548. 希望某种事情会发生——希望同样的事情不发生，在这两种过程之间有些什么区别？

如果我们要用图画来表现它，那么我们就会以各种各样的方式来处理这个事件的图画：在它上面打叉，用一条线把它圈起来等等。但我们感到这不过是一种粗劣的表达方法。在语词语言中我们使用记号“不”。但是这好像是一种笨拙的权宜措施。人们认为在思想中事情是以不同的方式进行的。

549. “‘不’这个词怎么能起否定作用呢？”——“记号‘不’表示我们应当否定地对待它后面的东西”。我们要说：这个否定记号乃是我们做某种事情——可能是非常复杂的事情——的缘由。就好像是这个否定记号引起了我们做某种事情。但是做什么事情

呢？并没有说。好像只需要暗示一下；好像我们已经知道。好像无须任何说明，因为在任何情况下我们都已经熟悉了这件事情。

550. 人们会说，否定是一种排除、拒绝的手势。但是这么一种手势竟在如此多样的场合下使用！

551. “‘铁在摄氏一百度不会融化’和‘二乘二不是五’——在这里出现的是**相同**的否定吗？”这个问题是不是要通过内省，也即通过这样的方式来解决：努力看一下我们说出这两个语句时我们在**想**些什么？

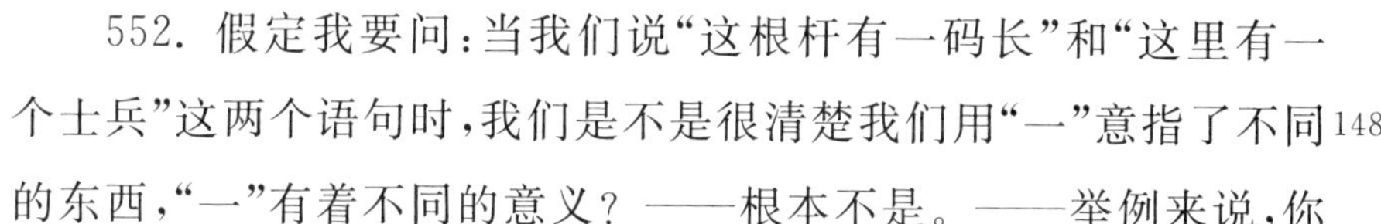

552. 假定我要问：当我们说“这根杆有一码长”和“这里有一个士兵”这两个语句时，我们是不是很清楚我们用“一”意指了不同 148e
的东西，“一”有着不同的意义？——根本不是。——举例来说，你

(a)“三个否定又产生一个否定这件事一定已经包含在我现在所使用的这一个否定之中”（发明一种“意义”神话的诱惑。）

双重否定产生肯定，这看来似乎来自否定的本性。（在这里有某种正确的东西。是什么呢？**我们**的本性与二者都是有关联的。）

(b)对于“不”这个词来说这些或别的规则是不是正确的规则（我的意思是，它们是否与否定的意义相一致）我们是不可能进行讨论的。因为没有这些规则这个词就还没有意义；而如果我们改变了规则，那么它就会具有另外的意义（或者没有意义），而且在那种情况下我们也能改换掉那个词。

讲这样一句话:“一个士兵占据一码,所以两个士兵就占据两码。”再问你:“你用两个‘一’指同样的东西吗?”人们也许会这样回答:“我当然指同样的东西:一!”(可能还举起一个手指。)

553. 当“1”代表一种测度和它代表一个数字时,它有不同的意义吗?如果问题以这种方式提出,人们就会给以肯定的回答。

554. 我们很容易想象具有一种“较原始”的逻辑的人们,在这种逻辑中那些对应于我们的否定的东西只能运用于某些种类的语句;也许只能运用于其本身并不包含否定的语句。否定“他正走进屋子里去”这个命题是可能的,但是对否定命题的否定则是无意义的,或者只能算是对否定的一种重复。请你想想那些与我们不同的表达否定的方法:例如,通过说话的音高来表达否定。那么,这时双重否定该是什么样的呢?

555. 对这些人来说否定是否具有和我们一样的意义,这个问题就类似于:“5”这个数对于那些其自然数序列到5便结束了的人们来说是否具有与我们相同的意义。

556. 请想象一种语言有两个不同的词“x”和“y”来表示否定。双重“x”产生一种肯定,双重“y”则产生了一种加强了的否定。这两个词在其他方面的使用都相同。——现在在“x”和“y”不重复出现的语句中它们是否有相同的意义呢?——对此我们可以做出各种不同的回答。

(a) 这两个词有不同的使用。因而它们有不同的意义。但是对于其中有这两个词出现但不重复出现的那些语句,如果其余的部分都相同,那么这些语句的意思相同。

(b) 在语言游戏中这两个词除这么一点不相同外有着相同的功能,而这点不同也只是一种不重要的约定。人们以相同的方式来传授这两个词的使用,运用相同的动作、手势、图画等等;而在对这两个词的说明中只是作为某种偶然的东西,作为语言的多变性的特征,附带提到它们在使用方式上的差别。因此我们要说“x”和“y”有相同的意义。

(c) 我们把这两个否定词与不同的意象相联系。“x”可以说 149e
是将意思转了 180 度。而这正是两个这样的否定词之所以能够使意思恢复原来位置的原因。“y”就像摇头一样。正像人们并不用第二次摇头来废除第一次一样,他们也不用第二个“y”来取消第一个“y”。因此,尽管在实际上使用这两种否定记号的语句结果是一样的,“x”和“y”也仍然表达了不同的观念。

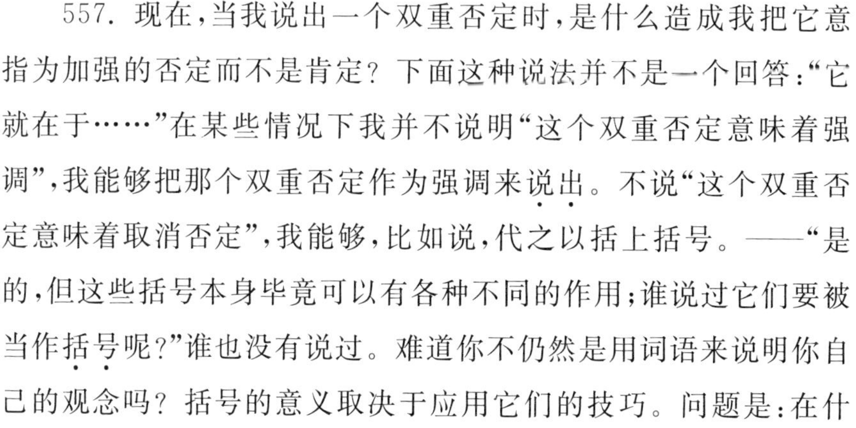

557. 现在,当我说出一个双重否定时,是什么造成我把它意指为加强的否定而不是肯定?下面这种说法并不是一个回答:“它就在于……”在某些情况下我并不说明“这个双重否定意味着强调”,我能够把那个双重否定作为强调来说出。不说“这个双重否定意味着取消否定”,我能够,比如说,代之以括上括号。——“是的,但这些括号本身毕竟可以有各种不同的作用;谁说过它们要被当作括号呢?”谁也没有说过。难道你不仍然是用词语来说明你自己的观念吗?括号的意义取决于应用它们的技巧。问题是:在什么情况下说“我意指……”才是有意思的？要什么样的情况才能为我所说的“他意指……”做出辩白呢？

558. 如果说“玫瑰是红的”中的“是”与“二乘二是四”中的“是”有不同的意义，那是什么意思？如果回答是：这意味着对这两个词有效的规则是不同的：那么我们就可以说，在这里我们只有*一个*词——而且如果我所考虑的都是语法规则，那么这些规则的确在这两种组合上都允许使用“是”这个词。但是表明“是”这个词在这两个语句中具有不同意义的规则则是这样的：它允许我们在第二个语句中用等号来代替“是”这个词，而不允许在第一个语句中进行这种代换。

559. 人们愿意谈论一个词在*这个*语句中的功能。就好像语句是一个机械装置，而词在其中有一种特定的功能。但是这一功能又在于什么？它怎样表现出来？因为在那儿并没有任何东西隐藏着——我们难道不是看到了整个语句了吗？功能必须在演算的过程中显露出来。

（意义体。）

560. “一个词的意义乃是对该意义的说明所说明的东西。”即：如果你要理解“意义”这个词的使用，就要去找被称为“对意义的说明“的东西。

150e 561. 现在如果我说“是”这个词以不同的意义被使用（作为系

词和作为等号),却不想说它的意义就是它的使用,即作为系词和作为等号的使用,那不是太奇怪了吗?

人们会说这两种使用并不能产生一个**单一的**意义;这种同一个词的多重使用乃是一种无关紧要的偶然的事情。

562. 但是我怎么能够确定什么是某种记号法[①]的本质特征,什么是它的非本质的、偶然的特征呢?是不是在记号法背后存在着某种实在,塑造了它的语法?

让我们想一想在游戏中的类似的例子:在跳棋中,“王”是以一个棋子叠在另一个棋子上作为标志的。那么人们是不是会说对于这个游戏,王由两枚棋子组成是非本质的?

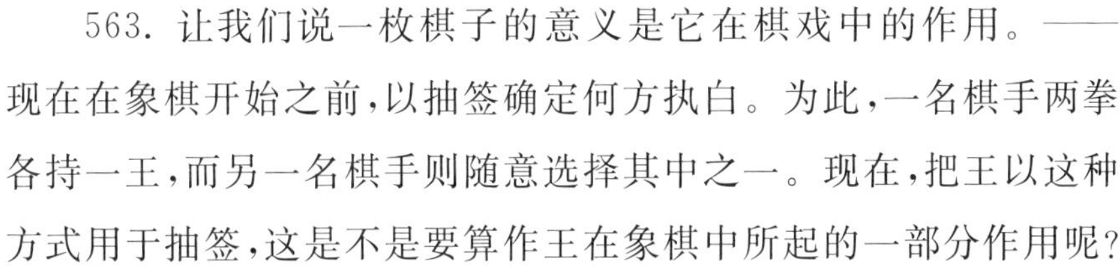

563. 让我们说一枚棋子的意义是它在棋戏中的作用。——现在在象棋开始之前,以抽签确定何方执白。为此,一名棋手两拳各持一王,而另一名棋手则随意选择其中之一。现在,把王以这种方式用于抽签,这是不是要算作王在象棋中所起的一部分作用呢?

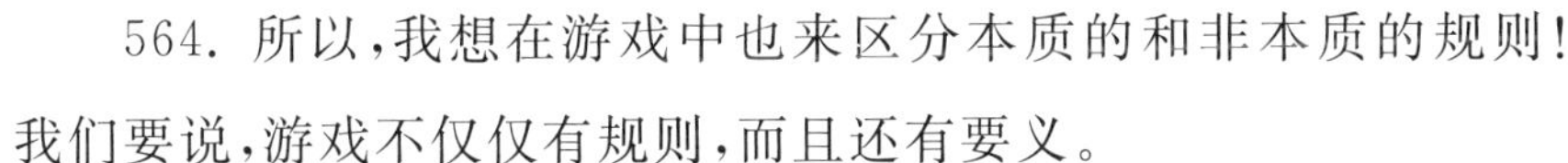

564. 所以,我想在游戏中也来区分本质的和非本质的规则!我们要说,游戏不仅仅有规则,而且还有**要义**。

565. 为什么是同一个词?在演算中我们并不使用这种同一性!——为什么同一枚棋子用于两种目的?——但是这里说的

① 记号法(德 Notation,英 notation),对记号的指定。——校注

“使用同一性”指的是什么？因为，如果我们事实上使用了同一个词，那么难道这不也是一种使用吗？

566. 现在看来，使用同一个词或同一枚棋子似乎有一种*目的*——只要同一性并不是偶然的、非本质的。而且好像这个目的正是为了使人们能够认出那枚棋子并知道怎样下棋。——在这里我们在谈论的是物理的可能性还是逻辑的可能性？如果是后者，那么棋子的同一性就是与棋戏有关的了。

567. 但是，归根到底，游戏应该是由规则来规定的！因此，如果该游戏有一条规则规定在象棋开始之前，王要用于抽签，那么这就是游戏的本质部分。对此人们能提出什么样的反对呢？可以是：我们看不出这种规定的要义。也许就像人们看不出下面这个
151e 规则的要义一样：要求每走一步之前都得把要走的棋子旋转三次。如果我们在某种棋类游戏中发现有这个规则，我们将会感到吃惊并且要猜测这个规则的目的。（“这种规定是不是旨在防止下棋人未经深思熟虑就走棋呢？”）

568. 我可以说，如果我对这种游戏的特征理解得是对的，那么这并不是它的本质部分。

（意义是一种相貌。）

569. 语言是一种工具。它的概念都是工具。人们也许会以为我们究竟使用*哪些*概念不会造成*很大*的不同。就像人们既可以

使用英尺和英寸也可以使用米和厘米来研究物理学一样；其差异只是在于方便与否。但是，即使这种说法也不一定对，如果举例来说，在某种测量系统中计算所需要的时间和所造成的麻烦已超过了我们所能对付的程度的话。

570. 概念引导我们去进行研究；它们表达我们的兴趣并且指引我们的兴趣。

571. 引人误解的对比：正如物理学研究物理领域的过程，心理学则研究心理领域的过程。

物体的运动，电现象等等是物理学的对象，但不能在与此**相同的意义上**说看、听、想、感受、意欲是心理学的对象。你可以从下面这个事实中了解这一点：物理学家看到、听到、思考这些现象并且将它们告诉我们，而心理学家则观察受试者的**外部反应**（行为）。

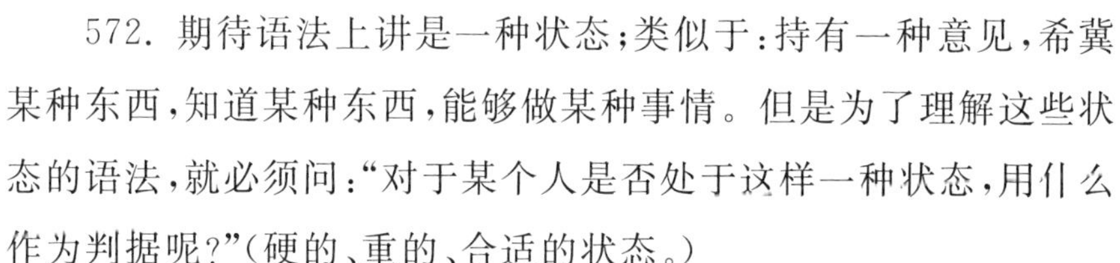

572. 期待语法上讲是一种状态；类似于：持有一种意见，希冀某种东西，知道某种东西，能够做某种事情。但是为了理解这些状态的语法，就必须问："对于某个人是否处于这样一种状态，用什么作为判据呢？"（硬的、重的、合适的状态。）

573. 持有一种意见是一种状态。——一种什么状态？灵魂的状态？精神的状态？人们说的是什么对象持有一种意见？例如，是某某先生。而这是一个正确的回答。

但是人们不能指望对这个问题的回答会给予我们什么启示。

更为深入的问题是：在具体情况下，我们以什么作为判据来判定某人是否具有如此这般的一种观点？我们在什么时候说：他在那个时候形成了这种意见？什么时候说：他改变了他的意见？等等。对这些问题的回答所给予我们的图画表明：在这里是什么在语法上被作为一种状态加以处理了？

152e 574. 一个命题，因而在另一种意思上说一种思想，可以是对信念、希望、期待，等等的“表述”。但是相信并不是思考。（一个语法上的注解。）相信、期待、希望这些概念相互之间的联系要比它们与思考的概念之间的联系更紧密。

575. 当我在这把椅子上坐下时，我当然相信椅子能载得起我。我并不去想它可能会垮下来。

但是：“尽管他做了一切努力，我还是坚持相信……”这里有着思考，也许是为保持某种态度而进行的一场持续的斗争。

576. 我看着一根缓慢燃烧的导火线，非常兴奋地追随着燃烧的进展直至它烧到炸药。可能我根本没有想任何东西或者只有一些不相连贯的思想。这的确是一个期待的事例。

577. 当我们相信他将会到来时，我们说“我正期待他”，尽管他的到来并没有占据我们的思想。（在此“我正期待他”意味着“如果他不来我会感到惊讶”，而且这也不能称为是对一种精神状态的描述。）但是当我们指的是：我正热切地等待着他时，我们也说“我正期待他”。我们能够想象一种语言，对这两个场合前后一致地使用不同的动词。类似地，在我们说到“相信”、“希望”等等的地方，也使用不止一个动词。可能这种语言中的概念要比我们的语言中的概念更加适合于理解心理学。

578. 试问你自己：*相信*哥德巴赫定理[1]意味着什么？这一信念在于什么？就在于我们在陈述、听到，或者思考这个定理时所有的一种确实之感吗？（这不会使我们感兴趣。）而这种感觉的特征是什么？真的，我甚至还不知道这种感觉在多大程度上是由这命题本身引起的。

我是不是应当说信念是我们思想的一种特殊色调？这种想法是从哪里来的？是的，有一种信念的音调，就像有一种怀疑的音调一样。 231

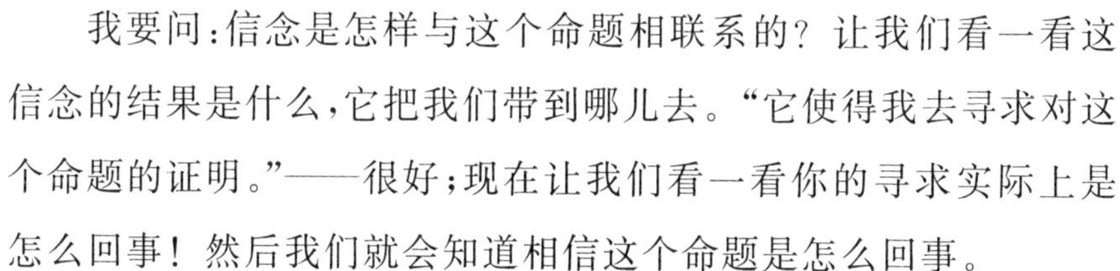

我要问：信念是怎样与这个命题相联系的？让我们看一看这信念的结果是什么，它把我们带到哪儿去。“它使得我去寻求对这个命题的证明。”——很好；现在让我们看一看你的寻求实际上是怎么回事！然后我们就会知道相信这个命题是怎么回事。

579. 有信心的感觉。这种感觉如何表现在行为中？ 153e

580. 一种“内在过程”需要外部的判据。

① 哥德巴赫定理：亦称哥德巴赫猜想，即认为每一个偶数都可以表示为两个素数之和。这一定理是否成立，迄今尚未得到完全证明。——译注

581. 期待是置身于情境之中的，它就是从该情境中产生的。例如，对爆炸的期待可能是产生于一种*期待着*爆炸的情境。

582. 如果某个人喃喃地低声说“它马上就要炸了”，而不是说“我随时都在期待着爆炸”，那么，他的低语还是没有描述任何感受；尽管他的话和讲话的语调可以表现他的感受。

583. “但是照你所说，好像我*现在*实际上并没有期待，希望，——像我认为的那样。似乎*此刻*发生的事并无深刻的意义。”——说“此刻发生的事是有意义的”或者“有深刻的意义”这意味着什么？什么是*深刻的*感觉？一个人能不能在一秒钟的区间里具有一种热烈的爱或希望的感觉。——而*无论*在这一秒钟之前和之后*发生什么*？——此刻发生的事——在这些环境中——是有意义的。这种环境使它具有了重要性。而“希望”一词指称的是人类生活的一种现象。（微笑的嘴只有在人脸上才是微*笑*的。）

584. 现在假定我坐在我的房间里希望某某会来并带给我一些钱，再假定这种状态有一分钟可以被孤立起来，从它的前后关系中割裂开来；那么在这一分钟里所发生的事就不是希望了吗？——举例来说，试想一想在那段时间里你可能说出的话。它们不再是这语言的一部分。而在另一种环境中钱的制度也是不存在的。

加冕礼是荣耀和尊严的图画。将这一仪式中的一分钟从它的周围环境中截取出来：皇冠被放在身着加冕礼服的国王的头上的一刹那。——但是在另一种环境中黄金是最贱的金属，它的闪光被认为是庸俗的。在这种环境中加冕礼服的料子的生产是很便宜的。皇冠则是高贵的帽子的拙劣的仿制品。诸如此类。

585. 当有人说“我希望他会来”——这是对他的精神状态的*报告*还是他的希望的一种*表露*呢？——例如，我能对我自己说这句话。当然我不是在给自己一个报告。它可能是一声叹息；但也不一定得是叹息。如果我告诉某人“我今天无法专心工作；我一直在想着他的到来”——*这*将被称为对我的精神状态的一种描述。

586. “我已经听说他要来；我整天一直等着他。”这是关于我 154e
怎样度过一天的一个报告。——在谈话中我得到这样一个结论，即一个特定的事件应该被期待，我把这个结论表示在下面的话中：“所以现在我必须期待他的到来。”这可以称之为这一期待的第一个思想，第一个行动。——“我渴望见到他！”这一惊叹句可以被称为一个期待的活动。但是，我能够把同样的话作为自我观察的结果说出来，那么它们可能意味着：“这样，尽管发生了那些事情，我仍然渴望见到它。”关键在于：是什么引出了这些话？

587. 这样问有意思吗：“你怎么知道你相信？”——这种回答有意思吗：“我通过内省知道的。”？

*有些*场合下我们可以这样说，但在大多数场合下则不能。

这样问是有意义的：“我是真的爱她吗？我不只是装的吗？”而内省的过程是唤起种种记忆；唤起想象的可能情境，唤起如果……

就会产生……的感觉。

588. “我正反复思索着明天离开的决定。”(这可以称为是对一种精神状态的描述。)——“你的论点并没有说服我;我现在像以前一样有明天离开的意向。”在这里人们被引诱要把这种意向称为一种感觉。该感觉是关于某种硬性的感觉;是对不可变更的决心的感觉。(但是这里也有着许许多多不同特征的感觉和态度。)——有人问我:“你将在这里待多久?”我回答说:“明天我就要离开;我的假期要结束了。”——但是与此相反:我在一场争吵的最后说“好吧!那么我明天就离开!”我做出了决定。

589. “我在心中对此做了决定。”当我这样说时我甚至要指着自己的胸膛。这种说话的方式在心理学上应该认真地看待。为什么它不像断定信念就是一种精神状态的断言那样得到认真的对待?(路德:“信仰在左乳之下。”)

590. 也许有些人有可能通过指着心口的手势来学会如何理解“说什么就真得指什么”这个表述的意义。但是现在我们必须问:“他是怎么会学会的呢?”

155e 591. 我是不是该说凡是具有某种意向的人都有趋向于某种东西的经验?是不是该说存在着“趋向”的特殊经验?——想想这种情况:如果有人在讨论中急于要发表一些意见,提出某种异议,他常常会张开嘴,吸口气并且屏住呼吸;如果他然后又决定放弃这个异议了，他就会吐出气来。这一过程的经验很明显是倾向于说些什么的经验。任何一个观察我的人都会知道我是想要说些什么然后又改变想法了。在**这个**场合下的确是如此。——但是，不管在现在这个场合下想说话的意向是如何地特征鲜明，在另一个不同的场合下这位观察者就不会这样地来解释我的行为。难道有什么理由可以假定这相同的经验就不可能产生在全然不同的场合中吗？——那种与任何“趋向”都没有任何关系的场合？

592.“但是当你说‘我想要离开’时，你确实意指这一点！在这里又是意指的精神活动给予了语句以生命。如果你只是跟着别人重复这个句子，例如只是为了嘲笑他说话的方式，那么你说这句话时就并没有这样的意指活动。”——在我们从事哲学时，有时事情就是这样的。但是让我们还是切实地思考一下各种**不同**的场合和交谈，以及语句在这些场合和交谈中说出来的方式。——“我总是发现有一种精神的潜台词；也许它们并不总是**同样的**”当你跟着别人重复这个语句时是不是就没有这种潜台词了呢？而且这种“潜台词”又怎样才能从说话的其余的经验中分离出来呢？

593. 哲学之病的一个主要原因——偏食：人们只用一种类型的例子来滋养他们的思想。

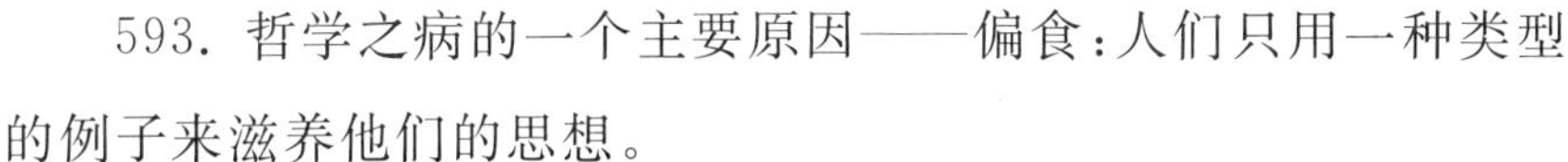

594.“但是有意义地说出来的话归根到底不仅有一个表面，还有其深度！”总而言之，这就是说，当把话有意义地说出来时，总是发生了一件与单纯的说出不同的事。——我如何表达这一情况是无关紧要的。在第一种情况下我说它们有着深度；或者我说当我把话说出来时在我的心中有某件事在进行；或者我说它们有着一种气氛——说来说去都是一回事。

“好，如果我们都同意这一点，那么它不就是真的了吗？”

（我不能接受别人的证词，因为那并非**证词**。它仅仅告诉了我他**倾向于**说的东西。）

595. 对于我们来说在如此这般的环境中说一个语句是自然的，而孤立地说这个语句则是不自然的。我们是否该说，每当我们
156e 自然地说一个语句时，总有一种特殊的感觉伴随着语句的说出呢？

596. “熟悉”和“自然”之感。获得一种或**多种**不熟悉和不自然的感觉较为容易。因为并不是每一件我们不熟悉的事物都给我们造成一种不熟悉的印象。在这里必须考虑我们称之为“不熟悉的”是什么。我们看到路上有一块砾石，我们就认出它是一块砾石，但是也许认不出它就是一直待在那里的那块砾石。认出一个人是一个人，但也许认不出它是熟人。存在着种种老相识的感觉：它们有时被一种特殊的张望的方式或者这样的词句表达出来：“就是这个老房间！”（这个房间我以前住过好多年现在回来发现它毫无变化。）同样，也有种种陌生的感觉。我突然停下来，疑惑地或不信任地看着这个对象或这个人，说“我感到它很陌生。”——但是这种陌生感的存在并不就使我们有理由说，凡是我们很了解的对象，我们对之并不陌生的对象，就都给予我们一种熟悉的感觉。——我们似乎以为，曾经一度由陌生之感充满的地方无疑地一定会**以**

某种方式被占据。存在着这种气氛的地方是有的，而且如果这个气氛没有占据那个地方，那么就有另一个气氛占据着它。

597. 正如一个英语讲得很好的德国人尽管并不是先构造德语表达式然后把它翻译成英语，但德语的语言习惯还是会潜进他的言语之中；正如这一点使得他说英语就**好像**是“不自觉”地从德语**翻译**过来——同样我们以常常以为我们的思想好像是建立在这样一种思想图式之上的：好像我们是在把一种较原始的思想方式翻译成我们的思想方式一样。

598. 当我们从事哲学时，我们会把本来并不存在的感受实体化。它们的作用是向我们说明我们的思想。

“**在这里**对我们的思想的说明需要一种感受！”就好像我们的信念只不过是这种要求的结果似的。

599. 在哲学中我们并不做出结论。“但事情一定是这样的！”这并不是一个哲学问题。哲学只是陈述每个人都承认的东西。

600. 凡是我们并不觉得引人注目的东西都造成了一种不引人注目的印象吗？凡是普普通通的东西就总是造成普通性的**印象**吗？

601. 当我说到这张桌子时，——我是不是**在回想**：这个对象 157e
叫做“桌子”？

602. 如果问我“在你今天早晨进入你的房间时，你认出你的书桌了吗?”——我会无疑地说“当然!”但是如果说曾经发生过一种认出的活动，那就会使人误解。当然，书桌对我并不陌生；看到它我不会像在那里看到另外一张桌子或者看到某种不熟悉的东西那样感到惊奇。

603. 没有人会说，当我每一次进入我的房间，进入我的久已熟悉的环境之中时，我都对我所看到的并以前见到过数百次的一切东西都进行了认出的活动。

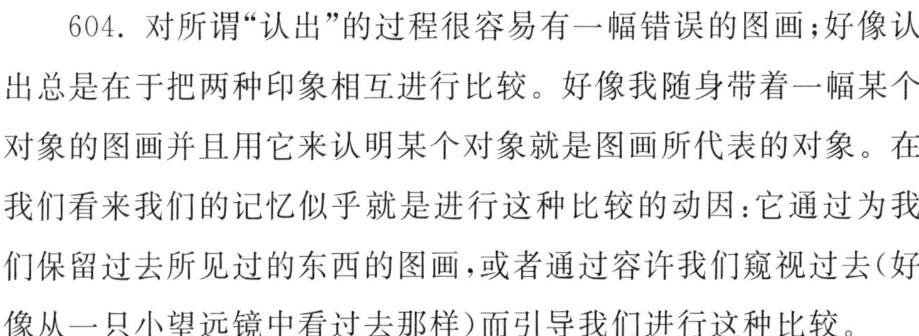

604. 对所谓“认出”的过程很容易有一幅错误的图画；好像认出总是在于把两种印象相互进行比较。好像我随身带着一幅某个对象的图画并且用它来认明某个对象就是图画所代表的对象。在我们看来我们的记忆似乎就是进行这种比较的动因：它通过为我们保留过去所见过的东西的图画，或者通过容许我们窥视过去(好像从一只小望远镜中看过去那样)而引导我们进行这种比较。

605. 事情当然不是这样：我把对象和一幅放在它旁边的图画进行比较，而似乎是这个对象与该图画*相契合*。因此，我只看到一个东西而不是两个。

606. 我们说“他的声音的表达是*真诚的*”。如果它是做作的，我们觉得似乎在它背后还有另一个声音。——*这*是他向世界露出来的脸，而在内里他还有另一张脸。——但是这并不意味着当他的表达是真诚的时候他有着两个相同的脸。

（“一种非常特殊的表达。”）

607. 人们怎样判断现在是什么时间？我并不是指以外在的证据，诸如太阳所在的方位、房间的光线等等来判断。——比如有人问自己：“现在能是什么时间呢？”，停顿一会儿，可能想象一下钟面，然后说出一个时刻。——或者他考虑各种可能性，先想到一个时刻，然后又想到另一个，最后终止于某个时刻。这些就是人们判定时间的方式。——但是是不是有一种确信的感觉伴随着对时间的这种想法呢？这是不是意味着这想法符合内在的时钟呢？——不，我并不是从哪一只钟表上读出时刻来的；存在着这样一种确信之感就是说当我告诉自己一个时刻时，我十分沉着自信而不感到任何犹疑。——但是在我说这个时刻时是不是有什么东西在嘀嗒作响呢？——这绝不是我所知道的东西；除非是你叫做冥想之停 158e
止的那个东西，停止在一个数字上。在这里我也根本就不应该谈到什么“确信的感觉”，而是应该说：我考虑了一会儿，然后忽然想到时间是五点一刻。——但是我是根据什么呢？也许我可能是说：“只是根据感觉”，而这只意味着我让自行冒出来的东西去决定。——但是肯定地说，为了猜测那个时间你至少必须把自己安置在某确定的情况中，而不要把关于时间的随便哪种想法当作正确的时间！——再重复一遍：我问自己“现在是什么时间了？”就是说，我并不是比如说在某篇小说中读到这个问题，也不是把它作为别人说的话在引用；也不是在练习这些词的发音；如此等等。这些并不是我说这话时的环境。——那么说这话时的环境是什么

呢？——我正在想着要吃早餐，不知道今天是不是晚了。这才是这类环境中的一种。——但是难道你真的还没有看到你毕竟是处于一种虽然难以捉摸却为猜测时间所特有的情况之中，就好像处于一种具有刻画意义的气氛中一样吗？——是的，具有刻画意义的东西就在于我对自己说“现在是什么时间了？”——而如果这个语句有一种特殊的气氛，我又如何把它同语句本身分开来呢？如果我从没有想到过一个人可以以不同的方式来说这个语句——作为一个引语、一个笑话，或者一种发音的练习等等；那么我永远不会去想到说这个语句有着这样一种这样的气氛。可是一旦想到**之后**，我立即想要说，事情在我看来立即就显得是，我毕竟一定是给了这些词以某种特定的**意指**；也就是不同于另外那些情况的意指。这一幅特殊气氛的图画是它自己强加于我的，我可以很清楚地在我面前看到它——这是说，只要我不去看我的记忆告诉我真实发生的事的话。

至于确实感：我有时对自己说“我肯定现在是……点钟”，用着某种较多或较少自信的口气，等等。如果你问我这种确实性的**理由**，那我是没有的。

如果我说，我是从一只内在的时钟上读出时间的，——这是一幅图画，唯一与之相合的东西就是我说现在是某某时刻。这幅图画的目的就是要使这个情况与另外那个情况同化。我拒绝承认在这里有两种不同的情况。

608. 关于估量时间时精神状态的不可捉摸性这一想法是非
159e 常重要的。为什么是**不可捉摸**的？难道不是因为我们拒绝将我们状态的那些可以捉摸的东西看作是我们所假设的那个特定状态的一部分吗？

609. 对气氛的描述是语言为了特定的目的的特定的应用。

（把“理解”解释为气氛；解释为一种精神的活动。人们可以构造一种气氛来加到任何东西上去。“一种不可描述的特征。”）

610. 描述咖啡的香味。——为什么做不到？是我们缺少词汇吗？我们为什么缺少它们？——但是我们怎么会有“这种描述一定会是可能的”这一想法的呢？你是否曾经感到过缺少这种描述？你是否曾经试着要描述这种香味然而没有成功？

（我会说：“这些音符说着某种美妙的东西，但我不知道是什么。”这些音符是一个强有力的手势，但我不能将它等同于任何说明性的东西。一种庄重的颔首。詹姆斯：“我们的词汇是不够的。”那么为什么我们不引进新的词汇呢？在什么样的情况下我们才能够这样做呢？）

611. 人们会说：“意愿[1]也只是一种经验”（“意志”也只是“观念”）。它来了就来了，我不能引起它。

不能引起它？——像什么东西那样引起？那么我能引起什么呢？当我这么说时，我是在把意愿与什么相比？

---

① 意愿作为名词译自德语 Das Wollen，英译为 willing 或 an act of willing；作为动词译自德语 wollen，英译为 will（动词）。意志为名词译自德语 Der Wille，英译为 will（名词）。后同。——译者

612. 例如我不会对我的胳膊的运动说：它来了就来了，等等。而这就是这样的领域，在其中我们能有意义地说某件事不仅仅是发生在我们身上而且是我们**做**它。“我不需要等待我的胳膊升上来——我能把它举起来。”在这里我把我的手臂的运动和比如说，我的心的猛烈跳动总会平息这一事实作一对比。

613. 我总是能够引起某种事（例如过量饮食引起肚子痛），在这个意义上我也能引起意愿。在这个意义上我通过跳入水中引起要游泳的意愿。无疑我是要说：我不能意愿意愿；也就是说，谈论什么意愿—意愿是没有意思的。“意愿”不是一种行为的名称；因此也不是任何随意行为的名称。我的错误表述来自于人们的下述想法，即想要把意愿看作是一种直接的无原因的引出什么的行为。而这一想法是以一种易引人误解的类比为基础的；因果连接似乎

160e 是由那种联系一部机器的两个部分的机制所建立的。如果这种机制受到干扰，这种联系就可能被破坏。（我们所想到的干扰只是机械装置通常会受到的那种干扰，而不是那种比如说齿轮突然软化或者相互挤入对方之类的干扰。）

614. 当我“有意地”举起我的手臂时我并没有使用任何工具来引起这一动作。我的愿望也并不是这么一种工具。

615. “意愿，如果它不是一种愿望，那么它就必定是行动本身。它不应在行动面前止步不前。”如果它是行动，那么这是在这个词的通常含义上说的；因此它就是说话，写作，走路，举起一件东

西，想象某种事物。但它也是尝试、企图、做出努力——去说、去写、去举起一件东西、去想象某种事物等等。

616. 当我举起手臂时，我并没有希望它会举起来。随意的活动排除这种希望。人们的确可以说："我希望我会完美无缺地画出一个圆圈来。"而这乃是表达了这样一个希望，即希望他的手会以如此这般的方式移动。

617. 如果我们以某种特别的方式将手指相互交叉，当有人叫我们移动某个特定的手指时，如果他只是指着那个手指——只是将它指给我们的眼睛看，那么，我们有时会无法照他说的那样做。可是另一方面如果他触一下那个手指，我们就能使它移动。人们会将这种经验描述如下：我们不能意愿该手指移动。这种情况与有人紧握我们的手指使其不能移动是完全不同的。现在人们感到要用下面这种说法来描述前一种情况：直到手指被触摸之前他不能为意志找到作用之处。只是当他感觉到这个手指时，意志才知道往哪儿作用。——但是这类表述是引人误解的。人们会说："如果感觉没有指出那个地方，我怎么知道我用意志去作用的地方在哪儿？"但是，人们又如何知道，当感觉在那里时，我该把意志引向哪儿？

在这个例子中，在我们感到手指上的触摸之前，手指似乎是麻痹了一样。这一点是由经验显示出来的。它不可能先天地看出来。

618. 人们把这里的意愿主体想象为某种没有任何质量（没有任何惯性）的东西；想象为一种本身没有需要克服的惯性阻力的发
161e 动机。因此它只是推动者，而不是被推动者。也就是说：人们可以说“我意愿了，但是我的身体不服从我”——但是不能说：“我的意志不服从我。”（奥古斯丁。）

正如我不可能无法去意愿，在同样的意义上，我也不可能试图去意愿。

619. 而且人们可以说：“正如我永远不能试图去意愿，在同样的意义上我能在任何时候去意愿。”

620. **做**本身似乎并不具有任何经验的量。它似乎像一个无广延的点，一根针的针尖。这个针尖似乎是真正的动因。而现象之中发生的情形只是这种**做**的结果。“我**做**……”似乎有一种脱离一切经验的确定的意思。

621. 让我们不要忘记下面这一点：当“我举起我的手臂”时，是我的手臂往上去了。于是产生了这样的问题：如果从我举起我的手臂这一事实中抽掉我的手臂往上去了这一事实，那留下的是什么呢？

（这些运动感觉就是我的意愿吗？）

622. 在我举起我的手臂时我通常并不**试图**举起它。

623. “我要不惜任何代价到达那所房子。”——但是如果做这件事并没有什么困难的话——我能不惜任何代价来试图到达那个房子吗？

624. 例如某个人在实验室里受到电流的作用，他闭着眼说“我在上下移动我的手臂”——尽管他的手臂并没有移动。“那么，”我们说，“他有做这种动作的特别的感觉。”——闭上你的眼睛将你的手臂来回移动。现在试一试，在你这样做的同时，告诉你自己，你的手臂仍然停着没有动，你只是在你的肌肉和关节中有某种奇特的感觉罢了！

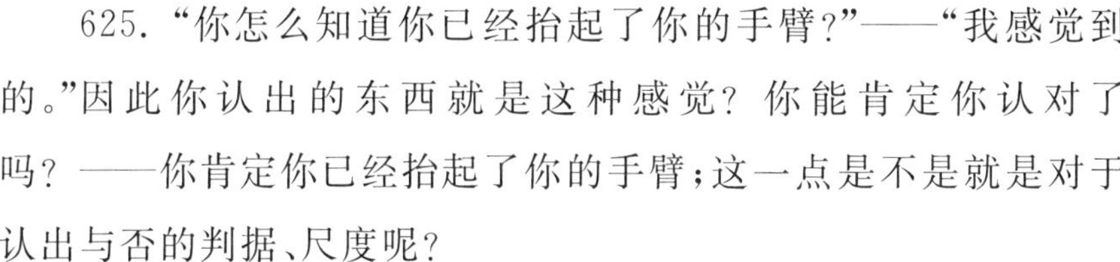

625. “你怎么知道你已经抬起了你的手臂？”——“我感觉到的。”因此你认出的东西就是这种感觉？你能肯定你认对了吗？——你肯定你已经抬起了你的手臂；这一点是不是就是对于认出与否的判据、尺度呢？

626. “当我用一根棍子碰触这个对象时，我感觉到棍尖的碰触，而不是拿着棍子的手的碰触。”当某人说“疼痛并不在我的手上，而是在我的手腕上，”这样说的结果就是医生检查手腕。但是如果我说我在棍尖上感觉到对象的硬度，或者我说在我的手上感
觉到它，这二者有什么区别呢？我所说的是不是意味着“那就好像 162e
在棍尖上有我的神经末梢一样？”在什么意义上说它像这样？——无论如何我总是想说：“我在棍尖上感觉到对象的硬度。”与此相应的是当我碰触那个对象时我不是看我的手，而是看棍子的尖端；与

此相应的是我用如下的话来描述我的感觉:“我在那儿感觉到某种硬的、圆的东西”——而不是说“我感到我的拇指,中指,无名指……的指尖上有一股压力”。如果举例来说有人问我“你现在在你握着探棒的手指上有什么感觉?”我可能会回答说:“我不知道——我感觉到那儿有某种硬的、粗糙的东西。”

627. 试考察下面这个对一种随意的行为的描述:“我做出在五点钟拉铃的决定。当钟敲五点时,我的手臂就做出这种动作。”——这是正确的描述吗? 下面这个不正确吗? “……当钟敲五点时,我就举起我的手臂。”——人们会想对第一种描述加以补充说:“看! 当钟敲五点时,我的手臂就举起来了。”而这个“看!”恰好与这里所谈的问题无关。当我举起手臂时我并不说“看,我的手臂正在举起!”

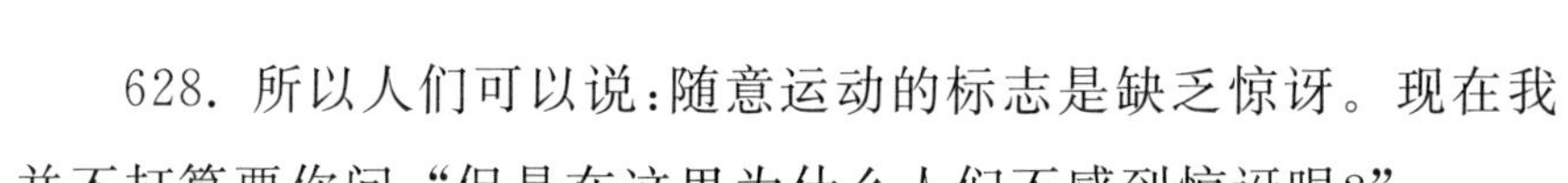

628. 所以人们可以说:随意运动的标志是缺乏惊讶。现在我并不打算要你问:“但是在这里为什么人们不感到惊讶呢?”

629. 当人们谈论预知未来的可能性时,他们总是忘记对自己的随意运动作出预言这一事实。

630. 考察一下这两种语言游戏:

(a) 某人给另一个人一个命令要他用手臂做特定的动作,或者使身体采取特定的姿势(体操教练和学生)。这里是一种该语言游戏的变体:学生给自己下命令然后实施这个命令。

(b) 某人观察某种有规则的过程——例如,不同金属与酸的反应——并据此而对在特定情况下将会发生的反应作出预言。

在这两种语言游戏之间有着明显的联系,同时也有根本的差异。在两种情况下我们都可以把这些说出来的话叫做“预言”。但是请把导致第一种技巧的训练与获得第二种技巧的训练加以比较。

631. “我现在将要吃两种药粉,半个小时以内我将会呕 163e
吐。”——如果说在第一种情况下我是主动者,在第二种情况下我只是观察者;或者说在第一种情况下我从内部看到了因果联系,在第二种情况下我则是从外部看到了因果联系(还有其他许多大意相同的说法);——那么这些说法并没有说明任何东西。

如果说第一类的预言并不比第二类的预言更能免于出错,那这种说法也是没有说到点子上。

我说我将要吃两种药粉并不是基于对我的行为的观察。这个命题的前提是不同的。我指的是导致这个命题的是思想和行为等等。如果说:“你的话唯一的根本预设只不过是你的决定。”这种说法只会把你引入歧途。

632. 我并不是要说,在表述意向“我将要吃两种药粉”的例子中,预言就是原因——而预言的实现则是结果。(也许生理学的研究能够确定这一点。)然而,下面这样说是对的:我们常常能从一个人对决定的表述来预言他的行为。一种重要的语言游戏。

633.“刚才你的话被打断了；你是不是还知道你正要说的东西?”——如果现在我真的知道并且说了出来——这是不是意味着我方才已经思考过它，只是没有说出来呢？不。除非你把我继续说那句被打断的话时所具有的肯定程度作为那个思想在当时已经完成的判据。——但是，当然，当时的情势和我所具有的思想包含着各种各样的有助于使那个语句继续下去的东西。

634.当我继续那句被打断的话并且说**这**就是我原先要继续说下去的话；这种情况就像是从一个简略的摘记上来详加说明某种思路一样。

那么，难道我没有**解释**这些摘记吗？在这种情况下难道只有**一种**可能的继续方式吗？当然不是。但是我并没有在多种解释之间进行**选择**。我**记得**我正要这样说的。

635.“我正要说……”——你记得种种细节。但是即使所有的细节加在一起也不能表明你的意向。这就好像是我们拍了一张某种景象的快照，但从中人们只能看到一些分散的细节：这里是一只手，那里是脸的一小部分，或者一顶帽子——其余的则是一片黑暗。而现在就好像我十分肯定地知道整个图像所表示的是什么。就好像我能够阅读黑暗似的。

164e 636.这些“细节”并非是在下面这种意义上说是不相干的——即我能同样清楚地记得的其他情况是不相干的。但是如果我告诉某人“刚才我正要说……”那么从这句话他并不会知道那些细节，而他也不需要猜测那些细节。例如他不需要知道我已经张开嘴准备说话。但是他**可以**用这种方式来“生动形象地描绘这个过程”。（而这么做的能力乃是一种理解我的话的能力。）

637. “我准确地知道我方才将要说的是什么！”但我并没有说出它。——而且我并不是从那时所发生的并被我记住的一些其他过程中把它读出来的。

我也不是在**解释**那个情况和它的先行条件，因为我并没有考虑它们，也没有判断它们。

638. 尽管如此，我总还是倾向于在“方才我正要欺骗他”这种说法中看出一种解释来，这是怎么发生的呢？

“你怎么能肯定在那一刻时间内你正要欺骗他？你的行动和思想那时不是还只是个雏形吗？”

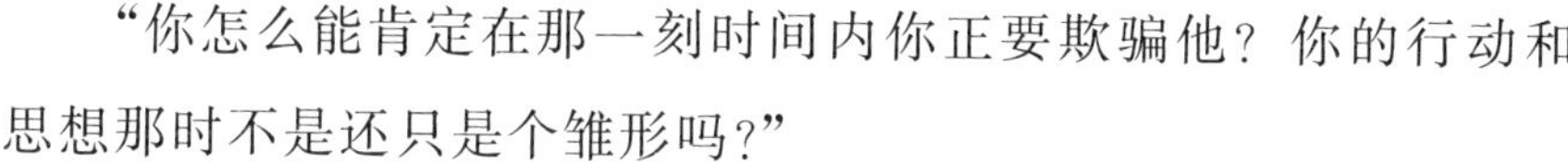

证据难道不是太少了吗？是的，当人们想探究证据的时候证据却显得特别地缺乏；但是这是不是因为人们没有考虑到该证据的历史呢？对我来说要具有向某人假装自己不舒服的瞬时意向，某些先行条件是必须的。

如果某人说“方才……”他真的只是在描述一个片刻的过程吗？

但是，即使是完整的故事也不是我据以说“方才……”的证据。

639. 人们要说，看法是在**发展**的。但是这么说也有错。

640.“这一种思想与我以前曾有过的那些思想是连着的。”——它怎么做到这点的？是通过对这么一个连结的感觉吗？但是一个感觉怎么能真的将思想连结在一起呢？——“感觉”这个词在这里是十分令人误解的。但是有时我们确能肯定地说:“这一种思想与那些先前的思想是相连的,”但却不能指出这联系。也许稍后我们会成功地做到这点的。

641.“假使我说了‘现在我要欺骗他’,我并非就比以前更为确实地具有了我的意向。”——但是如果你说了那些话,你就一定
165e 是完全认真地说的吗？(因此,单单意向的最明白的表达本身并非就是意向的充分证据。)

642.“在那一刻我恨他。”——这里发生了什么？它不就是思想、感觉和行动吗？而且如果我向自己演示一遍那个时刻,那我就会做出某种特定的表情,回想某些事情,以某种特定的方式呼吸,在我心中激起某种情感。我会想到一场对话,那煽动起仇恨的整个情景。我可以以近似于真实情况的那种情感把这一情景演示一遍。我曾经在实际上有过这种经历,而这很自然会有助于我这样做。

643.如果现在我对这一事件感到惭愧,那么我是对整个事情感到惭愧:对那些话语,那些恶毒的语调等等感到惭愧。

644.“我对我刚才所做的事并不感到惭愧,只是对我有过的

意向感到惭愧。”——意向难道不也在于我所做的事情吗？有什么可以用证明惭愧是正当的呢？事件的全部历史。

645. “方才我曾打算……”这就是说，我曾具有一种特定的感觉，一种内在的经验；并且我回忆起了它。——现在十分精确地回忆一下它！这时意愿的“内在经验”似乎又消失了。取而代之的是人们记住了思想、感觉、动作，以及与早先的情境的联系。

这就好像一个人调整了一下显微镜的焦距。结果他以前没看过的东西现在出现在焦点上。

646. “是呀，这只是表明你错误地调节了你的显微镜。你本应当观看切片的一个特定的断面，而你正在看到的却是另一个不同的断面。”

这儿有某种正确的东西。但是假定（对镜片作一定的调整后）我记起了一个单独的感觉；可我怎么有权利说这就是我称之为“意向”的东西呢？它也许是（比如说）伴随着我的每一个意向的一种特定的发痒之感。

647. 一个意向的自然表达是什么？——请看一只猫在偷偷走近一只鸟时的情况；或者看看一只要逃跑的野兽吧。

（与关于感觉的命题的联系）

648. “我不再记得我用过的那些词，但我确切地记得我的意向：我想用我的话来安慰他。”我的记忆显示给我的是什么？它把

166e 什么带到我的心灵面前呢？假定它仅仅只是向我提示了那些词句！——也许还有其他的更为精确地描绘那个情景的词句。——（“我记不得我说的那些话，但我确切记得那些话的精神。”）

649.“照此看来，如果一个人没有学会一种语言，他是不是就不可能具有某种记忆呢？”当然——他不能具有语词的记忆，语词的希望或恐惧，等等。而且记忆等等在语言中并非只是对**真实**经验的微弱无力的表述；因为语言的东西难道就不是一种经验吗？

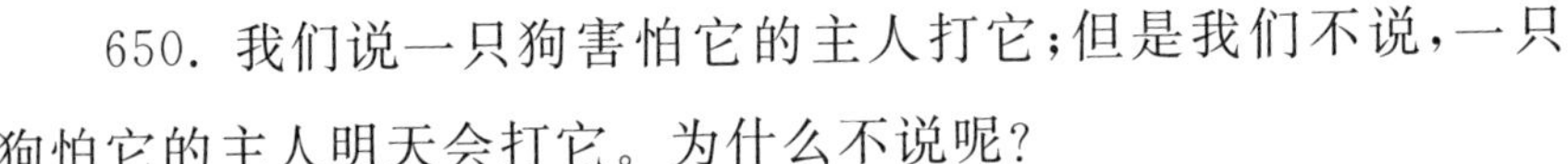

650. 我们说一只狗害怕它的主人打它；但是我们不说，一只狗怕它的主人明天会打它。为什么不说呢？

651.“我记得那时我很乐意再多待一段时间。”——我心中出现的是这一愿望的一幅什么样的图画呢？什么也没有。在我的记忆中我所看到的东西不容许对我的感觉作出任何结论。然而我却十分清楚地记得它们就在那儿。

652.“他以一种敌意的目光打量了他一下说……”小说的读者理解这句话；读者心中没有任何怀疑。现在你说：“那好，他联想到了意义，他猜测到了意义。”——一般来说：不。一般来说他什么也没有联想到，什么也没有猜测。——但是也有可能那敌意的目光和话语随后证明乃是假装的，或者读者可能将对它们是否是假装的持怀疑态度，从而他们真的去猜测一种可能的解释。——但是他所猜测的主要的东西乃是语境。例如他对自己说：在这儿的那两个彼此如此相互仇视的人实际上是朋友，等等。

（“如果你想要理解一个语句，你就得想象心理上的重要性，想象所涉及的精神状态。”）

653. 想象这种情况：我告诉某人我是按某条路线走的，按照我事先准备好的一张地图走的。同时我给他看那张地图，该地图是由一张纸上的一些线条所组成；但是我无法说明这些线条怎样成为我的行动的地图，我无法告诉他解释这个地图的任何规则。然而我的确是依据这张地图走的，带着看地图所特有的一切标志。我可以称这么一张图为一张“私人”地图；或者把我所描述的现象称之为“依照一张私人地图行走”。（但是这个表述当然很容易引起误解。）

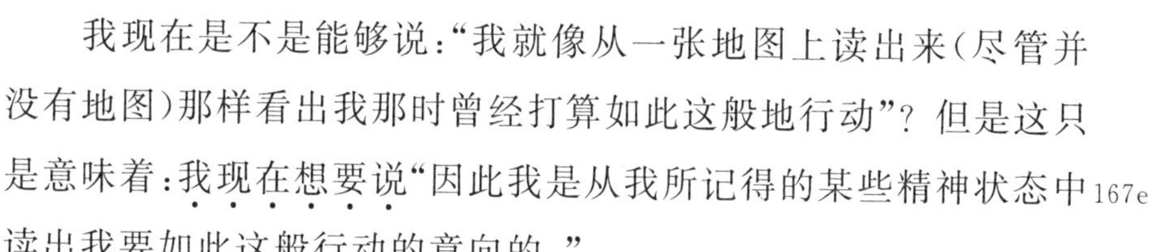

我现在是不是能够说：“我就像从一张地图上读出来（尽管并没有地图）那样看出我那时曾经打算如此这般地行动”？但是这只是意味着：**我现在想要说**“因此我是从我所记得的某些精神状态中 167e
读出我要如此这般行动的意向的。”

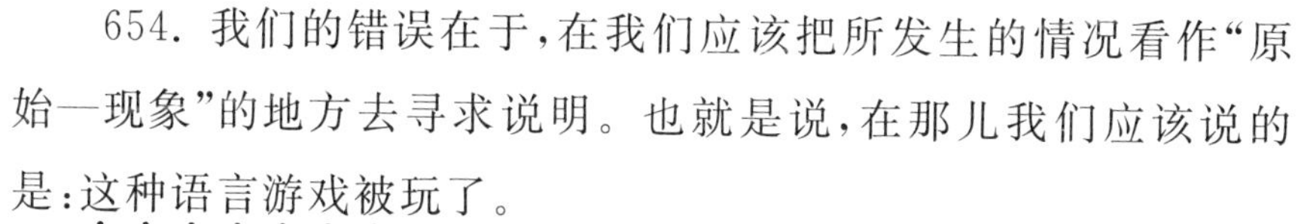

654. 我们的错误在于，在我们应该把所发生的情况看作“原始一现象”的地方去寻求说明。也就是说，在那儿我们应该说的是：**这种语言游戏被玩了**。

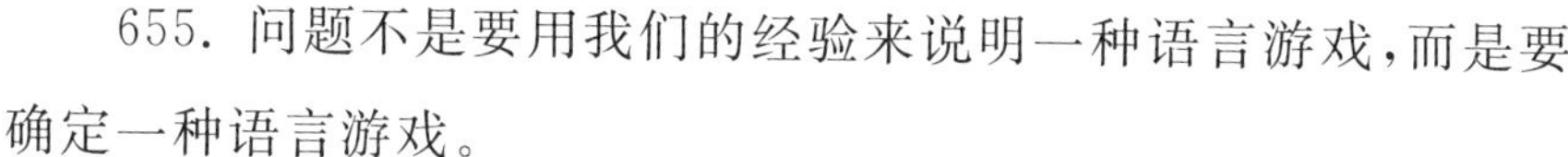

655. 问题不是要用我们的经验来说明一种语言游戏，而是要确定一种语言游戏。

656. 告诉某个人在一段时间以前我有过如此这般的一种愿望,这样做的**目的**是什么呢?——把这种语言游戏看作**原初**的东西。而把那些感觉等等看作说明,就像你把某种对待语言游戏的方式看作说明那样。

人们也许会问:人类究竟是怎么作出下面这类语言表达的,即我们称之为关于过去的愿望或关于过去的意向的报告?

657. 让我们想象这些语言表达总是采用如下的形式:“我对自己说:‘要是我能待更久些就好了!’”这样一个陈述的目的可能是为了使某个人了解我的反应。(请把“meinen”和“vouloirdire”[①]的语法加以比较。)

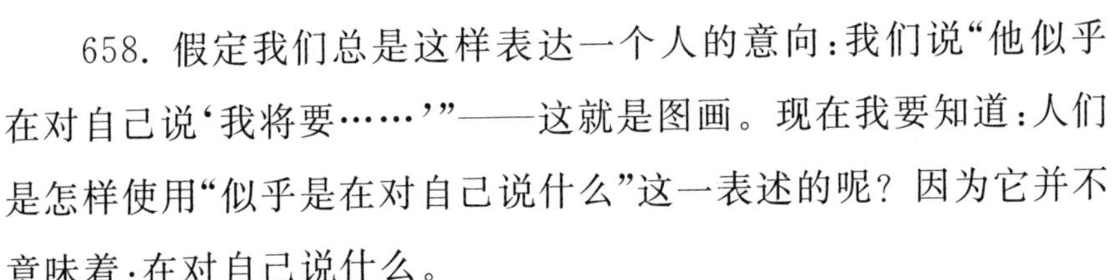

658. 假定我们总是这样表达一个人的意向:我们说“他似乎在对自己说‘我将要……’”——这就是图画。现在我要知道:人们是怎样使用“似乎是在对自己说什么”这一表述的呢?因为它并不意味着:在对自己说什么。

659. 为什么我告诉了他我做了什么之后还要告诉他意向呢?——并非因为这个意向也是在那个时候正在进行着的某件事。而是因为我要告诉他关于**我自己**的某些东西,这些东西超出了那个时候所发生的事。

---

① “meinen”(德语)与“vouloirdire”(法语)均相当于“mean”(英语),汉语译为“意指”。——译注

当我告诉他我将要做什么时，我对他透露了关于我自己内部的某些事情。——但这不是以自我观察为根据的，而是通过反应给出的。(我们也可以称它为直觉。)

660. “那时我正要说……”这种表达的语法与“那时我本来可以继续下去”这种表达的语法是互相关联的。

在前一种情况下我回忆起了一种意向，在后一种情况下我回忆起一种理解。

661. 我回忆起我曾意指**他**。我回忆的是一个过程还是一种 168e
状态呢？——它从何时开始，其进程又是什么？如此等等。

662. 在一种只有微小差别的情况下，他将不默默地挥手示意某人过来，而是对另一个人说“告诉某某到我这里来。”人们现在可以说“我希望某某到我这里来”这句话描述了我那时的精神状态；同样他也可以**不**那样说。

663. 如果我说“我意指**他**”，在我心中多半会出现一幅图画：也许是我如何地看着他，等等；但是这图画只是像故事中的一个插图。单单从这张图画在大多数情况下我们还不能作出任何结论来；只有在知道了这个故事以后，人们才能知道这个图画的意义。

664. 在词的使用中，人们可以区分开“表层语法”与“深层语法”，在一个词的使用中，给予我们最为直接印象的东西乃是它被用于构造语句的方式——人们可以说，是它的可以通过耳朵领会的那一部分使用。——现在把深层语法，比如说“意指”这个词的深层语法，和它的表层语法会导致我们猜测的东西加以比较。毫不奇怪，我们会发现要知道我们该怎么做是很困难的。

665. 请想象某个人带着痛苦表情指着他的面颊说“阿勃拉卡达勃拉!”——我们问“你意指什么?”他回答说“我意指牙痛。”——你立刻思忖到：怎么能用那个词来“意指牙痛”呢？或者，用那个词来意指疼痛又意指什么呢？但是，在不同的语境中，你却会断言意指什么这样一种精神活动正是使用语言中最为重要的东西。

但是——我难道就不能说“我用‘阿勃拉卡达勃拉’意指牙痛”吗？当然能；但这是一个定义；而不是对于当我说出这个词时心中所进行的活动的描述。

666. 请想象当你正感到疼痛时又同时听到附近有架钢琴正在调音。你说“那很快就会停止的。”你意指的究竟是疼痛还是钢琴的调音这当然有着很大的不同！——当然；但是这种不同又在于什么呢？我承认，在许多情况下注意力的指向将相应于意指行为，正如目光或手势，或者某种闭上眼睛的方式（这可以被称为“向自己的内部观看”）也经常与其相应一样。

169e 667. 请想象某个人假装疼痛，这时他说“那很快就会好些的。”人们就不能说他意指的是疼痛吗？然而他并没有将他的注意力集中在任何疼痛上。——假设我最后说“现在不疼了”那又怎么样呢？

668. 但是一个人是不是还能以下述方式来说谎：他说“那很快就会停止的”并意指疼痛——但是当人家问他：“你指的是什么？”他回答说“隔壁房间里的吵闹声。”在这种情况下他可能会说：“我正要回答说……但是又想了一下，于是就回答说……”

669. 人们在说话时能够通过用手指出一个对象而来谈到它。在这里指出就是语言游戏的一个部分。而现在对于我们来说好像人们是通过把注意力指向一个感觉而来谈*到*这个感觉的。但是类似之处在哪里呢？显然在于这样一个事实，那就是人们可以通过*看*或*听*来指出一个东西。

但是在某些情况下，甚至*指出*人们所谈论的那个对象，对语言游戏，或对人们的思想而言，很可能是无关紧要的。

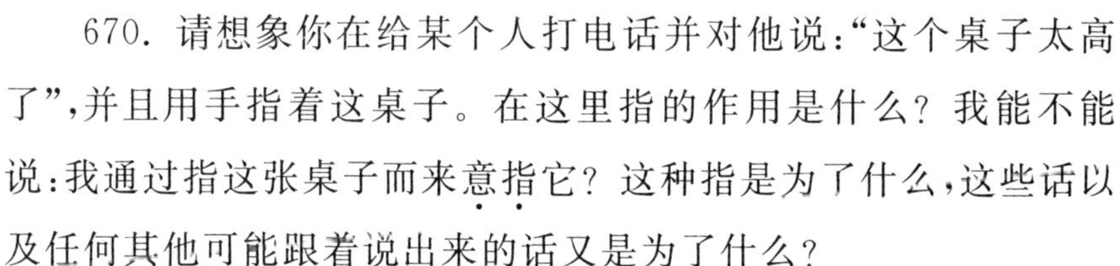

670. 请想象你在给某个人打电话并对他说：“这个桌子太高了”，并且用手指着这桌子。在这里指的作用是什么？我能不能说：我通过指这张桌子而来*意指*它？这种指是为了什么，这些话以及任何其他可能跟着说出来的话又是为了什么？

671. 那么我内在的倾听活动指的又是什么东西呢？是指传到我耳朵里的声音，指我什么也*没有*听到时的那个寂静？

听可以说是在*寻找*一种听觉印象，因而不可能指着这种印象，而只能指着它去寻找这种印象的那个*地方*。

672. 如果我们把接受式态度称为指向某种东西的“指向”——那么它绝不是指向我们借此而获得的那种感觉的。

673. 精神态度并不是像手势伴随着语词那样“**伴随**”着语词。(正如一个人尽管可以独自旅行然而却有我的良好的祝愿相伴一样,又如一个房间尽管可以是空空如也但却有阳光充满其间一样。)

674. 例如,人们会不会说:“我刚才实际上并不是意指我的疼痛;我并没有足够地注意它”? 我会不会问自己,例如,“我刚才用这个词意指什么? 我的注意力分散在我的疼痛和那个噪音上了——”?

170e 675. “告诉我,在你说出那些话的时候,你心中在想些什么?”——对此的回答并不是:“我的意指……”

676. “我用那个词意指**这个**”这一陈述与那种有关内心感情的陈述在使用上是不同的。

677. 另一方面:“当你方才诅咒的时候,你真的是这意思吗?”这也许就像下面这种说法一样:“你当时真的生气了吗?”——而回答可以是作为反省的结果而给出的,往往可以是这样的:“我并不是很认真的有这意思”,“我半开玩笑地有这意思”等等。在这里有程度上的不同。

有人的确也会说“当我那么说的时候，我多半想的是他。”

678. 这一意指活动（指疼痛，或指钢琴调音）究竟在于什么呢？我们得不到回答——因为一眼就看到的那些回答是没有用处的。——“但是在那时我意指的是这个而不是那个。”是的，——现在你只是强调地重复了一个没有人反驳过的命题。

679. “但是你能不能怀疑你意指了这个呢？”——不能，但是我也不能肯定这点，不能知道这点。

680. 当你告诉我你骂人了并且在骂人的时候你指的是某某，那么，在这样做时无论你是看着他的像，还是想象他，还是叫出他的名字，等等，对于我来说都是一样的。从这件事得出的我感兴趣的结论与上面这些事情毫无关系。但是另一方面，有人可能会向我解释说只有在对被骂者具有明晰的意象或者大声地说出他的名字时，咒骂才是有效的。但是我们不应当说“关键在于那个咒骂者如何意指被骂者。”

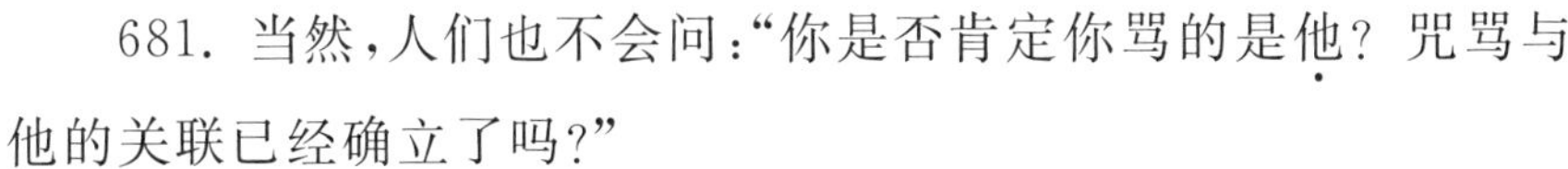

681. 当然，人们也不会问：“你是否肯定你骂的是他？咒骂与他的关联已经确立了吗？”

如果人们能够如此确信这种关联的确立，能够肯定咒骂不会失去其对象，那么这种关联一定是非常容易做到的！——那么，我是否会碰到这样一种情况，即我想要写信给某人而事实上却写给了另一个人呢？这怎么会发生呢？

682. “你说，‘那很快就会停止的。’——你想的是噪音还是你的疼痛?”如果他回答“我想的是钢琴的调音”——他是观察到了这
171e 种关联的存在呢还是他正通过这些话而制造了这种关联？——我就不能同时说**两者**吗？如果他所说的是真的，关联不就存在了吗？他归根到底不是在制造一种并不存在的关联吗？

683. 我画一个头像。你问“那头像应是代表谁的呢?”——我说：“它应是某甲。”——你说：“但是这头像看起来并不像他；要说像什么的话，它像的是某乙。”——当我说它代表某甲时，我是不是建立了一种关联或者是在报告一种关联？存在的是什么样的关联？

684. 有什么支持下面这种说法：我的话描述了一种存在的关联？它们谈到了各种不同的东西，这些东西并不直接与它们一起出现。例如，它们说，如果我曾受到询问，那么我**就会**在那时给出一个特定的回答。而且即使这只是有条件的，它还是说了某种关于过去的事情。

685. “去寻找 A”并不意味着“去寻找 B”；但是我之服从这两个命令可以是做相同的事。

要说在这两种情况下必定发生了不同的事，那就好像说“今天是我的生日”和“我的生日是 4 月 26 日”这两个命题指的必定是不同的日期，因为这两个命题并不给出相同的意思。

686.“当然我意指的是B;我根本没有想到过A!”

“我想到要B到我这儿来,这样就……”——所有这些都指向更广阔的语境。

687. 当然,人们可以不说“我意指的是他”而说“我想到的是他”,有时甚至说“是的,我们谈论的是他。”问他自己“谈论他”又在于什么?

688. 在某种情况下人们能够说“当我说话时,我感到我是在**对你**说。”但是如果我本来就是在与你谈话我就不会这样说了。

689.“我正在想某甲。”“我正在谈论某甲。”

我怎样谈**到**他?例如我说,“今天我必须去看看某甲”——但是这当然还不够!归根到底当我说“某甲”的时候,我可能意指具有这个名字的不同的人。——“那么在我的谈话和某甲之间肯定还必须有进一步的不同的关联,不然的话我就**还是**没有意指**他**。”

当然这样一种关联是存在的。只是并非像你想象的那样:也就是说并非通过精神的**机制**。

(人们把“意指他”和“瞄准他”进行比较。)

690. 看看下面这两种情况:第一次我说了一些显然无害的 172e
话,并且在说这些话时我鬼鬼祟祟地斜瞄了某人一眼;另一次,没有这种目光,我公开地说到某个在场的人,提到他的名字——在我使用他的名字时我是不是真的**特别地**想到他呢?

691. 当我凭记忆画出某甲的脸部的速写时，人们当然能说我用我的画**意指**他。但是在我画画之时(或之前或之后)，发生的哪一种过程可被我称为意指他呢？

因为人们自然要说：当他意指他时，他就瞄准了他。但是当某个人唤起自己对另外一个人的脸的回忆时，他是怎样做到上述之点的呢？

我的意思是，他怎样唤起自己对**他**的回忆呢？

他怎样呼唤他呢？

692. 如果某个人说："当我给你这个规则时，我的意思是要你在这种场合下……"即使在他给出这个规则时他根本没有想到这种场合，他这样说正确吗？当然是正确的。因为"意指它"并不意味着：想到它。但是现在问题在于：我们应怎样判断某人是否意指这个？——例如，下述事实就是这样的一种判据：他掌握了一种特定的算术和代数技巧并教别人以通常的方式来展开一个序列。

693. "当我教某个人构造序列……时，我的意思当然是要他把……写在第一百个位置上。"——很对；你的意思是这样。而且很显然你甚至并不一定要想到它。这向你表明，动词"意指"与"想"的语法是多么的不同。再也没有什么比把意指称为精神活动更为错误的了！除非有人着意要造成混乱。(在奶油价格上涨时，我们也可以谈论奶油的活动；只要不会由此而造成什么问题，那么这样说也是无害的。)

第 二 部 分

I

人们能够想象一个动物生气、恐惧、沮丧、快乐、受惊；但却满 174e
怀希望吗？为什么不？

一只狗相信它的主人来到门口，但它也能相信它的主人后天会来吗？——在这里，它做不到的是**什么**？——我又是怎样做到的？我该如何来回答这个问题？

是不是只有能讲话的人才会希望？只有那些已学会使用语言的人才会希望？这就是说，构成希望的诸现象乃是这种复杂的生活形式的诸多变体罢了。（如果一个概念指的是人类书写体的特征，那么这概念就不适用于不书写的生物。）

“忧伤”描述的是这样一个图样，它在我们生活的织物中一再以不同的变体出现。如果一个人的外表交替表现出悲伤和快乐，比方说随着时钟的滴答声而变换，那么在这里我们就不会形成独特的悲伤或快乐的图样。

“他感到剧烈疼痛有一秒钟。”——为什么下面这种说法听起来就很奇怪：“他感到深深的忧伤有一秒钟”？仅仅是因为很少发生那样的事情吗？

但是你**现在**不感到忧伤吗？（“但是你**现在**不在下棋吗？”）回

答也许是肯定的，但这并不使忧伤这个概念变得更像一个感觉的概念。——当然，这个问题确实是一个时态和人称的问题，而不是我们想要提出的逻辑问题。

“我必须告诉你：我害怕。”

“我必须告诉你：对此我感到恐惧。”——而且人们能以微笑的声调来说这句话。

那么你的意思是不是想告诉我他并没有这样的感觉？！那么他又是怎么知道这一点的呢？——但是即使当他把它作为一条消息而这么说它的时候，他也不是从他的感觉中知道这一点的。

因为，想想由恐惧的动作（Gebärden）所产生的那些感觉：“对此我感到恐惧”这句话本身就是这样一种动作；而且如果当我讲出这些词时我听到并感觉到它们，那么，这也属于那些其他的感觉之中。那么，为什么那个没有说出的动作乃是那个已说出的动作的根据呢？

II

一个人说“我听到这个词时，它对我来说意味着……”这时他 175e
指的是某个**时间点**和某个**使用该词的方式**。（当然，正是这种组合没有被我们掌握。）

而“我当时正要说……”这个表达式指的是一个**时间点**和一个**行为**。

我谈到那句话的本质性的**相关方面**（Bezügen）是为了使它们区别于我们所使用的那个表述的其他特殊之点。对一个表述而言，具有本质意义的相关方面是那些使我们把某种在其他方面看是生疏的表达形式转译成这种我们所习惯的形式的相关方面。

如果你不能说出“sondern”这个词既是动词又是连接词，或者你不能用它来构造这样一些句子，在这些句子中它有时是动词有时是连接词，那么你就连简单的课堂作业也做不了。但我们不会要求一个学龄儿童离开任何语境以这种或那种方式去**理解**这个词或者要求他报道他是如何理解它的。

“玫瑰花是红的”这句话，如果其中的“是”这个词的意义是“等同于”，那就是无意义的。——这是否意味着：如果你说出这个语句并意指“是”为等号，语句的意思就解体了呢？

我们拿一个语句并将其中各个词的意义都告诉某人；这就告诉了他怎样应用这些词因而也就告诉了他如何应用这个语句。如果我们选择的是一串无意思的词的序列而不是这个语句，他就不学习如何来应用这个*词列*。如果我们把“是”这个词说明为等号，那么他也不知道怎样来使用“玫瑰是红的”这个语句。

然而，关于这一“意思的解体”却有着某种正确的东西。你可以从下面这个例子看出这一点：一个人可以对另一个人说，如果你想富于表情地打招呼“嗨！”那么在你这么说时最好不要去想到大海。

体验一种意义和体验一个心理意象。我们会说：“在这两种情形中，我们都*体验到*某种东西，但是是有所不同的东西。有某种不
176e 同的内容提供给——呈现于——意识中。”——什么是意象的经验内容？回答是一幅图画或一种描述。什么是意义的经验内容？我不知道该怎么说。——如果上面的说法有什么意思的话，那意思就是这两个概念的关系就像“红”和“蓝”这两个概念的关系那样；但这是错误的。

人们能否像保持心理意象那样地保持住对意义的理解？这就是说，如果我突然想到一个词的某种意义，——这意义能停留在我的心中吗？

“整个图式在一瞬间在我心中出现而且就像那样地停留了五分钟。”这句话为什么听来觉得别扭？人们会这样想；在我心中一瞬间出现的东西和停留在那儿的东西不可能是一样的。

我叫起来：“现在我有了！”——那是突然一下子，然后我就能进一步详细地提供出那个图式来。在这种情况下是什么东西被认

为是停留着的？也许，是一幅图画。但“现在我有了”并不意味着我有了这幅图画。

如果你想起了一个词的意义，而且并没有忘记它，那么现在你就能以如此这般的方式使用这个词。

如果你想起了那意义，于是你知道了它，而且你一想起它时就开始知道它。那么，这是不是有些类似于想象某种东西的经验呢？

如果我说：“施魏策尔先生并不是施魏策尔[瑞士人]”[①]我把第一个“施魏策尔”作为专名，而把第二个作为通名。那么是不是在我心中对第一个和第二个“施魏策尔”一定有不同的事发生呢？（假如我不是“鹦鹉学舌”般地说出这个语句。）——试试把第一个“施魏策尔”作为通名而把第二个作为专名。——怎么样才能做到呢？当我这样做时，我努力眨着眼睛以使我在说这两个词中的每一个时心中都展现出所要的意义。——但当我平常使用这些词时我是否也把这些词的正确意义在心中一一展现呢？

当我这样变换词的意义而说出这个语句时，我感到语句的意思解体了。——是的，我感到了它，但我说给他听的那个人则没有感到它。这样，产生了什么害处呢？——“但问题的关键是，当人们以通常的方式讲出这个语句时，发生了另外的某件事情，某件非常确定的事情。”——所发生的事情绝不是这种“在心中展现意义”。

① 德语中姓“施魏策尔”与名词“瑞士人”是拼写完全相同的同形词。方括号内的词为译者所加。——译注

III

177e 是什么使我对他的意象成为对**他的**意象呢？

并不是意象的样子像他。

同样的问题也适用于下面这个表述：“我现在活生生地看到他在我面前。”是什么使这句话成为一句关于**他**的话呢？——绝不是在这句话之中或同时与它在一起（“在它背后”）的任何东西。如果你想要知道他是谁，就问他好了。

（但也很可能有一张脸来到我心中，我甚至还能把它画出来，但我却不知道它是谁的脸或在哪里我看到过它。）

然而假定有个人在想象着什么，或者他不去想象而是在描画什么，尽管只有用它的手指在空中比画。（这也许可称为“运动式想象”。）人们会问他：“那代表谁呢？”他的回答将是决定性的。——这就好像是他给出了一个语词描述；这样一个语词描述正好也能**代替**那个意象。

IV 178e

“我相信他在受苦。”——我是不是还**相信**他不是一个自动机？

上述两种联系中都使用“相信”这个词，那是很勉强的。

（或者是不是像**这样**：我相信他在受苦而又肯定他不是一个自动机？废话！）

假定我说到一个朋友：“他不是一个自动机。”——这句话传达了什么消息？这对谁会是消息？对于一个在通常环境下遇到他的**人**吗？这**能**给他什么消息呢？（至多是，这个人总是像人类而不是偶尔像机器那样行动。）

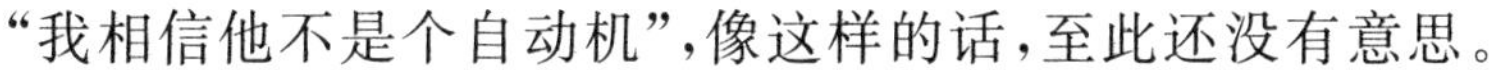

“我相信他不是个自动机”，像这样的话，至此还没有意思。

我对他的态度是对一个灵魂的态度。我并不持他有灵魂这一**意见**。

宗教教导说：肉体消亡了而灵魂仍存在。我理解这种教导吗？——当然我理解——我能想象许多与它相联系的事情。这些事情的图画不是一直被人们画出来了吗？为什么这样一幅图画只是口述的教义的一种不完全的再现呢？为什么图画不应起与说出的教义相同的作用？正是作用才是关键。

如果那幅关于头脑中的思想的图画能强加于我们，那么关于灵魂中的思想的图画不是更能强加于我们吗？

人的身体是人的灵魂的最好图画。

一个人指着自己的心说："当你说到那件事时我心里是理解的"，这个表述怎么样？也许人们并不想意指这种手势？当然想意指它。或者人们是不是意识到只使用了一个图画？的确不足。——我们选择的不是一个图画，不是一个比喻，但它是一种图画般的表述。

V 179e

假定我在观察一个点的运动（如屏幕上的一个光点）。从这个点的行为中完全可能得出各种各样重要结论的。在这里人们能够观察到多少不同种类的东西啊！——这个点的轨迹和它的某些量度（例如振幅和波长），或速度及其变化的规律，或其不连续变化的次数和位置，或在这些位置上的轨道的曲率，还有许许多多数不胜数的东西。——它的行为中的每一**特性**都能成为我们所唯一感兴趣的东西。例如我们只对它在一定时间内形成的环的数目感兴趣，而对其余一切不感兴趣。——如果我们不只是对**一种**而是对几种这样的特性感兴趣，那么每一种特性都可以提供给我们在种类上同其余一切特性不同的特殊信息。而这就是人的行为的情况；就是我们在这个行为中所观察到的不同的特征的情况。

那么心理学研究的是人的行为而不是人的精神？

心理学家记录些什么？——他们观察什么？不就是人类行为，尤其是他们的话语吗？但**这些**却不是关于行为的。

“我注意到他情绪不佳。”这是关于他的行为还是关于他的精神状态的报告？（“这天空看上去很可怕”：这说的是现在还是将

来?)两者兼有;然而两者不是并列被说到的而是**通过**一个来说到另一个。

医生问:“他感觉如何?”护士说:“他在呻吟。”这是关于他的行为的一个报告。但对他们来说是不是需要问一问呻吟是不是真的,它是不是真正表达了什么东西?例如,他们能否不隐去中项而得出这个结论:“如果他呻吟我们就多给他点镇痛剂”?关键不是就在于他们究竟要行为描述起些什么作用吗?

“但那样他们就作了一个默许的预设。”那么,我们在语言游戏中所做的事总是基于一个默许的预设。

180e 我描述一个心理实验:仪器、实验者提的问题、受试者的动作和回答——然后我说它是一出戏中的一幕。——于是一切都不同了。人们将解释说:如果这个实验是以同样方式描述在一本心理学书中,那么所描述的行为将被理解为是某种心理的东西的表达,这只是因为人们**预设了**受试者并不在欺骗我们,没有在心中把答案背出来,以及如此等等。——所以我们是做了一个预设?

我们是否真的应该像这样来表述:“自然,我在预设……”——或者是不是我们之所以不那样做只是因为别人已经知道了这一点?

一个预设难道不是存在于有怀疑的地方吗?也许完全没有怀疑。怀疑总有个终点。

这就像这种关系:物理对象——感觉印象。这里我们有两种不同的语言游戏和它们之间的复杂关系。——如果你试图把它们的关系归结为一个简单的公式,那么你就错了。

181e

VI

假定某人说：每一个熟悉的词，例如在一本书中的词，在我们心中都有某种气氛、某种稍稍指明了它的使用的“晕圈”与其相伴。——就好像一幅油画中的各个人物都被精致地画出的较暗的背景所包围，就好像这人物处在另一方位上，我们从这些背景中看到这些人物处于不同的情景中。——只要我们认真地看待这个假设！——那么我们就会看到用它来说明**意向**是不适当的。

因为如果事情是这样的话，如果当我们说到或听到一个词时，它的可能的使用就若明若暗地浮现在我们面前——那么这仅仅适用于**我们**。但我们在跟其他人交流时并不知道他们是否也有这种经验。

如果某人告诉我们，对**他**来说理解是一种内在过程，那么我们应如何反驳他呢？——如果他认为对他来说懂得如何下棋是一个内在过程，我们又将如何反驳他呢？——我们会说如果我们想知道的是他是否会下棋，那么我们对发生在他内部的任何事情都不感兴趣。——如果他回答说我们感兴趣的事实上正是他内部发生的事，也就是我们感兴趣的是他会不会下棋——那么我们就只能请他想一想什么是向我们表明他的能力的判据，以及另一方面什么是检验“内在状态”的判据。

即使某人仅当他有一种特定的感受时才有一种特定的能力，没有那种感受时就没有那种能力，即使如此，这种感受也并不就是这种能力。

一个词的意义并不是人们听到或说出它时所具有的经验，一个语句的意思也不是这样一些经验的复合物。——（“我仍然还没有看到他”这个语句的意思是如何由它的单个语词的意义组成的呢？）语句是由单词构成的，这就够了。

人们会说，虽然每一词在不同的语境中有不同的特征，但同时它又有一个它总是有的特征：一个独一无二的相貌。它注视着我们。——但画出的脸也注视着我们。

你真的肯定有单独的一种“如果一感”[①]而不是可能有几种吗？你有没有试过在许多不同的语境中说这个词？例如，当这个 182e
词在句中担任主要重音的角色以及当与它相邻的词担任主要重音的角色时的情形。

假如我们发现这样一个人，他在谈到他的语词感受时告诉我们：对于他来说“如果”和“但是”二词有着同样的感受。——我们有没有

① 如果一感（德 Wenn-Gefühl，英 if-feeling），指对“如果”这种意思的感觉。——译者

权利不相信他？我们也许认为这是奇怪的。人们会说："他根本不是在玩我们的游戏。"或者甚至说："这是一个另一种类型的人。"

如果他像我们那样使用"如果"和"但是"这些词，我们难道不应该认为他也像我们一样理解这些词吗？

如果一个人把如果—感看作是意义的不言自明的关联物，那么他就错误地判断了如果—感的心理学意义；这种如果—感倒是需要在另一种语境中来看，在它出现的那些特殊环境的语境中来看。

当一个人不在说"如果"这个词时，他是不是根本不会有如果—感？如果只有这个原因才产生这种感受，那么这至少是很出人意料的。这一点一般来说也适用于词的"气氛"；——为什么人们把只有这个词才有这种气氛看作如此当然的事呢？

如果—感不是伴随"如果"这个词的一种感受。

人们一定要把如果—感与一个乐句给予我们的特定"感受"相比较。（人们有时描述这种感觉说："在这里就好像是作出了一个结论"，或者说："我想说'因此……'"或"在这里我总想做一个手势——"，然后就做这个手势。）

但这种感受能同这个乐句分开吗？可它却不是该乐句本身，因为没有这种感受也能听到那个乐句。

在这方面，它是不是像人们演奏该乐句时所具有的那种“表情”呢？

我们说这段音乐给我们一种十分特殊的感受。我们把它唱给自己听并做出某种动作，也许还具有某种特殊的感觉。但在另一种不同的情境中我们就会根本认不出这些伴随物——动作、感觉。除非我们正在唱这段音乐，否则它们就是非常空洞的东西。

“我以一种很特别的表情来唱它。”这种表情并不是某种能够同 183e
这段音乐分开的东西。它是一个不同的概念。（一种不同的游戏。）

这种经验就是像这样来演奏这段音乐（例如就像我在做的那样；而描述只能暗示它）。

因此，不能与其对象分离的气氛——不是一种气氛。

紧密联系着的事物，为我们所联系起来的事物，显得是相互适合的。但这种显得适合是什么呢？它们之显得适合又是怎样呈现的呢？也许像这样：我们不可能想象一个具有这个名字，这张脸，这种笔迹的人，没有创作这些作品，却可能创作了完全不同的另一些作品（另一个伟人的那些作品）。

我们不能这样想象吗？我们试图去这样想象吗？

这里是一种可能性：我听说有人正在画一幅“贝多芬写作第九交响乐”的画。我能很容易地想象这样一幅画将会画给我们看的那类事情。但假定某人想表现歌德在写第九交响乐时看上去的样子，这里我想象不出任何不使人感到为难和荒谬可笑的东西。

184e

VII

刚醒来的人告诉我们发生的某些事情(他们曾在某某地方,等等)。此外我们教给他们在叙述开始时用“我梦见”这个表达式。之后我有时问他“昨夜你梦见什么没有?”给我的回答或是或否,有时叙述一个梦有时则否。这就是语言游戏。(我在这里假定我自己没有做梦。但另一方面我也没有一种对看不见的存在的感受;别人感到了,而我就能问问他们的经验。)

280

现在我是不是必须就下述事情做出假设呢:人们是否被他们的记忆所欺骗,他们睡着时是否真的具有这些意象,或者仅仅只是在他们醒来时他们才觉得是那样?而这个问题又有什么意义?——又有什么兴趣呢?当有人把他的梦告诉我们时我们问过自己这个问题吗?如果没有——那是不是因为我们相信他的记忆不会欺骗他?(假定他是一个记性特别差的人呢?——)

这是否意味着,提出梦是不是真的在睡眠时发生,还是睡醒了的人的一种记忆现象这样的问题是无意义的?这将取决于该问题的使用。

“心灵看来似乎能把意义给予一个词”——这是否就如同我说

“苯中的碳原子看来似乎处在六角形的各个角上”？但这不是什么看来如此的东西；它是一种图画。

高等动物和人的进化，以及处于特定水平上的意识觉醒。这幅图画就类似于：虽然到处充满了以太的振荡，世界还是黑暗的。但有一天人们睁开了正在看着什么的眼睛，它就变得明亮起来。

我们的语言最初描述的乃是一幅图画。但这幅图画该用来做什么以及如何使用它，仍是不清楚的。然而很明显，如果我们想要理解我们所说东西的意思，那就必须对它加以探究。但这图画似乎给我们免除了这番工作：它已指向一种特定的使用。借此它便愚弄了我们。

185e

VIII

“我的运动感觉告诉我关于我的四肢的运动和位置。”

我让我的食指做一种轻松自如的小幅度摆动，我几乎感觉不到它或者完全感觉不到它。也许指尖上稍有点紧张感。（而指关节上一点也没有。）是这种感觉在告诉我这种运动吗？——因为我能确切地描述这种运动。

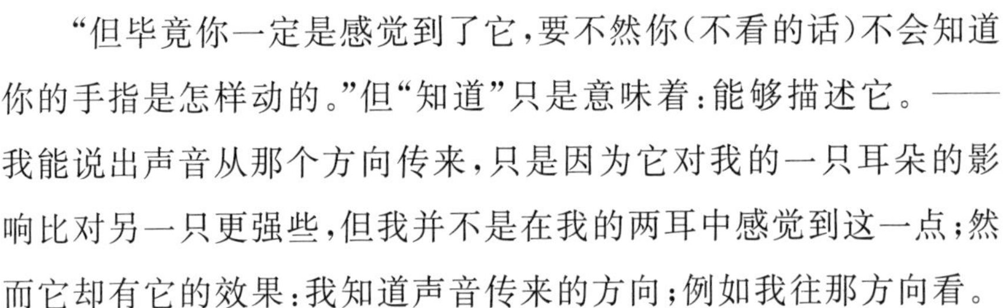

“但毕竟你一定是感觉到了它，要不然你（不看的话）不会知道你的手指是怎样动的。”但“知道”只是意味着：能够描述它。——我能说出声音从那个方向传来，只是因为它对我的一只耳朵的影响比对另一只更强些，但我并不是在我的两耳中感觉到这一点；然而它却有它的效果：我**知道**声音传来的方向；例如我往那方向看。

同样的还有下面这些想法：必定是痛感的某种特征告诉了我们疼痛在身体中的大致位置；必定是记忆意象的某种特征告诉了我们它发生在什么时候。

一种感觉**能够**告诉我们身体某一部分的运动或位置。（例如，如果你像一个正常人那样，不知道你的手是否伸出去了，你可以通过肘部的刺痛来发现它。)——同样,疼痛的特征能告诉我们伤在何处。(一张照片发黄的程度告诉我们它有多陈旧了。)

我从感觉印象中是否知道了一个对象的形状和颜色,其判据是什么?

什么感觉印象?就是**这**一种;我用语词或图画来描述它。

那么现在:当你手指处在这个位置时你感觉到什么?——“人们是如何解释一种感觉的?它是某种特殊的、不可解释的东西。”但教人如何使用词那一定是可能的。

我寻找的乃是语法上的差别。

让我们把运动感觉暂时放在一边。——我想向某人描述一种
感觉,于是我告诉他“**这样**做,你将得到这种感觉”,与此同时我将 186e
我的手臂或头放在特定的位置上。这是不是一个对感觉的描述?我将在什么时候说他已理解了我所意指的感觉?——他必须随后对该感觉作**进一步**的描述。它必须是什么样的描述呢?

我说:“**这样**做,你将得到这种感觉。”这里就不能有疑问?如果它意指的是那种感觉,就一定不能有疑问吗?

这看来是**这样**,**这**尝起来是**这样**,这使人感到是**这样**。“这”和“这样”必须不同地加以说明。

我们对“感觉”的兴趣是一种十分**特殊**的兴趣。例如它包括

“感觉的强度”，它的“位置”以及一个感觉能被另一感觉淹没的程度。（如果一种动作是非常疼痛的，以至于这种疼痛淹没了同一位置上的其他轻微的感觉，那么这会不会使你难于肯定你有没有真的做了这种动作？这会不会导致你要通过看一看来弄清楚？）

IX 187e

如果你观察你自己的忧伤，那么你使用哪些感官来观察它？一种*感觉*忧伤的特殊感官吗？那么当你观察它时你是不是在*不同地*感觉到它？你所观察的忧伤是什么？——它仅仅是被观察时才存在吗？

“观察”并不产生被观察的东西。（这是一个概念性的陈述。）

再说一次，我并不“观察”仅仅通过观察才存在的东西。观察的对象是某种*别的*东西。

昨天仍是令人感到疼痛的一触今天不再疼痛了。

今天只有当我想到这疼痛时才感觉到它。（那是说：在一定的环境中。）

我的忧伤不再是同样的了；一年前对我来说悲痛难忍的记忆现在就不再是那样了。

这就是观察的结果。

什么时候我们说某一个人在观察呢？粗略地：当他为了（例如）描述某些印象告诉他的东西而使自己处于一个有利的位置来接受这些印象的时候。

如果你训练某个人在看到红的东西时便发出一种特殊的声音，看到黄的东西时便发出另一种声音，对别的颜色也是这样，这个人仍然不会按对象的颜色来描述它们。虽然他也许能帮助我们作出一种描述。描述表现的是一种空间分布(例如，时间的空间分布)。

如果我让我的目光扫视一个房间。突然我看到一个鲜红色的物体，我说“红的!”——这不是一个描述。

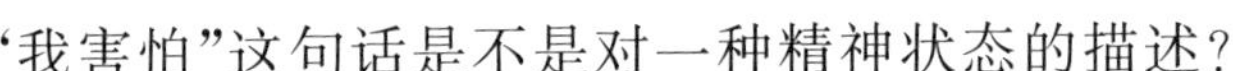

“我害怕”这句话是不是对一种精神状态的描述?

我说“我害怕”；别人问我：“那是什么？是恐惧的喊叫，是你想告诉我你的心情如何，还是对你当前状态的一个反映?”——我总能给他一个清楚的回答吗？我永远不能吗?

188e 这里我们能想象各种各样的情况，例如：

“不，不！我害怕!”

“我害怕。很遗憾我不得不承认这一点。”

“我还是有点害怕，但不再像以前那样怕了。”

“我骨子里仍然害怕，但我不会对自己承认它。”

“我用种种害怕折磨我自己。”

“现在，恰恰是我应当无所畏惧的时候，我却害怕了。”

对于这里的每一个语句都有一种特定的语调、一种各自不同的语境与之相适合。

完全可以想象有这样一些人，他们以比我们更为确定的方式进行思想，并且在我们仅用一个词的地方使用不同的几个词。

我们问:"'我恐惧'实际上意味着什么,我说这句话时我指的是什么?"当然我们找不到回答,或者找到一个不适当的答案。

问题是:"它出现在何种语境中?"

如果我试图通过下述方式,即:我不断重复"我害怕"这句话,同时注意着我自己,似乎要从我眼角上观察出我的灵魂;以此来解决"我指的是什么?""我说到它时我想的是什么?"这样的问题,那么,我将不可能找到答案。在一具体事例中,我的确能问"我为什么那样说,我那样说意味着什么?"——我也许可以回答这个问题,但并不是根据对伴随该说话的现象所作的观察。我的回答将补充、解释先前的话。

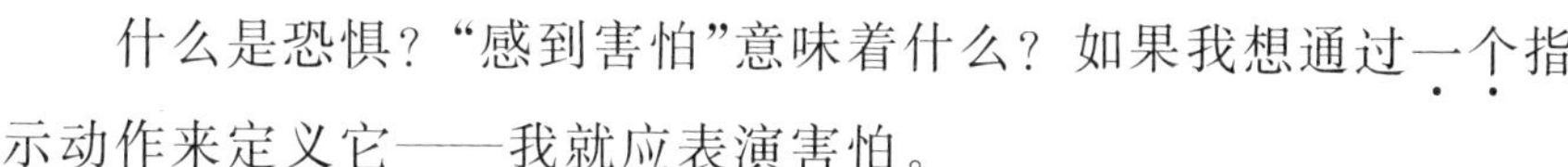

什么是恐惧?"感到害怕"意味着什么?如果我想通过**一个**指示动作来定义它——我就应**表演**害怕。

我也能以这种方式来表现希望吗?很难。对于信念又如何呢?

描述我的精神状态(比方说恐惧)是我在特殊场合中做的事情。(正像需要一种特殊场合来使某种行动变成一个实验。)

那么,我在不同的游戏中使用同样的表达式就那么奇怪吗?有时好像可以说是在各种游戏之间使用?

我总是带着非常确定的目的说话吗?——如果我没有带着确

定的目的我说的话就没有意义吗?

189e 在一篇葬礼的悼词中说“我们悼念我们的……”这当然被认为是对哀悼的一种表示,而并不是告诉在场的人什么事情。但在墓前的祈祷中这些词则以某种方式被用来告诉某人某件事。

但问题在这里:尽管哭喊不能被称为一种描述,它比任何描述更原始,但它还是起了描述内心生活的作用。

哭喊绝不是一个描述。但有各种过渡状态。“我害怕”这句话也许或多或少地接近于哭喊。这话既可以非常接近于哭喊,也可以是离哭喊**很远**。

我们的确并不总是因为某人说他很疼痛便说他在**抱怨**。所以,“我疼”这话可以是一种抱怨,也可以是别的什么。

但如果“我害怕”并不总是像抱怨,但有时又像,那么为什么它**总是**要被作为对精神状态的一种描述呢?

X

190e

我们怎么会来使用像“我相信……”这样的表达式的？我们是否有时觉察到一种（相信的）现象呢？

我们是不是通过观察我们自己和其他人从而发现了相信呢？

摩尔悖论可以写成这样：“我相信情况就是这样”这个表达式的使用就和“情况就是这样”这个断言的使用一样；然而，我相信情况就是这样这一个假设的使用并不和情况就是这样这一假设的使用相同。

所以，看起来好像“我相信”这一断言并不是对“我相信”这个假设中被假定的东西的断定。

同样：“我相信天要下雨”这一陈述具有像“天要下雨”那样的意义，也就是说那样的用法，但“我那时相信天要下雨”的意义就不同于“那时天下了雨”的意义了。

“但是‘我曾相信’(Ich glaubte)在过去所说的东西必定是‘我相信’(Ich glaube)在现在所说的东西，——$\sqrt{-1}$相对于-1所意味的东西必定是$\sqrt{1}$相对于1所意味的东西！”这样说毫无意义。

“归根到底，当我说‘我相信……’时我是在描述我自己的精神状态——但这个描述间接地是对所相信的事态的一种断言。”——就像在某些情况下我描述一张照片是为了描述照片所照的东西。

但那样的话我也一定要能够说这张照片是一张好照片。所以这儿也是如此：“我相信天在下雨，而我的信念是可靠的，所以我对此确信无疑。”——在这种情况下我的相信应是一种感觉印象。

人们可以不信任自己的感觉，他不能不信任自己的相信。

如果有一个动词意为“错误地相信”，那么它不会具有有意义的第一人称现在时直陈式。

不要把下面这点看作当然的事，而要看作非常值得注意的事，即“相信”、“希望”、“意愿”这些动词具有“切割”、“咀嚼”、“奔跑”这些词所具有的全部语法形式。

对于作报告的语言游戏可以给予这样一个转变，就是报告并不是要告诉听众该报告的内容，而是要告诉听众关于作报告的那个人的事情。

191e 例如，教师考学生时就是这样。（你可以通过测量什么来检验那把量尺。）

假如我用下述方式来引进某个表达式——例如“我相信……”如果报告是用来提供有关报告者的信息的，那么就把“我相信”这个表达式加在报告的前面。（因此这个表达式无须带有任何关于不确定性的暗示。记住，一个断言的不确定性可以表达得与个人无关："他今天也许来。"）——"我相信……但事情并不是这样"将是一个矛盾。

"我相信"表明了我的状态。从这个表达式可以得出关于我的行为的结论。所以在这里跟情绪、心情等等的表达式有一种**类似性**。

然而，如果"我相信事情是这样"表明了我的状态，那么"事情是这样"这一断言也表明了我的状态。因为"我相信"这记号并不能说明我的状态，至多只能暗示它。

请想象一种语言，在这种语言中只是通过断言"事情是这样"的语调来表达"我相信事情是这样"。在这种语言中人们不说"他相信"而说"他想要说……"而且也存在假设句（虚拟句）："假定我想要如何如何"，但不存在"我想要说"这种表达式。

在这种语言中将不存在摩尔悖论；然而，出现了一个缺乏某种曲折形式的动词。

但这不应当使我们惊奇。想想下面这个事实，即人们能通过表达意向来预言他**自己的**未来活动。

我说到别人"他似乎相信……"别人也这样说到我。为什么即使别人这样说到我时是说得**对的**，我也从不这样说我自己呢？——那么是不是因为我看不到听不到我自己？——我们可以这样说。

“人们在自己内心感觉到确信，他并不是从自己的话或语调中推断这种确信的。”——这里说对了的是：人们并不从自己的话中推出自己的确信，也没有推出由这种确信而引起的活动。

“这里*看起来*好像‘我相信’这个断言并不是对假说中被假定的东西的断言。”——因此，我便想寻找该动词第一人称现在时直陈式的一个不同的变化。

我就是这么思考的：相信是一种精神状态。它有绵延；并且这跟它例如在语句中的表述所具有的绵延无关。所以它是相信着的
192e 人的一种倾向性。这是在别人的情况下通过他的行为和他的话而显示给我的。在这方面，是通过“我相信……”这个表达式也通过那个简单断言显示给我的。——我自己的情形又是怎样的？我自己怎样来认出我自己的倾向性呢？——这里我必须像其他人一样来注意我自己，听自己说话，从而才能从我说的话中得出结论！

我自己跟我的话的关系和别人与我的话的关系是完全不同的。

只要我能够说“我似乎相信”，那么那个动词的那种不同的变化就本应当是可能的。

如果我去倾听我嘴里说的话，我可能会说那是别人从我嘴里说出来的。

“从我所说的话来判断，这就是我所相信的东西。”有可能设想出使这些话具有意思的情境。

因此人们也能说“天在下雨但我不相信这一点”，或者“在我看来，我的自我相信这件事，但这不是真的”。为此人们将不得不生动而详尽地描绘这样一种行为，这种行为指明有两个人通过我的嘴在说话。

即使是在假设中，模式也不是你所想的东西。

在你说“假定我相信……”时，你就已预设了“相信”这个词的全部语法，即你所掌握的通常用法。——你并不是在假定某种事态，比如说一幅图画毫不含糊地表现给你的事态，因而你可以在这一假设性的使用上添加某种与通常的使用有所不同的断定性的使用。——如果你还不熟悉“相信”这个词的使用，那么你就根本不会知道你在这里在假定些什么（即，例如，从这一种假定中能得出些什么）。

想想“我说……”这个表达式，例如在“我说今天天将下雨”，这就同“天将……”这断言结果完全一样。“他说天将……”大致意味着“他相信天将……”“假定我说……”并不意味着：假定今天天下雨。

不同的概念在这里接触并有一段相重合。但你无须认为所有线条都是圆圈。

看看这个非法的句子:“天可能在下雨但它没有下。”

在这里人们应当当心,不要说“天可能在下雨”真正的意思是“我想天将下雨”。因为为什么不能倒过来说,为什么不应当是后者意味着前者呢?

不要把一个犹豫不决的论断看作是一个关于犹豫不决的论断。

XI 193e

“看到”这个词的两种用法。

其一:“你在那儿看到了什么?”——“我看到了*这个*”。(然后便是一个描述、一张画、一个复本。)其二:“我看到这两张脸之间的相似性”——让听我说这话的人也像我一样清楚地看到这些脸。

这件事的重要性在于两种看的“对象”之间的范畴差异。

一个人可能准确地把两张脸都画了下来,而另一个人则在画中注意到了前一个人没有看到的相似性。

我注视一张脸,然后突然注意到它同另一张脸的相似性。我*看到*它并没有变化,但我却在不同地看它。我把这种经验称为“注意到一个面相(Aspekt)”。

它的各种*原因*是心理学家的兴趣所在。

我们感兴趣的是概念和它在经验的概念之中的地位。

你可以想象这个插图

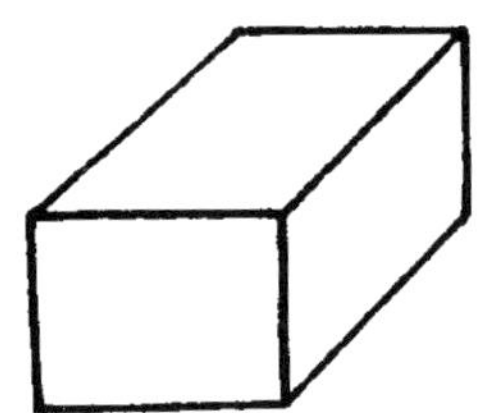

在一本书(比如说教科书)中的几个地方出现。但在有关的课文中每次讨论的都是一些不同的东西:在这里是一个玻璃立方体,在那儿是一个倒置的开口盒子,在那儿又是具有这种形状的铁丝框子,在那儿是由三块平板构成的一个立体角。课文每次都为这插图提供解释。

但我们也能把这插图一会儿*看*作这个东西一会儿*看*作另一个东西。——因而我们解释它,并且像我们所*解释*的那样来*看*它。

这里,或许我们要这样来回答:通过一种解释对直接经验所进行的描述,即对视觉经验的描述,乃是间接的描述。"我把这图形看作一个盒子"意味着:我有一种特定的视觉经验,我从经验中发现当我把这图形解释为一个盒子或当我看一个盒子时我总是有这
194e 种经验。但如果它就意味着这个,那么我就应当知道它。我应当能够直接地而不是仅仅间接地指称这种经验。(正如我可以说到红色而不用把它称为血的颜色一样。)

我将下面的图形称为鸭-兔-头图,引自雅斯特罗(Jastrow)[①],它既可以看作是一个兔子头也可以看作一个鸭子头。

---

① 《心理学中的事实和虚构》。——原注

我还必须把“持续地看到”一个面相同“面相的突然闪现”(Aufleuchten eines Aspects)区别开来。

这个图画也许已经显示给我了,我在这个图画中除了看到一只兔子以外从没有看到过别的东西。

在这儿,引入“图画-对象”(picture-object)的概念是有用的,例如下图就是一个“图画-脸”(picture-face)

在某些方面,我像对待人的脸那样来对待它。我可以研究它的表情,能够像对人的脸部表情作出反应那样对它作出反应。儿童能对图画-人或图画-动物说话,能像对待玩具娃娃那样对待它们。

那么,有可能我从一开始就把鸭-兔-头图单单看作一个图画-兔子。就是说,如果问我“那是什么?”或者“你在那儿看到什么?”我会回答:“一个图画-兔子。”如果进一步问我那是什么,我会拿各种各样兔子图画来进行说明,也许会指着一个真正的兔子,谈论兔

子的习性，或对它们进行模仿。

我不应该用“现在我把它看作一个图画-兔子”来回答“你在这
195e 儿看到什么”的问题。我应该只是描述我的知觉：正好像我说：“我
在那边看到一个红圆圈。”——

尽管如此，别人却能这样地说我：“他把这个图形看作一个图画一兔子。”

如果我说“现在我把它看作……”那就像当我看到一副刀叉时说“现在我把这看作一副刀叉”一样毫无意义。这样的表述不会被理解。——就像：“对我来说现在它是一把叉”或“它也可以是一把叉”一样。

人们在就餐时并不把他们知道是餐具的东西“**当作**”餐具；正像人们吃东西时通常并不试图去运动嘴巴或把运动嘴巴作为目的。

如果你说“现在对我来说这是一张脸”，我们可以问“你暗指的是什么变化？”

我看到两张图画，在一张图画中鸭-兔-头图周围画着许多兔子，在另一张图画上它周围画着许多鸭子。我没有注意到它们是同样的。是不是由此会得**出**我在这两种情况下**看到**不同的东西的结论呢？——它给了我们在这里使用这个表述的理由。

“我是完全不同地看它的，我根本没有认出它来！”这是一个感叹句。这个感叹也是有道理的。

我本来绝不会想到像那样去重叠头形，不会想到在它们之间作*这种*比较。因为它们提示了一种不同的比较方式。

看起来像*这个*的头形同看起来像*这个*的头形也没有丝毫的相似性——虽然它们是全等的。

给我看一个图画-兔子并问我它是什么；我说“它是一只兔子”。我不说“它现在是一只兔子”。我是在报告我的知觉。——给我看鸭-兔-头图并问我它是什么；我*也许*说“它是一个鸭-兔-头”。但我对这个问题也可能做出完全不同的反应。——回答它是鸭-兔-头仍然是对知觉的报告，而回答“现在它是一只兔子”却不是对知觉的报告。如果我回答“它是一只兔子”，我还没察觉那种两义性，所以我应该还是在报告我的知觉。

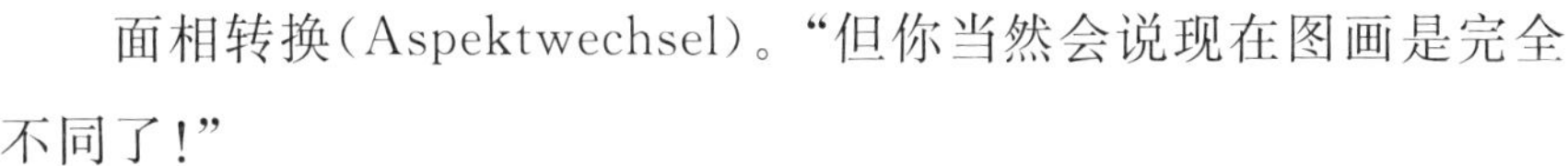

面相转换（Aspektwechsel）。“但你当然会说现在图画是完全不同了！”

但不同的是什么：我的印象？我的态度？——我能说得出来吗？我把这个变化*描述*成一种知觉，就好像该对象在我眼前发生了变化。

“现在我看见*这个*”我也许这样说（例如指着另一图画）。这具 196e
有报告一种新的知觉的形式。

面相转换的表达和那个没有变化的知觉的表达一起构成了一种*新的*知觉的表达。

我突然看出画谜的解答。先前那儿是树的枝杈，现在那儿是人的形状。我的视觉印象已改变，现在我认出它不仅有形状和颜色，而且也有一种特殊的“组织”。——我的视觉印象变了；——它以前像什么，现在又像什么？——如果我用精确的复本来表示它——这不是一种很好的表示吗？——那么这显示不出任何变化。

首先不要说“毕竟我的视觉印象不是**画**；它是**这个**——是我不可能向任何人显示的东西”。——当然它不是画，但它和在我自身之内所携带的东西也不属于同一范畴。

“内在图像”的概念是令人误解的，因为这个概念使用“**外在**图像”作为模型，然而这些概念词的用法之间并不比“数字”和“数”的用法之间更为彼此相似。（如果人们决定把数称为“理想数字”，那么他们就会制造出类似的混乱。）

如果你把视觉印象的“组织”和颜色和形状放在同一水平上，那么你就是以这样的做法为出发点的：把视觉印象作为一个内部对象来对待。当然这就使这个对象变成一个怪物、变成一个奇怪地变化着的构造。与图画的那种相似性现在受到了损害。

如果我知道立方体轮廓图有着多种面相，而我又想知道某个别人看到的是什么，我可以让他把所看到的东西在复本之外再做一个模型，或者让他指出一个这样的模型；尽管**他**不知道我要求两种说明的意图何在。

但当发生了面相转换时，情况就变了。以前按照该复本似乎是，甚至就是一种无用的具体说明的东西现在就成了唯一可能的经验表达。

而且这自身就破坏了“组织”与视觉印象中的颜色与形状的比较。

如果我把鸭-兔-头图看作一只兔子，那么我就看到：这些形状和颜色（我把它们详细地绘出）——此外我还看到某种像这样的东西；在此我指着大量不同的兔子图画。——这表明了概念之间的 197e
区别。

“看作……”不是知觉的一部分。因此之故它既像看又不像看。

我看着一只动物，人们问我：“你看见了什么？”我回答：“一只兔子。”——我看到一处风景，突然一只兔子一窜而过，我惊呼道“一只兔子！”

这两件事，报告和惊呼这两者，都是对知觉和视觉经验的表述。但惊呼之为此全然不同于报告之为此：惊呼是从我们这儿挣脱出来的——它与经验的关系类似于哭喊与疼痛的关系。

但因为它是对知觉的描述，它也可以被称为思想的表达。——如果你在看这个对象，你用不着思考它；但如果你有由惊呼表达出来的视觉经验，那么你也就在思考你看到的东西。

因此,那种“面相的突然闪现”看来似乎一半是视觉经验,一半是思想。

某人突然看到某种他认不出来的现象(它也许是一个他所熟悉的对象,但处于一种异乎寻常的位置或光线中);但这种不认识也许仅持续片刻。如果说他同立即认出了这对象的另一人有不同的视觉经验,那是不是正确?

难道某个人对出现在他面前但他不熟悉而为我所熟悉的形状就不可能像我那样**精确地描述**吗?回答难道不是这样:——当然,一般说来是不可能。他的描述将和我的大不相同(例如我说“这种动物有两只长长的耳朵”——他说:“有两个长长的附属物”,然后他把它们画出来)。

我碰到多年不见的一个人,我清清楚楚地看到他但认不出他。突然我认出他了,我在改变了的面容中看出了过去的面孔。我相信,如果我会绘画,现在我将画出一幅不同的肖像画。

那么,当我在一群人中认出我的一个熟人时也许是在朝他所在的那个方向看了好一会儿之后——这样的看是一种特别的看吗?这是一种既看又思考的情形吗?或者像我几乎想说的那样是两者的混合物吗?

问题是:人们**为什么**想要这样说?

198e 在这里的表达就是因认出而发出的一声惊叫。这一表达也是对被看到的东西的一个报告。

什么是视觉经验的判据？——判据？你认为是什么呢？

对“所见之物”的表现。

对所见之物的表现这个概念就像复本的概念一样是有很大伸缩性的，所见之物的概念也是如此。这两个概念是紧密联系着的（这并不是说它们相似）。

人们怎么知道人类是三维地看的呢？——我问某人关于他已看见的（那边）一块地的地势。“它是像这样吗？”（我用手做给他看）——“是的。”——“你是怎么知道的？”——“空中没有烟雾，我看得很清楚。”——他没有给出这种推测的理由。对我们来说唯一自然的事是三维地表现我们看到的东西；无论是通过绘画还是通过语词，二维的表现都需要专门的实践和训练。（儿童绘画的奇特之处。）

如果有个人看到一个微笑而不知道它是微笑，不把它理解为微笑，那么他看到微笑的方式是不是与理解微笑的人不同？——例如，他对它的模仿就不同。

把一张画着人脸的图画倒置，你就会认不出这张脸的表情。或许你能看出它在微笑，但不能确切地看出它是哪一种微笑。你不可能确切地模仿或描述它。

然而你倒过来的这张图画可能是对某个人的脸的非常确切的表现。

图形(a)是图形(b)的倒置就像(c)

是(d)*Pleasure*的反写一样。

但是我要说，——我对(c)和(d)的印象之间的差别与我对(a)和(b)的印象之间的差别是不同的差别，例如，(d)看起来就比(c)更端正整齐些。(请比较一下刘易斯·卡罗尔[①]的看法。)(d)容易复制而(e)则难以复制。

199e 想象一下隐藏在一团杂乱的线条中的鸭-兔-头图。现在我突然在这图画中注意到它，并且单单注意到它是个兔头。随后不久我看着同一个图画并注意到同一个图形，但把它看作鸭子，同时并不一定知道两次看的都是同一图形。——如果我后来看到面相转换了——我能否说现在我看到鸭子和兔子的面相的方式完全不同于我在那团线条中分别认出它们时呢？不能。

但这种转换产生了一种惊奇感，而它是不能由认出而产生的。

如果你在图形(1)中寻找另一个图形(2)，然后又发现了它，那么你就是以一种新的方式来看(1)的。你不仅能够对它给出一种新的描述，而且注意到第二个图形这件事乃是一种新的视觉经验。

① 《爱丽思梦游奇境记》的作者。——译注

但你不一定会想说“图形(1)现在看来完全不同,它甚至一点也不像我以前看到的那个图形,虽然它们是全等的!”

这里有许许多多相互联系的现象和可能的概念。

那么是不是这图形的复本是对我的视觉经验的一种不完全的描述呢?不是。——但具体环境决定着是否需要或需要何种更详细的说明。——它可能是一种不完全的描述,如果还有什么东西可问的话。

当然我们可以说:有某些东西既可以归于“图画-兔子”的概念同样又可以归于“图画-鸭子”的概念。一幅图画、一张画就是这样一种东西。——但印象并不同时既是图画-鸭子又是图画-兔子的印象。

“我真正看到的东西一定是由于对象的影响在我身上所产生的东西”——那么在我身上所产生的东西则是一种复本,那是某种它自己可以被看的东西,可以放在人们面前的东西,几乎是某种像物质化似的东西。

这种物质化是空间性的东西并且必定能够纯粹以空间的术语来描述它。例如(如果它是一张脸)它能微笑;然而“友好性”这一概念在对它的解释中却没有位置,它不适合于这样一种解释(即使它也许有助于这个解释)。

如果你问我看到了什么，也许我能画出一张显示了它的速写给你看；但我多半回忆不起在看它时我的目光移动的方式。

200e “看”的概念产生一种混乱的印象。是的，它是混乱的。我望着那风景，我的目光扫过它，我看到各种各样清楚的和模糊的运动；**这个**给我鲜明的印象，而**那个**则相当模糊。总之，我们所看到的东西可能显得多么杂乱无章啊！现在来看看“对被看到的东西的描述”所能意指的一切吧——但这正是所谓对被看到的东西的描述。并没有这种描述的**一个真正**的、正当的实例——其余的都是模糊的，是某种尚待澄清或必须被当作垃圾清扫到一边去的东西。

这里我们有一种巨大的危险，就是想要作出精细的区别。——当人们企图以“真正被看到的东西”来解释物质对象的概念时，情况就是这样。——我们应该做的倒是接受日常的语言游戏并指出对事情的**错误**解释**是**错误的。教儿童学的原始的语言游戏不需要什么辩护；欲辩护它的企图必须放弃。

以一个三角形的各种视角为例，下列三角形可以看作是一个三角形的孔，一个固体，或一个几何图形；可以被看作立在其底边上或悬在它的顶点上；可以被看作一座山，一只楔或一个箭头或指示物，也可以被看作原来应该立在那条短的斜边上面后来又被翻转过来的东西，或平行四边形的一半，以及其他种种事物。

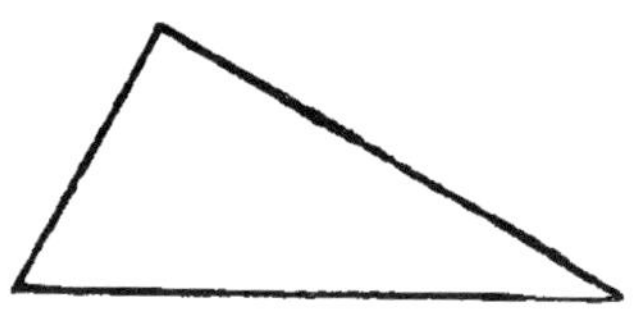

"当你看着它时，你可以一会儿想着这个一会儿又想着这个，你也可以一会儿把它当作这个一会儿又当作这个，于是你将一会儿以这种方式一会儿又以这种方式看它。"——什么方式？没有进一步的限定。

但按照一种解释来看一个对象，那是怎么可能的呢？——这个问题把它表述为一种奇怪的事实，好像这里有什么东西被强迫采取了并不真正适合它的一个形式。但这里并没有发生挤压和强迫。

如果看来好像在其他形式之间没有这一个形式的地位，那么你就必须从另一个维度上去寻找它。如果在它这里没有位置，那么在那个维度就有位置。

（也就是在这种意义上在实数连续统中没有虚数的位置。但 201e
这意指的是：虚数概念的应用并不像计算看起来所显示的那样类似于实数概念的应用。必须认真考虑其应用，然后我们才能为这概念找到一个不同的位置，可以说，人们从未想到过的位置。）

下面的解释怎么样："我能把某物看作是它能是其图像的东西"？

这当然意味着：面相转换中的那些面相是图画中的图形有时能恒久具有的那些面相。

一个三角形在一张油画中可能真的是竖立的，在另一张图画中是悬挂着的，在第三张图画中则可能是表现了倒下来的什么东西。——那就是，正在看着它的我不说“它也可能是表现了某种倒下的东西”，而说“那块玻璃倒了下来，摔成了碎片”。这就是我们如何对这图画作出反应的。

我能否说一张图画一定要如何才会产生这种效果呢？不。例如有些绘画的风格就不能以这种直接的方式向我传达任何东西，但对别人却能。我认为习惯和教育在其中起了作用。

说在一幅画中我“看到球体在空中飘浮”，这是什么意思呢？

说这种描述是我首先想到的，对于我来说是自明的，那就够了吗？不，因为它可能由于种种不同的原因才是这样的。例如它也许是习惯性的描述。

我们应如何来表达下述事实呢：比如说我不只是以这种方式理解这个图画（知道它应该表现了什么），并且以这种方式看见它？——一个这样的表达是：“球体看来好像飘浮着”，“你看到它在飘浮”，或再一次，以一种特别的声调说“它在飘！”

因此，这就是对把什么当作什么的表达，但它却不是这样来使用的。

这里我们并不是在问自己原因是什么，在特定情形中又是什么东西产生了这种印象。

它是一种特定的印象吗？——“当我看到球体飘浮时，我的确看到了与我只是看到它摆在那儿时所看到的某种东西不同的东西。”——其实就意味着;这种表述是有根据的!——(因为照字面上说,它无非就是一种重复而已。)

(然而,我的印象也不是对一个真正飘浮的球体的印象。有各 202e
种形式的“三维的看”。一张照片上的三维特征和我们通过立体镜看到的东西的三维特征。)

“它真的是一种不同的印象吗?”——为了回答这个问题我要问问自己在我这里是否真有什么东西是不同的。但我如何才能发现呢?——我不同地描述我所看到的东西。

某些画总是被看作平面的图形,而另外一些画有时甚至总是被看作是三维的。

这里人们会说:对三维地看到的东西的视觉印象是三维的;例如对于立方体的简图的视觉印象就是一个立方体(因为对这印象的描述就是对立方体的描述)。

那么看来似乎奇怪的是对于某些画我们的印象竟会是平面的东西,而对另一些则是三维的东西。人们会问自己“这到哪儿才会结束呢?”

当我看到一张奔马图——我是否只是知道这就是所意味的那种运动?认为我在图上看到马在奔驰是不是一种迷信?——我的视觉印象也在奔驰吗?

某人说“现在我把它看作……”他告诉我什么？这个消息产生什么后果？我能用它做些什么？

人们经常把颜色同元音联系起来。某人可能会发现，当一元音一再重复时它会改变它的颜色。例如对他来说 a“一会儿是蓝的、一会儿是红的”。

“现在我把它看作……”这个表述对我们来说或许和“现在对我来说 a 是红的”一样没有多大意义。

（如果和生理学的观察联系起来，甚至这种转换对我们也可能是重要的。）

这里我想起我们在讨论美学问题时使用的这些话：“你必须**这样**看它，它的意思就是如此”；“当你**这样**看它时，你就看到它在哪儿出了毛病”；“你必须把这小节音乐当作引子来听”；“你必须按这一调子听它”；“你一定要像**这样**来把它分成短句”。

（这既可能是指听也可能指演奏。）

203e 下面的图形：被当作是表现一个凸起的台阶。它被用于某种拓扑学的证明中。为此目的我们过两个平面的几何中心作一直线

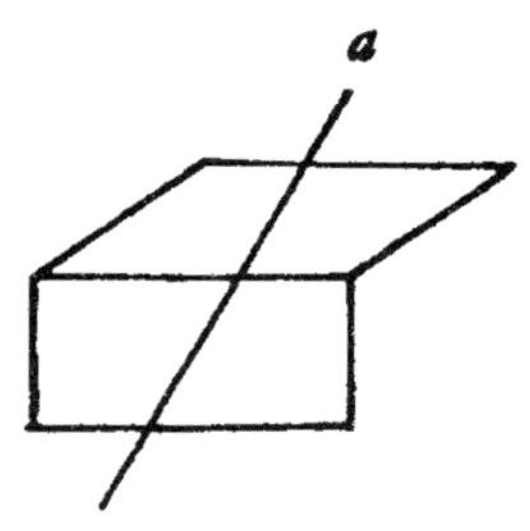

a。——现在，如果人们对这个图形的三维印象仅只是一瞬间的，甚至一会儿是凹的一会儿是凸的，这就使他难以追随我们的证明。如果对他来说平面的视角和三维视角交替出现，这就好像我在证明过程中在向他显示完全不同的对象。

当我看画法几何学中的一幅画时并说“我知道这条线又在这儿出现，但我不能像那样看它”，这意味着什么呢？是否这只是意味着我对绘画的操作不熟悉，意味着我对绘画还“不太在行？”——这种熟悉无疑是我们的判据之一。使我们确信某个人正在三维地看这图画的就是某种“在行”。例如某些姿势表示三维关系：行为的精细差别。

在一张图画上我看到一只动物被一支箭射穿。箭从喉部射入从后颈穿出。假如这图画是个侧面像。——你看到箭了吗——还是你只是知道这两段东西应当代表一支箭的一部分呢？

（请比较一下科勒（Köhler）的互相穿插的六边形图形。）

“但这不是看！”——“但这是看！”——给这两种说法一个概念上的辩白一定是可能的。

但这是看！在何种意义上说这是看呢？

“这现象起初是使人惊奇的，但对它一定能找到一种生理学的说明。”——

我们的问题不是因果问题而是概念问题。

如果被射穿的动物的图画或互相穿插的六边形的图画只给我

204e 看一会儿然后就要我描述它，那么**那**就是我的描述；如果要我画出它，我一定会画出一个很不像样的复本，但它将显示出某种被箭所射穿的动物或者两个互相穿插的六边形。也就是说，有些错误我是**不该**犯的。

在这个图画中映入我眼中的第一样东西是：有两个六边形。

现在我看着它们并问自己："我真的把它们**看作**六边形吗？"——而且是在它们在我眼前的整个这段时间内？（假定在这段时间里它们的面相没有改变。）——而我将回答"我并非在整个时间里一直认为它们是六边形"。

有人告诉我说："我一下子就把它看作两个六边形。而这就是我看到的**整个东西**。"但我如何理解这一点呢？我想他在回答"你看到什么？"这个问题时会立即作出这样的描述，而不会把它当作几种可能性中的一种。在这点上他的描述就像当我给他看下面的图形他就立即回答说"一张脸"一样。

对于给我看了一会儿的东西我所能作出的最好的描述就是**这个**：……

"这印象就是对一只用后腿站起的动物的印象。"这样，一个完全确定的描述就产生了。它是**看**还是一个思想呢？

不要企图分析你自己的内在经验。

当然我也可能一开始把这图画看作某种不同的东西然后对自己说:“噢,它是两个六边形!”这样,视角改变了。这是否证明我事实上把它**看**作某种确定的东西了呢?

“它是一种**真正的**视觉经验吗?”问题是:在什么意义上它是一种视觉经验呢?

在这儿,**困难**的是看出问题的关键是概念的决定。

一个**概念**把自己强加于人(这是你绝不应忘记的)。

什么时候我才应当把它称为纯粹的知而不是看呢?——也许是在某人把这图画当作一幅工作图,像一幅蓝图那样来**读**它的时候。(行为的精细差别。——它们为什么是**重要的**?它们有重要的后果。)

“对我来说它是一个被箭射穿的动物。”我就是那样对待它的, 205e
这就是我对这个图形的**态度**。这是把它称为“看”的实例的一种意义。

但我能否在同样的意义上说“对我来说这是两个六边形”呢?不是在同样的意义上而是在相似的意义上。

你得想一想像油画(与工作图相反)那样的图画在我们生活中

所具有的作用。这种作用绝不是始终一样的。

一个比较：人们有时将格言挂在墙上。但却不把力学定理挂在墙上。（我们同这两者之间的关系。）

如果你把这张画看作如此这般的一个动物，那么我对你的期望会大大地不同于当你仅仅知道这幅画应该表现什么时我对你的期望。

下列表述也许更好一些：我们把墙上的照片、图画看作被描绘它们之上的对象本身（人，风景等等）。

这不一定得是如此。我们很容易想象有的人对这些图画并不具有这种关系。例如照片使他们厌恶，因为一张没有色彩的脸，甚至可能因为一张尺寸缩小的脸使他们感到不像人的脸。

我说："我们把一幅肖像看作一个人。"——但我们在什么时候这样看，并持续多长时间？如果我们看到它（而且譬如说并没有把它看作别的东西），那么，就总是这样看它吗？

对此我可以说，是的，而这就会确定"看作"这一概念。——问题是对我们来说是否还有一个与这个概念相联系的另一个概念变得非常重要：也就是，仅仅在我实际上把这图画当作被描绘的对象来对待时才产生的那种"看作"概念。

我可以说：当我看着一幅图画时它对我来说并非总是活的。

"她的画像从墙上向我微笑。"它不需要每当我投去一瞥时总是如此。

鸭-兔-头图。人们问自己,眼睛——这个*小点子*——怎么能够沿着一个方向上看的呢?——“*看一下*,它*是如何看的*!”(人们这样说时就“看”自己。)但人们并不是在看着该图画的整个时间内都一直在这样说和这样做。那么“看一下,它是如何看的!”又是什么呢?——它表达一种感觉吗?

(在提出所有这些例子时我的目的不在于达到某种完全性,某 206e
种对心理学概念的分类。这些例子只是旨在使读者在遇到概念上的混乱时如何自己设法摆脱它们。)

“现在我把它看作一个……”与“我试图把它看作一个……”或“我还不能把它看作一个……”是同一类的。但我不可能试图把一帧传统的狮子图*看作是*一只狮子,就像我不可能试图把 F 看作是该字母一样。(尽管我很可以试图把它看作一个(譬如说)绞刑架。)

你不要问自己“*我*的情况怎么样?”——而要问“对于别人的情况我知道什么?”

人们怎样玩下面这种游戏:“它也可能是*这个吗*?”(一个图形也可能是的东西——即它能够被看成的东西——并不就是另一个

图形。如果某人说“我把  看作 ”,那

么他仍可以意指完全不同的东西。)

这里是一个儿童玩的游戏:他们说立柜是一座(譬如说)屋子,于是在每个细节上都把它解释为屋子。在其中加入了某种幻想。

那么这个儿童现在是把这立柜看作一座屋子吗?

"他完全忘记了那是一个立柜,对它来说它实际上就是座屋子。"(这也有确定的表征。)那么,说他把它看作一座屋子岂不也是正确的吗?

如果你知道怎样玩这个游戏,并在一种特定情境中,你用特别的表情大声呼叫"现在这是一座屋子!"——那么你就是在表达一种面相的突然闪现。

如果我听到某人在谈论鸭-兔-头图,而且现在他以一定的方式说到兔子脸部的特殊表情,那么我就会说现在他把这图像看作是兔子。

但是,人们的声音和手势中的表情则是相同的:就好像那对象发生了变化,并变成这个或那个。

我让人把一支曲子给我演奏几次,每次都把速度放慢一些。最后我说"现在对了"或"现在它终于是一支进行曲了","现在它终于是一支舞曲了"。——在这样的音调中一个面相的突然闪现表达了自身。

“行为的精细差别”——下面就是这种精细差别的例子：我对一支曲子的理解是通过我用口哨以正确的表情吹奏它而表达的。 207e

三角形的诸面相：就好像是一个**意象**与视觉印象发生接触，并暂时保持这种接触。

然而，在这方面这些面相同（例如）台阶的那些凸凹的面相不同。同样也与下图的面相不同（我称之为“双十字形”）：一个是白十字放在黑色背景上，一个是黑十字放在白色背景上。

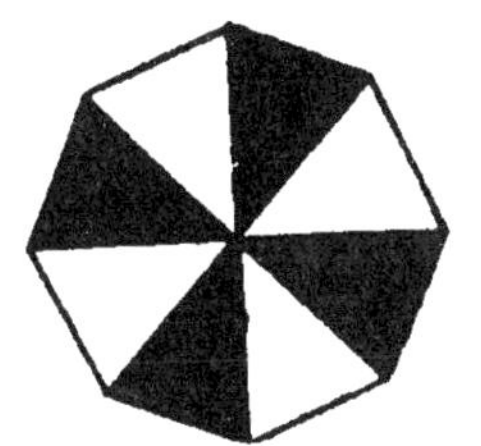

你必须记住，对彼此交替出现的面相的描述在每种情况下都是不同的。

下面这种诱惑：一边说“我看它**像这**”，一边指着同一个东西说“它”和“这”。要总是这样做以消除私人对象（private objcct）：假定它不断地变化着，但由于你的记忆不断地欺骗你，因而你注意不到这种变化。

对这种双十字形的两个面相（我将称它们为面相组 A）的报告可以简单地通过交替地指出单独的白和黑的十字而作出。

人们完全能够把这想象为儿童甚至在能够说话之前的一种原

始反应。

(因此，为报告面相组 A，我们指着双十字形的一个部分。——鸭兔面相组则不能用与此类似的方式进行描述。)

仅当你已熟悉鸭、兔这两种动物的形状时，你才会“看到鸭和兔的面相”。但要看到面相组 A 则不需要有与此类似的条件。

完全可能把鸭-兔-头图仅仅当作一只兔子的图画，把双十字形仅仅当作一个黑色十字形的图画。但把单纯的一个三角形当作一个倒下物体的图像则不可能。要看到三角形的这种面相需要**想象力**。

208e 面相组 A 并不是从本质上说就是三维的，白色底子上的黑色十字形并不是从本质上说就是以白色表面作背景的十字架。你要教给别人在不同颜色背景上的黑色十字形的观念，只给他看看画在纸上的十字形就可以了，无须给他看其他任何东西。在这里，“背景”只是十字形的周围部分罢了。

面相组 A 并不是像台阶或立方体的图画的三维面相那样与可能的错觉相联系。

我可以把立方体简图看作一个盒子，——但我也能一会儿把它看作纸盒一会儿把它看作铁皮盒吗？——如果某人向我担保**他**能够做到，我该说什么？——我可以在这里对这概念作出一种限制。

可是，请想一想与看一幅图画相联系的“感觉到”这个表达式吧。(人们感觉到那种材料的柔软性。)(梦中的**知道**。"我**知道**……在房间里。")

人们如何教儿童(比方说在教算术时)"现在把**这些**东西放在一起"或"现在**这些**是一起的"呢?显然,"放在一起"和"是一的"对他来说最初必定有着另一种意义而不是以这种或那种方式**看**的意义。——而这是对概念的评述,不是对教学方法的评述。

有**一种**面相可以称为"组织面相"。当这种面相改变时该图画以前未结合在一起的一些部分将会结合起来。

在一个三角形中我可以一会儿把**这**看作顶角,把**那**看作底边——一会儿又把**这**看作顶角把**那**看作底边。——显然,"我现在把这看作顶角"这些词对于刚碰到顶角、底边等概念的学生还不可能意味着任何东西。——但我并不是说这是一个经验的命题。

"现在他像**这样**来看它","现在像**那样**来看它"这些话只能用于那些**能够**非常熟练地对一个图形做出某些应用的人。

这种经验的基础是对一种技巧的掌握。

但如果把这作为某人具有如此这般一种**经验**的逻辑条件那就太奇怪了!毕竟你不会说,仅当人们能够做某某事时他才能"具有牙痛"。——由此可见我们在这里不可能是在谈论同样的经验概念。它是一个不同的(虽然是相关的)概念。

仅当某人**能够做**某某事,学会了、掌握了某某事时,才能有意 209e
思地说他已具有**这种**经验。

如果这听起来有点奇怪，那么你就需要考虑到看的**概念**在这里已被修改了。（在数学中为了避免头晕目眩的感觉，类似的考虑也常常是必要的。）

我们谈话、我们讲出语词，只是**到后来**才获得一幅关于它们的生命的图画。

在我知道它是动物的一种姿态而不是动物的解剖图之前，我如何才能看出这是犹豫的姿态呢？

但无疑这只是意味着：我不能使用**这个**概念来描述视觉的对象，因为它除了纯粹的视觉所指以外还有**更多**的所指？——尽管如此，我就不能对犹豫的姿态或胆怯的脸有一个纯粹的视觉概念了吗？

这样的一种概念可与无疑具有情绪价值的“大音阶”和“小音阶”相比较，但也可以只用来描述所感知的结构。

性质形容词“悲哀的”，如果应用于比如说简笔画脸形，那么这个词就是表征一个椭圆中的一组线条的特征。如果它被应用于一个人，那么就会有一个不同的（虽然相关的）意义。（但这并**不**意味着一个悲哀的面部表情**很像**一个悲哀的感觉！）

请再想一想这一点：我只能看而不能听红色和绿色，——但对于悲哀，我既能看也能听。

想想这个表达式:“我听到一段哀怨的旋律。”现在的问题是:“他**听**到了哀怨吗?”

如果我回答:“不,他没有听到,他只是具有一种哀怨的感觉。”——借此我们能做些什么呢?我们甚至不能指出产生这种“感觉”的感官。

在这里,有人可能会回答:“我当然听到了它!”——别的人则回答:“我并没有真正地**听**到它。”

然而,在这里我们能确立概念的差别。

我们对这种视觉印象的反应和没有认出这种视觉印象是胆怯(在这个词的**完全的**意义上)的人是不同的——但在这里我们并**不**是想说我们在肌肉和关节中感到这种反应并说这就是“感觉”。——不,这里我们具有的是一个被修改了的**感觉**概念。

人们可能说到某人对一张脸的**表情**视而不见,是不是因此他 210e
的视觉是有缺陷的?

当然这不单是一个生理学问题。这里生理的东西是逻辑的东西的符号。

如果你感到一个曲调的严肃性,你感知到了些什么?——当然不是你所听到的东西的再次演奏所能传达出的任何东西。

我可以把某种任意的字符——例如 想象为某种我所陌生的字母表中完全正确的字母。或者想象为一个写错了的字母而且是以这样或那样的方式写错的:例如也许是由于草率,或由于典型的孩子气的笨拙，或者像法律文件中的花体字。它可能以多种方式与正确书写的字母相偏离。——我可以按照我加于它的故事从各种不同的面相中来看它。这里就存在着同“体验词的意义”密切的亲缘关系。

我想说，这里突然闪现的东西仅仅在我以一种特殊方式专注于该对象的那段时间里才存在着。（“看一下，他是如何看的！”）——“我想说”——是这样吗？——问问你自己：“一件事使我吃惊！有多长时间？”——有多长时间我觉得它是**新的**？

这个面相提供了一种随即消失的相貌。这差不多就好像那儿有张脸，我先是**模仿**它，然后不加模仿就接受了它。——这岂不是足够的说明吗？——可它不是太过分了吗？

“有好几分钟我观察到他与他父亲之间的相似性，然后就观察不到了。”——如果他的脸在变化着而且只有在一个短时间内看起来才像他父亲的脸，那么人们就可以这样说。但这也可能意味着几分钟之后我不再特别注意到这种相似性。

“在你注意到这种相似性之后有多久你还意识到它？”人们对这个问题会给以什么样的回答呢？——“我很快就不再想到它”或“我总是不时地一再注意到它”，或“我有好几次想到，他们是多么相像啊！”或“至少有一分钟我对这种相似性感到惊异”——这就是你将会得到的回答。

我想提出这个问题“在我看到这个对象（比如说这个餐具柜）
的*整个*时间内，我是否*总是意识到*对象的空间特性，它的深度？”譬 211e
如说，我是否在整个时间都*感觉*到它？——但让我们以第三人称提出这个问题。——什么时候你能说某人在整个时间都觉察到它而什么时候则相反呢？当然人们可以去问他，——但他如何学会怎样回答这个问题呢？——他知道“持续地感到疼痛”意味着什么。但在这里那只会把他弄糊涂（就像把我弄糊涂一样）。

如果他现在说他持续地意识到深度——我相信他的话吗？如果他说他只是偶尔地意识到深度（也许是在谈论它时）——我相信他的*这个说法*吗？这些回答将会使我产生一种认为它们建立在虚假基础上的印象。——如果他说对象有时使他感到是平面的、有时使他感到是三维的，那就跟上面的情况有所不同了。

某人告诉我：“我看着花儿，但想着别的事因而没意识到花的颜色。”我理解这句话吗？——我能给它想象一种有意义的语境，比如他继续说“然后我突然*看到*它，并且认出它是一个……”

或者：“如果我那时扭过头去，我就会说不出它是什么颜色。”

“他对它视而未见。”——有这种事情。但它的判据是什么？——这里有各种各样的情况。

“刚才我更多地是注视形状而不是颜色。”不要让这种话把你搞糊涂。首先不要去想“在眼睛或大脑中能发生些什么？”

这种相似性引起了我的特别注意；然后这种注意渐渐消失。

它只有一会儿引起了我的特别注意，然后就再也不了。

这里发生了什么？——我能回想起什么呢？我想起了我的脸部表情，我能够再现它。如果认识我的人看到过我的脸，他会说"他的脸有什么东西方才引起了你的特别注意"。——我进一步想到我在这样一种情况下所说的东西，出声地说或自言自语地说。这就是一切。——那么这就是"引起特别注意"吗？不。这些都是"引起特别注意"的现象，但它们**是**"发生的事情"。

"引起特别注意"就是看加想吗？不。我们的许多概念在这里互相**交叉**。

（"想"和"在想象中说话"——我并没有说"对自己说话"——是不同的概念。）

212e 视觉印象的颜色符合对象的颜色（这张吸墨纸在我看来是粉红色的，而它就是粉红色的。）——视觉印象的形状符合对象的形状（在我看来它是矩形的，因而就是矩形的。）——但我在某种面相的突然闪现中所感知到的却不是对象的一种性质，而是它和其他对象之间的某种内在关系。

这差不多就好像"在这个语境中看到这个记号"竟是一种思想的回音似的。

"一个在看什么的过程中回响着的思想"——人们要这样说。

请想象一种对该经验的生理学说明。假设它是这样的：当我看着该图形时，我的眼睛总是沿着一条特定的路径反复扫过它。这路径对应于眼球在注视活动中来回移动的特定形式。这就有可能从这种移动形式跳到另一个移动形式，而这两者是可替换的。（视角组 A。）某些运动形式在生理学上是不可能的；因此，例如我不能把立方体简图看作两个相互穿插的棱柱体，如此等等。假设这就是说明。——“是的，现在我知道了它是一种看。”——现在你引进了一种新的、生理学的看的判据。而这能掩盖老问题使人看不到它，但不能解决它。——但是，这段话的目的是使我们看到，提供一个生理学的说明将会造成什么情况。生理学的概念处在这一说明达不到的地方。而这就使得我们的问题的性质变得更为清楚。

我真的每次都看到不同的东西或只是以不同的方式去解释所看见的东西？我倾向于说是前者。但为什么呢？——进行解释乃是进行思考，是做某种事；而看则是一种状态。

要认出我们在进行解释的那种情形是很容易的。在进行解释时我们形成各种假说，它们可能被证明是假的。——“我把这图形看成是一个……”就像“我看到鲜红色”一样，很难得到证实（或前者只能在后者能得到证实那种意义上得到证实）。所以，在这两种语境中“看”的使用有一种相似性。只是不要以为你事先知道“看的状态”在这里意味着什么！让使用教给你意义。

我们觉得关于看的某些事情是令人费解的，因为我们并不觉得关于看这件事情的一切真有那么令人费解。

213e 如果你看一张有许多人、房子和树木的照片,你并不感到照片中缺少第三维。我们会发现很难把一张照片描述为平面上的各种颜色斑块的集合体;但我在立体视镜中所看到的东西却又是以另一种不同的方式显出三维的样子。

(我们用两只眼睛来"三维地"看,这绝不是理当如此的。如果两眼的视像要重合起来,那么我们可以指望得到的结果将是一个模糊的视像。)

面相的概念类似于意象的概念。换言之:"现在我把它看成是……"这一概念类似于"现在我有**这个**意象"这一概念。

是不是需要想象才能把某种东西听成特定主题的变奏呢?然而人们在这样听的同时知觉到了某种东西。

"请你想象这个像这样地发生变化,于是你就有了这另一样东西。"人们可以在想象中进行证明。

看到一个面相以及进行想象都要服从于意志。有这样的命令:"想象**这**"同样也有这样的命令:"现在像**这样**来看这个图形";但却没有这样的命令"现在把这叶子看成绿色"。

现在产生了这个问题:是否可能有一些人欠缺把某些东西看成是**某种东西**的能力?而这会是什么样子呢?会有什么结果

呢？——这种缺陷是不是能同色盲或同不能辨别绝对音高相比呢？我们将把它称为“面相盲”——并将接着考虑这意味着什么。(一种概念性的研究。)假定面相盲人看不到面相组 A 的变化。但是否也要假定他认不出双十字形包含着黑色和白色的两个十字形呢？如果告诉他“请在这些例子中把包含一个黑色十字形的图形指给我看”，他是不是就不能做到呢？不，他应当能做到；但他将不会说：“现在它是白底上的一个黑色十字形！”

是否要假定他对于两张脸之间的相似性也看不出来呢？所以也同样看不到它们之间的同一或近似的同一？我不想决定这一点。(他应当能执行这样的指令：“把像**这个**样子的东西拿给我。”)

他应当不能把立方体简图看成是一个立方体吗？——但由此并不能得出，他不能认出它是立方体的一种表现(如一个工作图)。
但对他来说他不会从一个面相跳到另一个面相。——问题：他是 214e
否应当能像我们那样在某些情形中能把它**当作**一个立方体？——如果不应当，这就不能恰当地被称为是一种盲性。

“面相盲”同图画的关系跟我们同图画的关系将完全不同。

(**这种**异常对我们来说是容易想象的。)

面相盲**类似于**“乐感”的缺失。

这个概念的重要性在于“看到一个面相”和“体验一个词的意义”这两个概念之间的联系。因为我们要问“如果你没有**体验**到一个词的意义，你会失掉什么呢？”

例如如果你不理解下述要求：说出“sondern”这个词并把它意指为一个动词，那么，你会失掉什么呢？——或者如果你把一个词重复十几次却并不感到它已失去意义而变成单纯的声音，那你又会失掉什么呢？

例如在法庭上可能产生这样的问题：某人是如何意指某词的。而这一点能够从某些事实推论出来。——它是一个**意向**的问题。但他是如何体验一个词的——例如“银行”这个词——，这也是一个具有同样重要性的问题吗？

假定我同某人约定一种密码，“塔”意指银行。我告诉他“现在到塔那儿去”——他理解我的意思并做相应行动，但他感到这样来使用“塔”这个词是奇怪的。这个词还没有“接纳”这种意义。

“当我带着感情读一首诗或一篇故事时，我的确感到在我心中有某种东西发生，而这是在我单纯为获得信息而浏览这些文字时所不曾发生的。”——我暗示的是什么过程？——这些句子**听起来是**不同的。我非常注意我的语调。有时某个词的语气不对，我把它加重得太多或太少。我注意到这点并在脸上表示了出来。我后来可以详细谈论我读的情况，例如谈论我的声调中的错误。有时我会想起一幅图画，好比说，一个插图。这似乎有助于我以正确的表情来阅读。我还可以提到更多类似的东西。——我也能给予某个词以这样的声调，它将它的意义从其他词的意义中突出出来，就好像这个词几乎已是整件事的一幅图画。（当然这可能要取决于语句的构造。)

在我富有表情地阅读的过程中发出这个词的声音时,它就完 215e
全充满着它的意义。——“如果意义就是这个词的使用,这怎么可能呢?”我说的话只是象征性的。但并非好像是我选择了这个象征,而是它自己强加于我的。——但这个词的象征性应用不能同原先的应用发生冲突。

也许我们可以说明为什么正好是这一幅图画把它自己提示给了我。(只要想想下述表述及其意义:“这个确切的词。”)

但是如果一个语句能使我感到它就像一幅语词油画,而且句中的单词就像是图画,那么对于下面这一点就没有什么可奇怪的了:孤立而无目的地讲出的一个词本身似乎能够带有一种特定的意义。

329

在这里想一想一种特殊的幻觉,它有助于说明这些问题。——我同一位朋友到城郊去散步。当我们谈话时发生了这样一个情况:我设想城市在我们的右面。我对这个设想不仅**没有**意识到的理由,而且极简单的思考就会使我认识到城市倒是在我们的左前方。我一开始不能回答这个问题:**为什么**我会设想这个城市在**这个**方向。我**没有理由**这样想。但虽然我看不出什么理由,我似乎仍看到它有某些心理上的原因,尤其是某种联想和记忆。例如我们沿着一条运河散步,而在以前有一次我也在类似的情形中也沿着运河走过,而那一次城市是在我们的右边。——那么我就可以试图仿佛是用心理分析的方法来发现我产生无根据的确信的原因。

“但这种奇怪的经验是什么呢?”当然它并不比任何其他经验更奇怪;它只是在种类上不同于那些我们看作最根本的经验,例如我们的感觉印象。

“我感到好像我知道城市在那边。”——“我感到好像‘舒伯特’这名字适合舒伯特的作品和舒伯特的脸。”

你能对自己说“Weiche”这个词,并有时用它意指一个命令式(这时它意指“走开”),有时用它意指一个形容词(这时它意指“软的”)。现在说“Weiche!”(走开!)——然后说“Weiche nicht den Platz!”(*不*要离开这个地方!)——是不是两次都有*同样*的经验伴随着这个词?——你肯定能吗?

如果我有一个十分敏感的耳朵,当我做这个游戏时它向我显示我对这个词时而有*这种*经验时而有*那种*经验——那么难道它不
216e 也同样向我显示在谈话过程中我常常对这个词*没有任何*经验吗?——因为下列事实当然是没有问题的,即我那时也是时而像*这样*时而像*那样*地意指它,有意地这样做,而且后来还可能这么说明它。

但现在这个问题还没有解决:为什么我们与这种体验一个词的*游戏*相联系,也谈论什么“意义”和“意指”?——这是一个不同的问题。——作为这种语言游戏的特征的现象就是在*这种*情境中我们使用这种表述:我们说我们以这种意义发出这个词的声音,并把这一表达从那些别的语言游戏中拿过来。

称它为一个梦。这并不改变任何东西。

给出两个观念:“胖”和“瘦”,你是否会说星期三是胖的、星期二是瘦的或相反呢?(我明确地倾向于前者。)那么在这里“胖”和“瘦”是否有了某种跟它们的通常意义不同的意义呢?——它们有了一种不同的使用。——那么,是不是我其实应当使用不同的词呢?当然不是那样。——我就要在这儿使用这些词(带着它们通常的意义)。——我对于这个现象的原因什么也没有说。它们可能是来自我童年时代的联想。但那只是一个假设。无论说明是什么,——这种倾向总是在那儿。

试问:“你在这里用‘胖’和‘瘦’真正意指的是什么?”——我只能以完全通常的方式来说明意义。我不能联系着星期二和星期三的例子指出它。

这里人们可以说到一个词的“初始的”和“派生的”意义。只有当这个词对你来说有了“创始的”意义时你才能在派生的意义上使用它。

只有你已学会了计算——笔算或口算——你才可能通过这个计算概念来把握心算是什么。

派生的意义不是一种“隐喻上的”意义。如果我说“元音 e 对我来说是黄色的”，我并非意指隐喻的意义上的“黄色”，——因为我除了用“黄色”这个概念以外无法以任何其他方式表达我要说的东西。

某人对我说：“请在银行边上等我。”问题：当你在说这个词时，你是否就是意指这个银行？——这个问题同下面那个问题是同一种类的：“你在去见他时是否打算对他如此这般说？”它讲到一个确定的时间（走路的时间，就像前一个问题讲到说话的时间）——但
217e 没有讲到在这段时间中的经验。意指就像意欲一样很难说是一种经验。

是什么使它们区别于经验呢？——它们没有经验内容。因为伴随着它们并能例示它们的内容（例如意象）的，并不是意指或意欲。

人们据以行动的意向并不“伴随”行动，正像思想并不“伴随”话语一样，思想和意向既不是“划分成部分的”也不是“未划分成部分的”；既不能将它们比之于行动或说话时发出的单个音符，也不能将它们比之于一个曲调。

“谈话”（无论是大声地或是默默地）和“思想”并不是同类的概念；即使它们是紧密相连的。

对于人们说话时所具有的经验的兴趣与对意向的兴趣是不同的。（经验也许可以告诉心理学家有关无意识的意向方面的事情）

“听到那个词时我们俩都想到了他。”假定我们每个人默默地对自己说了同样的词——怎么可能比这意味着**更多**的东西呢？——但难道这些词不也只是一种**胚芽**吗？这些词如果要真正成为对那个人**的**思念的表达，那么它们就必须确实属于一种语言和一种语境。

如果上帝窥视进我们的心灵，他也不能看到在那里我们在谈论谁。

“为什么你听到那个词就看我？你是在想……吗？”——所以，在一特定时刻有一个反应，而且它可以这样来说明：“我想到……”或“我突然想起……”

这样说你就讲到你说话的那个时刻。你讲的是这个时刻还是那时刻，那会造成一种差别。

一个词的单纯的说明并不讲到在谈话的那个时刻所发生的事。

语言游戏“我意指（或我方才意指的是）**这**”（对一个词的补充说明）与下面这种语言游戏完全不同：“当我说到它时我想起……”**后者**类似于“它使我想起……”

“我今天已经有三次想起了我必须给他写信。”这时在我心中发生的事情究竟有什么重要性呢？——另一方面什么是这个陈述 218e

自身的重要性、自身的兴趣呢？——它允许某些结论。

“听到这些词我就想起了他。”语言游戏由之开始的——因而能够翻译成这些词的——最初的反应是什么呢？人们如何开始使用这些词的？

最初反应可能是一个眼色或一个手势，但它也可能是一个词。

“为什么你看着我并且摇摇头？”——“我想使你懂得你……”这不应被当作是表达了一个符号规则，而应被当作是表达了我的行为的目的。

意指不是伴随词的一个过程。因为任何过程都不可能具有意指的结果。

（同样，我认为可以这样说：计算不是实验，因为任何实验都不可能具有一次乘法运算特有的结果。）

谈话有一些重要的伴随现象，当人们只是谈话而没有思考时这些现象就常常失去了。而这正是没有思考的谈话的特征。但它们并不是思考。

“现在我知道了！”这里发生了什么事？——那么当我保证现在我知道了时我原来并不知道吗？

你把它看错了。

（这信号是干什么的？）

能否把“知道”称之为伴随惊叹的过程呢？

一个词的通常熟悉的相貌，它自身就包含有它们的意义的那种感觉，那种以为词与它的意义实际上相像的感觉——这一切可能对有些人来说都是陌生的。（这些人并不给他们的词加上附属物。）——这些感觉在我们中间是如何表现的呢？——通过我们选择和估价词的方式。

我是如何找到“正确”的词的？我是怎样在词中间做选择的？无疑有时我好像是按照它们气味的细微差别来比较它们的：**那个**太……**那个**太……**这个**才是对的。——但我并非总得作出判断、给出说明。也许我常常只是说：“它还是不对。”我仍不满意，我继续寻找。终于一个词出现了：“就是**它**！”**有时**我能说出为什么。在这里搜索，寻找看起来就是这么一回事。

但你想到的那个词难道不是以某种特别的方式“来到”的吗？219e
只要注意你就会明白！——仔细地注意对我没有什么用处。注意所能发现的无非是**现在在我**内部进行的事情。

而我又怎么能刚好在现在就倾听它呢？我应当等待，等到一个词被我重新想起的时候。然而这是奇怪的事；似乎我没有必要等待这个时刻，我能够把它为自己展示出来，甚至在它实际上没有发生的时候。怎么做的？——我**表演**它。——但以这种方式我能学到**什么**？我再现了什么呢？——特征性的伴随物。主要是：手势，脸色，声调。

我们可以说出许许多多细微的美感差别——这是重要的。——当然你要说的事首先可能只是:“这个词合适,那个词不合适”——或诸如此类的话。但是然后你便能够讨论由每一个语词引起的所有枝节广泛的相互关联。最初的判断不是事情的终结,因为只是词的力场才是决定性的。

“这个词就在我的嘴边。”在我意识中发生的是什么呢?问题根本不在这里。不管在意识中发生的是什么,那都不是上面这个表达式所意指的东西。更为有趣的是在我的行为中发生的事情,“这个词就在我的嘴边上”告诉你:我忘了属于这里的那个词,但我希望很快就能找到它。在其他方面这个语言表达所起的作用同某种无言的行为并没有什么两样。

詹姆斯在谈论这个问题时真正想说的是:“多么不寻常的经验啊!在这里还没有这个词,并且在某种意义上已有了这个词,——或者已有了这样的东西,它除了生长成这个词以外不能生长成任何其他东西。”——但这根本不是经验。把它解释为经验它看来的确很怪,就像把意向解释为行动的伴随物或者像-1被解释为基数那样。

“这个词就在我的嘴边”,和“现在我知道如何继续下去”一样,都不是经验的表述。——我们在一定的情形下使用它们,它们被特定种类的行为和具有其些特征的经验所围绕。特别是,紧接着它们之后往往就找到了那个词。(试问你自己:“如果人们从来也没找到过那个已经到了他们嘴边的词，那么事情又会是什么样子呢?”)

无声的“内在”的语言并不是像通过面纱所见到的半隐半现的 220e
现象。它**根本**未被隐蔽。但这一概念很容易迷惑我们，因为它和“外部”过程这一概念紧密地并肩而行了很长一段路了(但二者并不互相重合)。

(是否喉部肌肉与内在言语有着神经感应的联系，以及诸如此类的事情——这个问题也许十分有趣，但不属于我们的研究范围。)

“内心里说”和“说”之间的密切关系表现在可能大声说出某人内心所说的东西这一事实上，也表现在能有外部活动**伴随**着内心的言语这一事实上。(我能在内心里歌唱或进行默读，或进行心算，而且能在我这样做时用手打拍子。)

“但在内心里说什么事那无疑是我必须学习的某种活动!”很好;但这里“做”是什么，“学”又是什么呢?

让词的使用教给你它们的意义。(同样，人们在数学中常常会说:让**证明**教给你被证明的东西是**什么**。)

“我在心算时**实际上**并没有计算吗?”——归根到底是你自己把心算和能感知到的计算区别了开来!但你只有通过懂得什么是“计算”才能懂得什么是“心算”;你只能通过学习计算来学习心算。

如果某人闭着嘴哼哼着他要说的语句的语调,他就能在想象中把事情说得非常“清楚”。这里喉部的运动也有帮助。但值得注意的事恰恰是那时人们听到的是他想象中的谈话,而不是仅仅在他喉部(可以这么说)感觉到说话的骨架。(因为也完全能想象人们通过喉部运动进行无声的计算,就像人们能用手指来计算一样。)

一个假设,例如认为当我们进行内在的计算时在我们身体上发生着如此这般的过程这样的假设,使我们感兴趣的只是在于:它指出了“我对自己说……”这样的表达式的一种可能的用法;即从这个表达式推论生理过程。

“内在地说”这个概念的一部分内涵是:别人内在地说的东西对我是隐秘的,只是“隐秘的”这个词在这里是错误的;因为如果它
221e 对我是隐秘的,那么对他就应该是明显的,他必定知道它。但他并不“知道”它;只是,我所具有的怀疑对他而言并不存在。

“一个人在他内心对自己说的东西对我是隐秘的”当然也可能意味着我大部分猜不着它,我也不能比如说从他的喉头的运动把它解读出来(这本来是有可能的)。

“我知道我需要什么、希望什么、相信什么、感到什么……”(如此等等包括所有心理学动词。)这些说法或者是哲学家的胡话,或者无论如何不是一个先天判断。

"我知道……"可能意味着"我不怀疑……"但并不意味着"我怀疑……"这句话是无意思的或怀疑在逻辑上是要被排除的。

人们只有在也可以说"我相信"或"我怀疑"的场合，在能够使自己确信什么的场合，才会说"我知道"。（如果你举出下面这样一些例子来反对我：人们有时说"我当然知道我是否疼"，"只有你能知道你感觉到什么"以及诸如此类的话；那么你应该考虑人们说这些说法的目的和场合。"战争就是战争！"这句话也不是同一律的一个实例。）

我们也能够设想这样一个场合，在其中我能确信我有双手。然而在正常情况下我不能这样做。"但你只需把双手举到眼前就够了！"——如果我现在怀疑我是否有两只手，我也无须相信我的眼睛。（我还不如去问一位朋友。）

与此相联系着的事实是，例如命题"地球已存在了几百万年"就比"地球在五分钟之前就已存在"有着更清楚的意思。因为我会问断言后一命题的人："这个命题相关于哪些观察？什么样的观察会对它不利？"——而与此同时我却知道前一命题同什么样的想法和什么观察联系在一起。

"新生儿没有牙齿。"——"鹅没有牙齿。"——"玫瑰没有牙齿。"——至少最后这个命题——人们会说——显然是真的！它比鹅没有牙齿甚至更加肯定。——但它绝没有那般清楚。因为玫瑰

222e 的牙齿应当长在什么地方呢？鹅腭上没有牙齿。当然，它的翅膀上也没有；但没有人在说鹅没有牙齿时会意指着这一点。——假定人们说：牛咀嚼食物，然后我们用它来给玫瑰花施肥，所以玫瑰的牙齿长在动物的嘴里。这并非荒谬，因为人们事先并不知道该到哪里去找玫瑰的牙齿。（与“别人身上的疼痛”的联系。）

我能知道别人在想什么，而不能知道我在想什么。

说“我知道你在想什么”是正确的，说“我知道我在想什么”是错误的。

（哲学的一整片云凝结成了语法的一滴水。）

“一个人的思维隐蔽地发生在他的意识内，与此相比较，任何物理上的隐蔽最终都是可公开展览的。”

如果有些人总是能读出他人的无声的内心交谈——比方说通过观察喉部——，那么他们也会倾向于使用这幅描写完全隐蔽状态的画吗？

如果我用一种在场的人都不懂的语言大声地自言自语，那么，我的思想对他们也会是隐秘的。

让我们假定有个人总是正确地猜到我在思想中对自己说的东西。（他是如何猜到的则无关紧要。）但他猜得**正确**的判据是什么呢？是的，我是一个诚实的人，我承认他猜得正确。——但是，难道我就不会弄错吗？我的记忆不可能欺骗我吗？当我并不说谎而只是表达我内心所想的东西时难道记忆就不会总是这样欺骗我吗？——但现在“我内心发生的事情”的确显得不是问题的所在了。（这里我做了一个辅助构造。）

我自白说我这样想那样想。对于这个*自白*的真假的判据并不同于对一个过程描述的真假的判据。真自白的重要性并不在于它是一个过程的正确而可靠的报告。这种重要性倒在于能从一种由特殊的*真实性*（Wahrhaftigkeit）判据保证为真的自白中引出的特殊的结论。

（假定梦能给予我们有关做梦者的重要信息，那么能给予该信息的将是对梦的真实的叙述。当做梦者醒后报告这个梦时他的记忆是否欺骗了他，这个问题不可能发生，除非我们采用了一个完全新的衡量报告与梦是否“一致”的判据，一个在这里区分开了真和 223e
“真实性”概念的判据。）

有一种“猜思想”的游戏。这游戏的一个变种是这样的：我用B所不懂的一种语言告诉A某件事，B应该猜测我所说的意思。——这游戏的另一个变种是：我写下一句另一个人看不到的语句，他必须猜测这些词或它们的意思。——还有一种是：我把拼板玩具拼在一起，另一个看不到我的人不时地猜测我的思想并讲出来。例如他说“现在这一块在什么地方？”——“*现在*我知道怎样拼它了！”——“我不知道在这里放什么好。”——“天空总是最难拼的部分”等等。——但*我*在这时不必出声地或无声地对自己说什么。

所有这些都是猜测思想;实际上并没有进行猜测这个事实并不会使思想变得比没有感知到的物理过程更加隐蔽。

“内在的东西对我们是隐秘的。”——未来对我们是隐秘的,但天文学家在计算日食时也这样想吗?

如果我看到某人由于明显的原因而痛苦地扭动着身体,那时我并不会想:尽管如此,他的感觉对我还是隐秘的。

我们也说到某些人对我们来说是透明的。然而,关于这种观察重要的是,一个人对另一个人可能完全是一个谜。当我们进入一个具有完全陌生传统的陌生国家时就会了解这一点。甚至即使我们掌握了这个国家的语言也是如此。我们不理解这些人。(不是因为不知道他们彼此之间说些什么。)我们不能适应于他们。

“我无法知道他内心里进行着什么”这句话首先是一幅图画。它是对一种确信的令人信服的表达。它没有给出这种确信的理由。这些理由是不易找到的。

如果狮子能讲话,我们也不能理解它。

人们能想象我们像猜测思想那样猜测意向,但也能想象猜测某人实际上将要做什么。

说“只有他能知道他打算做些什么”是无意思的，说“只有他能够知道他将要干什么”则是错误的。因为在我对意向的表达中所包含的预言（例如“当钟敲五下时我就回家”）不一定会成为事实，224e
而别的某个人倒可能知道实际上将会发生的事情。

然而有两点是重要的：其一，在许多情况下别人无法预言我的行动，而我却能在自己的意向中预先见到它们；其二，我的预言（在我的意向表达中）同他对我将要做什么的预言并没有相同基础，而且从这些预言中得出的结论也完全不同。

我对别的某个人的感觉能够像对于任何事实一样地**确定**。但这并没有使“他感到非常沮丧”、“25×25=625”和“我六十岁了”这些命题成为相类似的工具。这便有了下述说明：**确定性**有着不同的**种类**。——这似乎是指心理上的差异。但这个差异是逻辑上的。

“但如果你是**确定**的，那你不就是在怀疑前闭上了你的眼睛吗？”——眼睛是闭上了。

我对这个人感到疼痛的确定性是否比对二乘二等于四的确定性少些呢？——这是否表明前者也是数学上的确定性呢？——“数学的确定性”不是一个心理学的概念。

确定性的种类就是语言游戏的种类。

“只有他自己知道他的动机”——这是对下述事实的表达：我们问**他**的动机是什么。——如果他是诚恳的，他就会把他的动机告诉我们；但我要猜出他的动机就需要比诚恳更多的东西。这样便有了同**知道**一事的亲属关系。

请**特别注意**下述东西的存在：即存在着吐露我的行为动机的语言游戏。

我们仍旧意识不到所有日常语言游戏的惊人的多样性，因为我们的语言外衣使一切看起来都很相像。

某种新的（自发的、“特别的”）东西总是一种语言游戏。

原因和动机之间的差别是什么？动机是怎样被**发现**的？原因呢？

有这样一个问题：“这是一种判断人们动机的可靠方法吗？”但为了能够问这个问题我们必须知道“判断动机”意味着什么；而我们并不是通过被告知什么是“**动机**”什么是“**判断**”而学会这一点的。

225e 人们判断一根棒的长度，他可以去寻找和发现判断它的某种比较精确、比较可靠的方法。于是——你说——这里被判断的**东西**与判断它的方法无关。长度**是**什么并不能由决定长度的方法来定义。——像这样想就是犯了错误。什么错误？——说“勃朗峰的高度取决于人们如何攀登它”那将是奇怪的。并且人们想把“对长度越来越精确的测量”跟愈来愈接近一个对象相比。但“越来越接近一个对象的长度”意味着什么，在某种情况下是清楚的，在某种情况下就*不*清楚。“确定长度”意味着什么，这并不是通过了解什么是*长度*，什么是*确定*就能知道的。“长度”这个词的意义首先就是通过了解确定长度是怎么回事才能懂得。

（鉴于这个原因，“方法论”一词具有双重意义。不仅物理的研究而且概念性的研究也可以称之为“方法论的研究”。）

有时我们想把确定性和信念称为思想的调子和色彩；这是真的：它们是通过说话的*调子*得到表达的。但不要把它们看成是我们说话和思想时所具有的“情感”。

不要问：“当我们确定……时我们内心中进行的是什么？”——而要问：“关于情况属实的确定性”是怎样表现在人的行为中的？

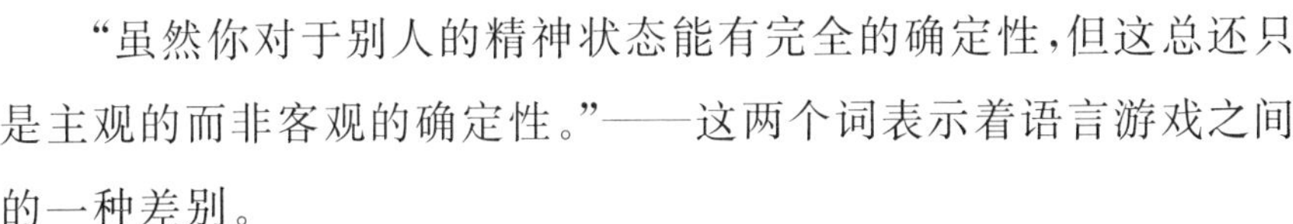

“虽然你对于别人的精神状态能有完全的确定性，但这总还只是主观的而非客观的确定性。”——这两个词表示着语言游戏之间的一种差别。

对一个计算（譬如说对一个很长很长的加法运算）的正确结果可能有争议。但这种争议不是常有的而且也不会持续多久。它们能够像我们说的那样确定地加以解决。

数学家一般不会对计算结果发生争论。（这是一个重要的事实。）——如果不是这样，比如说如果一位数学家确信一个图形已不知不觉地发生了变化，或者他或别人的记忆受了欺骗，等等——

那么我们的“数学确定性”概念就不复存在了。

即使在那种情况下也总可以这样说：“诚然我们绝不**知道**计算
226e 结果是什么，但尽管如此它总有着一个十分确定的结果。（上帝知道它。）数学的确有着最高的确定性——尽管我们对此只有粗略的反映。”

但我是否试图说这样一些话，例如数学的确定性是基于墨水和纸张的可靠性？**不**。（那将是一种恶性循环。）——我没有说过**为什么**数学家不争论，只说过他们不争论。

如果你用的某种纸和墨水会发生某种奇异的变化，那么，毫无疑问你不能用它们来作计算——但它们发生变化这个事实仍又只能通过记忆以及同其他计算手段相比较才能获得。但这些又如何来检验呢？

必须接受的东西、给予我们的东西，乃是——人们可以说——**生活形式**。

人们对颜色的判断一般说来总是一致的，这种说法有意思吗？如果他们不一致又会怎么样？——一个人说一朵花是红的而另一个人称它为蓝的，如此等等。——但我们有什么权利把这些人的“红的”、“蓝的”这些词称为**我们的**“颜色词”呢？

他们是怎样学习使用这些词的？他们学习的语言游戏还是我

们所谓的“颜色名称”的使用吗？这里显然有程度上的不同。

然而这种考虑也必须适用于数学。如果没有完全的一致，人们也就不会来学习我们所学习的技巧了。他们的技巧同我们的技巧多少有些不同，而且甚至可以发展到这样的程度：在这里我们不再能认出他们的技巧了。

“但数学真理是不依赖于人类是否知道它的！”——当然，“人们相信二乘二等于四”和“二乘二等于四”这两个命题的意义是不一样的。后者是一个数学命题；而前者若是有意思的话也许意味着：人们已**达到**了这个数学命题。这两个命题有完全不同的**使用**。——但下面**这个**命题又意味着什么？“即使每个人都相信二乘二等于五但二乘二仍然等于四”——如果每个人都相信那个，那么情况会是什么样的呢？——我能够想象例如人们那时会具有一种不同的演算或一种我们将不会称之为“计算”的技巧。但难道它 227e
就是**错**的吗？（一种加冕礼是**错误**的吗？对于那些与我们自己不同的生物来说，它看来可能是非常奇怪的。）

当然，在某种意义上说数学是知识的一个分支，——但它也仍是一种**活动**。“错误的走法”只能作为例外情况而存在。因为如果我们现在用错误的走法这个名称所称呼的东西变成了规则，那么，在其中它们是错误的走法游戏也就被取消了。

“我们所有的人全都学习同一张乘法表。”无疑这可能是对我们学校中如何教授算术的一句评述——但同样也是对乘法表这个概念的一个评论。(“在赛马中一般说来马能够跑多快就跑多快。”)

有色盲这样的事情,而且有确定色盲的一些方法。一般说来被诊断为正常的人对颜色所作的判断是完全一致的。这表征了颜色判断这个概念。

在有关一种对感情的表达是否是真实的这个问题上一般说来没有这样的一致性。

我肯定,肯定他不是在装假。但某个第三者不相信。我总能使他信服吗?如果不能,那么是不是由于他的推论或观察有着某种错误呢?

“你真是糊涂!”——当有人怀疑我们清清楚楚地认为真的东西时,我们就是这样说的——但我们并不能证明任何东西。

对于感情的表达是否为真的问题有没有“专家判断”这种事呢?甚至在这里,有些人的判断“好些”,有些人的判断则“差些”。

更准确的预断一般来自那些对人类有更多知识的人的判断。

人们能够学到这种知识吗?能;有些人能。然而不是通过学习一门课程,而是通过“经验”。——在这方面有人能够成为另一个人的老师吗?当然。他时时给他以正确的指点——在这里“教”

和“学”就像这样。——人们在此获得的不是一种技巧，人们学习的是正确的判断。这里也有规则，但这种规则并不形成一个系统，只有有经验的人才能正确运用它们。这不同于计算规则。

这里最困难的是把这种不确定性正确无误地用语言表达出来。

“一个表达的真实性不可能得到证明，人们只能感受它。”—— 228e
很好，——但当人们认出了这种真实性之后他还要继续做些什么呢？如果某人说“Voila ce que peut dire un cœur vraiment épris”[①]——而且，如果他使另一个人具有同样的看法，——那么进一步的结果是什么呢？或者，是否什么结果也没有？这个游戏的结果是不是一个人感到津津有味而另一个人则没有这种感觉。

无疑会有结果，但却是一种散乱的结果。经验即多样的观察能把这些结果告诉我们，而它们也不可能有一般的表述，只是在一些分散的实例中才能得出正确而富有成果的判断，建立富有成果的联系。而最一般的论述所产生的东西最好也不过是看起来像一个系统的片断。

无疑能够通过证据来使人相信某人处于如此这般的精神状态中，例如相信他不是假装的。但这里的“证据”包括无法衡量的证据。

---

① 法语，意为“这些话出自一颗真正的爱心”。

问题是：无法衡量的证据会**完成**什么呢？

假定有一种无法衡量的证据表明了某种物质的化学（内部）结构，那么人们仍然必须通过某些能够**衡量**的结果来证明它本身是证据。

（无法衡量的证据可能使某人相信一幅图画是真品……但它也**能**通过文献资料方面的证据来证明为正确。）

无法衡量的证据包括眼色、手势、音调的细微差别。

我可能会认出一个真正爱恋的目光并把它与假装爱恋的目光区别开来（当然，在这里对我的判断可以有一种“可以衡量的”证据）。但我也许根本无法描述这种差别。而这并不是因为我所知道的语言没有相应的词来做这件事。要不然为什么不引进新的词呢？如果我是一个有才能的画家，那么我也许能够在图画中表现出真正的和假装的眼色。

试问你自己：一个人如何学会获得对某事物的“洞察力”呢？如何才能使用这种洞察力呢？

某个人比如说在不疼痛时做出疼痛的表情，装假当然只是这
229e 种行为的一种特殊情况。如果这真的是可能的话，那为什么发生的总是装假呢？——装假，我们生活的编织物上的一个非常特殊的图案。

一个儿童在能够装假之前需要学很多东西。（狗不可能是虚

伪的,但也不可能是诚实的。)

实际上有可能出现这样一种情况,其时我们会说:“这个人相信他在装假。”

230e

XII

如果概念的形成能由自然事实来说明，那么我们是否不应当对语法感兴趣，而应当对自然界中的那些作为语法基础的东西感兴趣？——我们的兴趣无疑包括概念与非常一般的自然事实之间的符合。（这些事实因其普遍性而大多不会引起我们的注意。）但我们的兴趣并不是退回到研究概念形成的这些可能原因上；我们不是在研究自然科学，也不是在研究自然史——因为我们也能为了我们的目的发明虚构的自然史。

我不是说：如果如此这般的自然事实是另一个样子，那么人们就会有不同的概念（在假设的意义上）。我是说：如果某人相信某些概念是绝对正确的，并认为如果具有另外一些不同的概念那将意味着没有认识到我们所认识到的某些东西，——那么就让他来想象某些非常一般的自然事实与我们习以为常的事实不同。这时对他来说，与我们已经习惯了的概念构造不同的概念构造就将是可以理解的了。

把一个概念与一种绘画风格相比较。即使是我们的绘画风格难道也是任意的吗？我们能随意选择一种风格吗？（例如埃及的风格。）它只是一个讨人喜欢和丑陋的问题吗？

XIII 231e

当我说:“半小时前他在这里”——这就是说,我在回想——这不是对当下经验的描述。

记忆**经验**是回忆的伴随物。

回忆没有经验内容。——这肯定能通过内省来认识吗？在我寻找内容时,**它**是不是恰好显示那儿什么也没有呢？——但它只能在这种或那种实例中来显示这一点。即使如此它也不能向我们显示“回忆”这个词意味着什么,到**哪儿**去找内容！

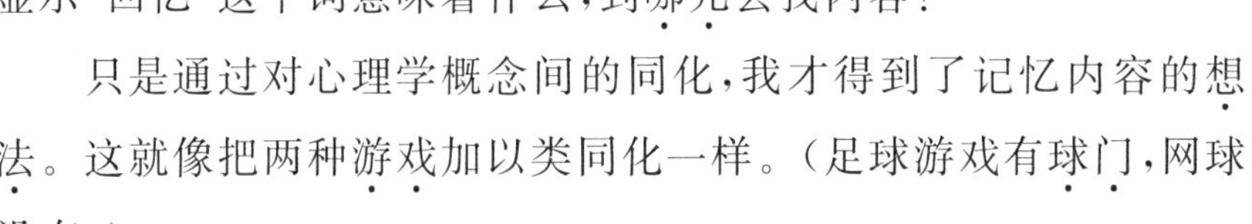

只是通过对心理学概念间的同化,我才得到了记忆内容的**想法**。这就像把两种**游戏**加以类同化一样。(足球游戏有**球门**,网球没有。)

下面这种状况是能够想象的吗:某人平生第一次进行回忆并且说:“是的,我现在知道什么是‘回忆’,进行回忆时的**感觉**是怎样的了。”——他怎么知道这种感觉就是“回忆”呢？试比较:“是的,现在我知道什么是‘刺痛’了。”(他也许是生平第一次受到电击。)是不是因为这是由过去的某种东西所引起的,所以他知道这就是记忆？他怎么知道过去是什么呢？人类通过回忆学到“过去”这个概念。

他又怎样知道在将来对回忆的感觉会是怎样的？

（另一方面人们或许会说到一种“很久很久以前”的感觉，因为有一种语调、一个手势同过去的某些事情连在一起。）

XIV 232e

把心理学称为"年轻的科学"并不能说明心理学的混乱与贫乏;它的状况不能同物理学(例如,在它的肇始时期)的状况相比。(宁可同数学的某些分支的状况相比。集合论。)因为在心理学中有实验的方法和**概念的混乱**(就像在另一个情形中有概念混乱和证明的方法一样)。

实验方法的存在使我们认为我们有办法来解决困扰我们的难题,尽管问题与方法互不相干。

有可能有一种与数学相联系的研究,同时又完全类似于我们的心理学研究。它之不是一种**数学**研究,正如另一个也不是一种心理学研究一样。它将**不**包括演算,所以它不是(例如)逻辑斯蒂(logistic)。它也许有资格被称作"数学基础"研究。

译名对照*

* 除了指明页码者外,所标数码均指文中“论述”的数码。页码系指英文本中的页码(前言页码为中文本页码),即本书边页码。

译 后 记

维特根斯坦的《哲学研究》是他后期思想的代表作，也是当代分析哲学中的一部名著。翻译这本书，是我们承担的“维特根斯坦的哲学”这个国家社会科学基金资助项目中的一部分。从 1987 年起，我们便着手从英译本（*Philosophical Investigations*，Translated by G. E. M. Anscombe，Basil Blackwell Oxford，1967）译成中文。最初，由李步楼、金德万译该书第一部分和前言，王学海译第二部分。后来，由李步楼重译全书（吸取了初译稿中的某些内容），并在参阅国外的一些解释和阐述本书内容的著作基础上进行了反复修改。1989 年初完成译稿。此后，陈维杭先生花了近两年的时间对全书进行校译。他除了依据英文本外，还逐字逐句对照德文原文进行认真校改，在校改译稿过程中，写了若干校注，并就有些难点问题，同国外有关专家进行商讨。英文本对德文本中有些语词和典故，依照英国文化传统和民族习惯作了改动，在校稿时，按德文本原意改回来。最后，商务印书馆哲学编辑室本着严肃、认真、负责的精神，又请韩林合先生对全稿进行了认真、细致的审校。在此，谨表谢忱。

我们是把译这本书作为一项研究成果来完成的。但由于本书中费解之处甚多，难度很大，加之我们的水平有限，译文中不妥当、

不完善的地方,在所难免,恳请读者批评、指正。

译　者

1991年10月